欧阳修文化丛书

一代文宗

欧阳修的文学成就与宗师地位

刘后滨　徐长青◎主编

刘　杰◎著

江西人民出版社
Jiangxi People's Publishing House
全国百佳出版社

宋史学者眼中的欧阳修

历史发展关键期开创精神的代表

中国宋史研究会原会长、中国人民大学教授　包伟民

历史的演进，如长河川流，不舍昼夜，平缓遄急，变化百态，然而必有关键河段，决定着下游走向。如长江之出三峡，如黄河之过龙门，终于一泻千里，奔腾入海。由唐入宋，我国传统农业社会从前期向后期转折，北宋中期则是其中的一个关键节点。

具体言之，其于公元十一世纪上半叶宋仁宗赵祯年间积蓄准备，到下半叶宋神宗赵顼年间进入高峰。当时杰出人物荟萃涌现，群星璀璨，大多在仁宗时初露头角，而于熙丰变法时期大放异彩。因此，通过代表性人物的视角来观察那些历史时期，如前贤所言，可得登泰山极目四望，一览而众山小之效。

讨论宋神宗熙丰变法时期的历史，其代表人物非江西人杰王安石莫属，而观察宋仁宗时期的积蓄准备，聚焦另一位江西人杰欧阳修无疑最为恰当。在政事、学术以及诗文等众多领域，欧公都是当时的活跃人物与开创精神之代表。

人杰源于地灵，英才人物不能突兀而起，而是地方社会经济文化发展的

结果。家乡的土壤培育了名人贤士，名人贤士更以其丰功伟业回馈家乡，将其遗泽深深渗透于家乡的文化土壤之中。地方士民日常饮食起居，尽管常常浸润于无声之中而不自知，其受之于先贤者惠莫大焉。积极阐发先贤之丰功伟业，对于当今地方文化建设，实可期事半功倍之效。更何况如欧公者，又非局限于庐陵一地，其在华夏最为闪耀群星之中，实居于前列。

欧阳修的历史时空

中国宋史研究会原副会长、中山大学教授　曹家齐

回顾中国古代政治之宽明及文化之繁荣，两宋时期应最受称道。两宋三百二十年历史中，又以北宋仁宗朝最受推崇。仁宗在位的四十二年，呈现出典型的"士大夫政治"特征。其中又以庆历（1041—1048）和嘉祐（1056—1063）两个时期最受赞扬，以至有"庆历、嘉祐之治"之称。这两个时期的政治特征，突出表现在两个方面：一是内外无事，成宋朝完成局部统一后数十年太平之局面；二是人才济济，名臣士大夫辈出，文化空前兴盛。众多明星般的人杰之中，欧阳修当属极为璀璨者之一。庆历年间，欧阳修积极支持范仲淹主持庆历新政，与范仲淹一起标举名节，振励士风；嘉祐时期，与富弼、包拯、胡瑗并称"四真"（富弼是真宰相，包拯是真中丞，胡瑗是真先生，欧阳修是真学士）。欧阳修不仅在主持嘉祐二年（1057）省试中，力倡古文之风，而且在接替包拯知开封府一职后亦政绩有名，获"包严欧宽"之美誉。仁宗时期，欧阳修无疑是士大夫中的一面旗帜，在更新风气中发挥引领作用。不唯如此，后来英宗和神宗即位，欧阳修更在协助韩琦稳定政局方面发挥了重要作用。

再将视野转向历史发展空间，宋代又是中国经济文化重心南移的重要历史时期。南方的江西不仅是北宋都城汴京等地粮食的重要供给地，还是培育人才的重要地区。从进士及第人数来看，两宋时期，江南西路是全国进士人

数最多的路分之一，而欧阳修的故乡庐陵（吉州）则是江南西路进士及第最多的州，人数多达一千零六十六人，远超居于第二的抚州（四百余人）。庐陵进士中著名者除欧阳修外，还有杨万里、周必大、文天祥等，但综合而论，则是欧阳修事功、学问、才名俱显，声誉最高。只以学问论，在文学、经学、史学等方面皆有成就，同代人中，可相提并论者亦为数不多。因此，欧阳修实为认识宋代，尤其是北宋政治、学术以及江西地域文化的一位关键性人物。

闪耀在华夏灿烂星空中

中国宋史研究会理事、北京大学教授　赵冬梅

在华夏群星闪耀的北宋，欧阳修究竟是不是最耀眼的呢？

论政事，他可能不如韩琦、范仲淹，但他是韩琦、范仲淹的同道，他为庆历新政鼓与呼，并协助韩琦完成最高权力的两次平稳交接；他也没有包拯那样令人瞩目的地方治理成绩，他的治理风格是润物无声的，他说"治民如治病""但民称便，即是良吏"。

论文学，他可能不如苏轼，但他是苏轼的老师，是那个发现了苏轼并主动要避此人，令其出一头地的文坛领袖。他引领着时代的方向，王安石、曾巩、苏洵、苏轼、苏辙都是他的后学，在他的旗帜下继续向前。善于发现人才，不拘一格荐人才，一札荐三相，为政敌之子，为学术异己者，为政见不同者，欧阳修之格局气度，古今罕有。

论史学，以现代标准衡量，他显然不如司马光克制"客观"，但他的本意从来不在"客观"，"孔子作春秋"才是他的追求，他的千古知音陈寅恪说："欧阳永叔少学韩昌黎之文，晚撰五代史记，作义儿冯道诸传，贬斥势利，尊崇气节，遂一匡五代之浇漓，返之淳正。故天水一朝之文化，竟为我民族遗留之瑰宝，孰谓空文于治道学术无裨益耶？"

论儒学，以传统标准衡量，他的成就肯定不如张载、二程，以现代标准衡量，王安石也在他之上，但他是疑经惑古新思潮的推动者和实践者，他推荐了胡瑗和孙复，他主张"学者当师经，师经必先求其意"。

欧阳修官至参知政事，主盟文坛数十年，于诗、词、散文俱为大家，还是《新唐书》（纪、志、表）和《新五代史》的作者，宋代金石学的开创者……以上种种，俱是写实。是否最耀眼，又有什么要紧呢！

讲好欧阳修故事是传播庐陵文化的基础

刘后滨　徐长青

　　欧阳修是北宋承平时期成长起来的政治家。他二十二岁进京赶考，靠着绝世文采，名动京城，声誉鹊起。在宋仁宗天圣七年（1029），他又以国子监解试第一成为解元，次年，又在晏殊主持的省试中获得第一成为省元。他本人还在宋仁宗嘉祐二年（1057）担任省试主考官，同榜录取了后来成为文学家的苏轼、苏辙、曾巩，成为理学家的张载、程颢、吕大钧，以及著名政治人物曾布、吕惠卿、章惇等。这一榜进士晋升至宰执高位的有九人，在《宋史》中留下传记的有二十四人。欧阳修因此享有"千古伯乐"的美誉。其他同时代名人如包拯、韩琦、文彦博、司马光、苏洵等，也都得到过他的推荐赏拔。欧阳修本人历任朝廷要职和州府长官，包括宋朝士人最为看重的知谏院和知制诰等官职，还跻身宰执行列，担任了枢密副使和参知政事。其在政治上的事功和名望，无愧于中国古代杰出政治家的称誉。

　　欧阳修是中国古代学术巅峰时期诞生的文学家和学问家。他是诗文革兴的领袖，在文学史上有着崇高地位，名列唐宋古文八大家中宋六家之首，苏轼称之为"文章百世之师"。自署"庐陵欧阳修"的《醉翁亭记》脍炙人口，妇孺皆知。欧阳修还是"千古罕匹"的宋贤史学领军人物，其编写的《新五代史》和参与编纂的《新唐书》，是"二十四史"中的独特史籍。他的学术成就远远超出文学和史学，在经学、谱牒学、金石学等诸多领域皆有卓越建树。

　　在广义的文学与政事两个方面，欧阳修都达到了如此崇高的境界，成为中国传统士大夫难以超越的典范。由于欧阳修一代宗师和千古伯乐的特殊地位，他的事迹在宋朝官私文献中有着大量记载。作为欧阳修籍贯地的吉安，宋代以来追慕他的文人士子不计其数，历史上地方文献和名人诗文中有着丰富的相关记载。宋代以来，欧阳修一直都是庐陵文化的旗帜和象征。

作为土生土长的吉安人，我们从小浸润在耕读传家的庐陵文化之中，听着画荻教子的故事长大，看过西阳宫的日出日落。后来读书、上大学，一个选择历史学、一个选择考古学作为终身职业，以至今天我们二人共同承担这项工作——主持编纂这套《欧阳修文化丛书》，不能不说，我们与千百年来江西籍的一代又一代读书人一样，与"庐陵欧阳修"依然有着某种隐秘而深刻的精神联系。虽然我们在学术上的建树无法望其项背，但隔着遥远的时空，欧阳修依然跨越千年，影响着吉安乃至江西甚至全中国读书人的人生理想与价值追求。

在欧阳修身后，从胡铨、杨万里、周必大、文天祥到解缙、杨士奇、聂豹、罗洪先，一代又一代吉安籍文化精英，在其影响和感召下脱颖而出，走上更广阔的历史舞台。他们在推崇欧阳修的同时，塑造了庐陵文化的精神气质，充实了庐陵文化的丰富内涵。享有"文章节义之邦"美誉的吉安，因为有了"庐陵欧阳修"和众多吉安籍精英先贤而名扬四海。我们今天所做的这项工作，依然是为庐陵文化的发扬光大添砖加瓦。讲好欧阳修的故事，是传播庐陵文化的基础。

很长一段时间以来，我们都在关注庐陵文化及其历史遗存，带领团队到吉安的各个区县进行田野调查、查阅档案和地方文献，考察博物馆及民间收藏的碑刻志石，探查已知和未知的历史遗迹。我们重点关注的赣江中游东岸泷江和恩江流域，是欧阳修故事的发源地，是庐陵文化的核心区。我们在本职工作之外从事的家乡历史文化调研工作，虽然还很零散，不成系统，但已经给我们的学术人生刻下了深刻的印记。欧阳修以来的历代乡贤，尤其是宋明时期的众多杰出人物，在中华文明史上担负过重要的文化使命，写下了精彩的时代华章。他们的治学与从政都凝结着庙堂气象、文人风骨和乡土情怀，他们的成就和风范在千百年后的今天依然赋予人们精神上的滋养。

清朝初年贺贻孙为永新县学撰写的《乡贤祠记》讲述了文天祥儿时受到吉州先贤欧阳修和胡铨事迹激励的故事："吾郡文忠烈，儿时入学宫，见所祀乡贤欧阳文忠、胡忠简二主，奋曰：'没不俎豆其间，非夫也！'其后卒如其言。"它说的是少年文天祥在学宫看到欧阳修和胡铨的牌位后，发愿一定要勤学苦读、建功立业，身后自己的牌位加入其间享受后人祭祀。这个流行于明清时期的经过渲染之后的故事，呈现出了欧阳修的精神力量在数百年后依然激励着吉州学子的真实情形。

我们犹记得当年离开家乡，北上南下，走进大学校园，第一次被外乡人称为"欧阳修的老乡"而获得的内心震撼和自豪。历史学家邓广铭是北京大学历史学系研究宋史的权威学者，有一次他询问得知中国古代史专业研究生刘后滨的家乡在吉安吉水县，连声感叹："吉安出名人，你是欧阳修的老乡啊！"一句话使得当年胆怯羞涩的农家子弟感受到了无上荣光和自信。多年以后，活跃在宋史研究领域的众多学者如张希清、邓小南、包伟民、李华瑞、陈峰、曹家齐、苗书梅、赵冬梅、李全德、邱靖嘉、张亦冰等，对我们仍以"欧阳修的老乡"相称（或者说尊称），因为有了这一纽带而增添了更多的共同语言和更深的学术情谊。这些学者也以不同方式关注、参与和支持吉安地区的文化建设，这同样是我们作为从吉安走出来的读书人感到无比光荣的事情。

两年前，为大力传承和弘扬欧阳修文化，发掘欧阳修在为人、为政、为学、为德、为廉等方面的时代价值，永丰县委、县政府决定编写一套全面反映欧阳修政事与文学的小丛书，委托我们二人担任主编，并提出了编写要求，即完成一套充分吸收学术界研究成果且文字通俗易懂的大众读物。他们对发掘优秀传统文化及其当代价值的高度重视，以及振兴庐陵文化、续写时代华章的眼光和魄力，使我们深受感动。我们愉快地接受委托，并拟定了丛书主题和编写体例。按照欧阳修的仕宦经历和学术成就，丛书分为以下四部：《宦海一生：欧阳修的仕宦经历与从政修养》《一代文宗：欧阳修的文学成就与宗师地位》《六一之乐：欧阳修的学术成就与治学品性》《庐陵千古一欧阳：吉安社会历史的欧阳修印记》。我们邀请了五位从事宋代文学和历史研究以及从事吉安地方史研究的年轻学人担纲写作，他们是刘杰、李帅、刘馨雨、刘璐、骆勇。这些年轻的学者，均在北京大学和中国人民大学获得硕士或博士学位，受过正规的学术训练，具备深厚的专业素养。我们还聘请了北京大学历史学系赵冬梅教授、中国人民大学历史学院马利清教授担任审稿顾问，通读了全部书稿。赵冬梅教授还与著名宋史学者包伟民教授、曹家齐教授一道撰写了关于欧阳修及其时代的总体认识，我们以"宋史学者眼中的欧阳修"为题汇编起来，作为丛书的序一。对于以上几位学者的大力付出和倾情支持，我们深表感谢。

尽管丛书中每一本在学术性和通俗性两方面都还有一定提升空间，但这套小丛书在历史名人传记的编写体例和叙事维度方面做出了积极探索，希望能够推动欧阳修和庐陵文化研究走向深入，并为吉安市乃至江西省的干部群众学习宣传欧阳修和庐陵文化提供兼具学术性和通俗性的读本。

目录

第二章　**"维时老宗伯，气压群儿凛"：欧阳修与北宋古文运动**　/ 090

第一章

"文人之美，夫复何加"：欧阳修的生平与文学

欧阳修是在宋代以文治国背景下成长起来的集"宗师"与"盟主"于一身的文坛领袖，仕宦权力的加持对其领导诗文革新运动助力良多，其文学创作的主题、风格也与政治生涯密切相关。本章将围绕宋代选举制度、欧阳修的仕宦经历与其主要文学活动展开，揭示欧阳修文宗地位的内涵及其对文学创作的影响。

第一节　时代孕育新型"文宗"

在魏晋以降的文学发展史上，文坛领袖的出现和更嬗是一个颇引人注目的现象。进入"文学的自觉时代"（鲁迅《魏晋风度及文章与药及酒之关系》）以后，文人群体中也开始产生身份的自我认同和群体归属感，于是一种基于文学成就和话语权力的精神领袖便应运而生。古人对于文坛领袖并没有固定的称呼，较为常见的有"文章伯""文章宗""文宗""宗匠""宗主""宗伯"等，但万变不离其"宗"。为行文方便起见，本书选择用"文宗"一词来指代具有这种领袖身份的文士。

不过值得注意的是，"文宗"的内涵并不是一成不变的。概言之，魏晋以来的文坛领袖可以分为两类：一类是建立在文学成就之上的"精神领袖"，笔者拟称之为"宗师"型领袖；另一类则相反，其领袖地位的获得依靠的是

官职的权威性与奖掖提拔后进的组织性，可称之为"盟主"型领袖。在宋代以前，这两种类型的领袖常常是分庭抗礼的，"宗师"和"盟主"两重身份少有交集。魏晋南北朝既有曹丕、张华、沈约这样位高权重的"盟主"，也有建安七子、二陆兄弟（陆机、陆云）、谢灵运等才华横溢的文学"宗师"。盛唐诗篇辉映千古，但其时文坛的执牛耳者仍是在朝的张说、苏瑰、张九龄等政治显宦。换言之，其时主盟文坛的多为王公贵族或达官显宦，而文才冠绝之士则往往沉沦下僚，名位不显。在科举制度初步完善后，情况才发生了变化，此时文学才华成了国家选拔人才的重要标准，"宗师"和"盟主"在发展后期都出现了向对方靠拢的趋势：一方面像韩愈这样的文章"宗师"也开始利用科举来奖掖后进，形成所谓的"韩门弟子"以壮大自己的文学流派；另一方面，朝廷委任的主考官亦须是文章巨擘方可服众，像权德舆这样曾多次典掌贡举的主考在举子中也就拥有了"宗师"般的影响力。但终唐之世，这都仅仅表现为一种趋势，"宗师"和"盟主"的真正结合是到北宋科举和馆阁制度进一步完善之后。众所周知，崇文抑武是赵宋一朝的基本国策。鉴于唐末五代军阀割据的动乱局面，宋初统治者对武人始终有一种防嫌心理，取而代之的是对文臣的空前重视，"宰相须用读书人""不杀士大夫及上书言事者"被视为"祖宗家法"而为历代统治者谨守。此外统治者的个人好尚也使得文学才能开始在政治生活中占据日益重要的地位，并最终以制度的形式将文才确立为一项重要的选官标准。

北宋的开创者太祖赵匡胤、太宗赵光义皆是行伍出身，身上难免带有五代的尚武习气，太祖就多次表达过对"书生""措大"的不屑。但随着"变家为国"的完成，太祖已经意识到了文臣和文治的需要。建隆三年（962），太祖提出了"欲武臣读书"的主张，目的是使其"贵知为治之道"（《续资治通鉴长编》卷三，以下简称《长编》）；传说也是在这一年，太祖立誓碑于太庙，誓词中有"不得杀士大夫及上书言事人"之语，令后世子孙谨守（宋·陆游《避暑漫抄》）。此外，太祖已经开始了图书的搜集整理工作：乾德三年（965）平后蜀，开宝八年（975）平南唐，其图籍皆付史馆；乾德四年（966）闰八月，太祖下诏求亡书，"凡吏民有以书籍来献者，令史馆视其篇目，馆中所无则收之。献书人送学士院试问吏理，堪任职官，具以名闻"（《长编》卷七），此次共得书千二百二十八卷。

太宗在"文治"的路上走得更远。也许是出于对自身即位合法性的焦虑，太宗在即位之初便表现出了求贤若渴的热情，迫切地想要得到士大夫群体的支持。太平兴国二年（977）正月，即位不满一月的太宗即对侍臣言："朕欲博求俊乂于科场中，非敢望拔十得五，止得一二，亦可为致治之具矣。"（《长编》卷一八）此年诸道所发贡士凡五千三百余人，太宗亲自主持覆试，录取进士一百〇九人，诸科二百〇七人，又特赐十五举以上进士及诸科一百八十四人出身，不中格九经七人出身，共五百〇七人，恰为应试人数的约十分之一。这一榜贡举对宋代历史乃至整个科举发展史都有深远的影响，因为自科举产生以来，平均每科取士不过三十人，从未一次性录取过如此多的人数。此风既开，便成惯例。终宋之世，平均每次科举的录取人数都在三百人以上。除了录取人数的爆炸性增长，太宗朝新进士的授官之高、拔擢之快也令时人瞠目。太平兴国二年，第一批超额录取的新进士按照等第分别被授予将作监丞（从六品下）和大理评事（从八品下），通判诸州，品级远过前代。除了极高的仕途起点，这一榜的进士优异者还在很短的时间内便擢升宰辅，状元吕蒙正以及李至、张齐贤、王沔皆在及第六年后便出任执政，吕蒙正其后还两度拜相，温仲舒、陈恕、王化基等三人也皆在太宗朝便官至执政。与"取人太多"一样，"用人太骤"也迅速成了新朝的常例。太宗朝进士地位的提高无疑给时人留下了深刻印象，科举高中遂成为整个社会追捧的对象。仁宗朝田况在《儒林公议》中对太宗朝之后朝野上下对状元的尊崇有生动的记述：

> 太宗临轩放榜，三五名以前皆出贰郡符，迁擢荣速。陈尧叟、王曾初中第，即登朝领太史之职，赐以朱绂。尔后状元登第者，不十余年皆望柄用，人亦以是为常，谓固得之也。每殿庭胪传第一，则公卿以下无不耸观，虽至尊亦注视焉。自崇政殿出东华门，传呼甚宠，观者拥塞通

衢，人摩肩不可过，锦鞯绣毂角逐争先，至有登屋而下瞰者，士庶倾羡，
欢动都邑。

如果说取士人数的大幅增长是为出身平民的文化精英敞开了仕途的大
门，太宗有意提拔本朝进士的做法便是为这些"天子门生"的仕途铺平了道路，
这种政策导向直接催生了所谓"文官政治"——国家的主要军政权力都掌握
在科举出身的文官手中。北宋中期著名士人、欧阳修的好友蔡襄就曾指出："今
世用人，大率以文词进。大臣，文士也；近侍之臣，文士也；钱谷之司，文士也；
边防大帅，文士也；天下转运使，文士也；知州，文士也。"（蔡襄《国论要目》《端
明集》卷二二）在这种情况下，皇帝和朝野舆论普遍对科举出身的文官给予
了极高的期待，这便为文学之士提供了前所未有的政治机遇，从而也为集"宗
师"与"盟主"于一身的宋型"文宗"的出现提供了可能。在这种崇尚文治
政策的主导下，北宋初期在政治实践中逐渐摸索出了一套有利于文学人才稳
定快速升迁的选官制度。士人科举及第后，通过一种以文才为导向的连续性、
规范化的选举制度，借由担任为皇帝起草制敕的各种职务，顺利地进入权力
中心，担任参与军国大事决策的重要职务。这样一套选官机制为新型"文宗"
的产生提供了制度保障。欧阳修本人便曾在《又论馆阁取士札子》中对这种
晋升渠道做出了精到的概括：

> 臣窃以馆阁之职，号为育材之地。今两府阙人，则必取于两制；两
> 制阙人，则必取于馆阁。然则馆阁，辅相养材之地也。……自祖宗以来，
> 所用两府大臣多矣，其间名臣贤相出于馆阁者，十常八九也。（《欧阳修
> 全集》奏议卷一八）①

"两府"即中书门下和枢密院，二者分别是北宋前期政治和军事最高决
策机构。中书门下的长官同中书门下平章政事（简称同平章事）与副长官参

---

① 本书所引欧阳修诗文作品，皆出自李逸安点校本《欧阳修全集》，中华书局 2001 年版。因
引文数量较多，故下文仅随文标出篇名，而不再一一注明卷数，特此说明。

知政事,枢密院的长官枢密使和副长官枢密副使,作为宰相与执政,合称为"宰执"。进入"两府"即意味着迈入了宰执的行列。"两制"是中枢秘书制度中"内制"和"外制"的合称：由翰林学士代皇帝草拟、以国家的名义颁行的文书诏令,称为"内制";而由中书舍人（或其他官员兼"知制诰"的头衔）撰写,经由宰相之命、以政府的名义发布的文书,称为"外制"。起草两制的官员称为词臣,日常负责拟诏命、备顾问,不仅职掌清华,还充当了两府宰执的预备军,故极为清贵切要,是居于关键岗位的朝廷最重要的文职官员。宋太宗就形容其是"朝廷命一知制诰,六姻相贺,以谓一佛出世,岂容易哉"（《长编》卷二七）。内制翰林学士更是号称天下文学之极选,清贵之极,甚至连皇帝本人都动心。宋太宗曾说过："词臣清美,朕恨不得为之。"（《翰苑遗事》引自《国朝会要》录太宗语）"馆阁"是三馆（昭文馆、史馆、集贤院）和秘阁的简称,为从事图书典籍编纂整理工作的官方机构,也承担着制定典章制度、编修国史、教授生徒、应制唱和等任务。宋初中央文馆的建置十分简陋,只是"以今右长庆门东北小屋数十间为三馆,湫隘才蔽风雨",太宗即位后对此极为不满："若此之陋,岂可蓄天下图籍,延四方贤俊耶！"于是诏令有司另择场地,别建三馆。新馆于太平兴国三年（978）二月建成,"轮奂壮丽,甲于内庭",太宗赐名为"崇文院"（《长编》卷一九）。此后端拱元年（988）,太宗又在三馆外另置秘阁,分三馆之书万余卷以实其中。淳化三年（992）,秘阁建成,太宗御飞白书"秘阁"二字以赐之。如此大兴土木,当然不仅仅是为了建一座豪华图书馆,馆阁在太宗的眼中有着更深远的意义——其中奥妙,"延四方贤俊"之语已经透露一二。后来范祖禹就总结说："惟祖宗置三馆秘阁以待天下贤材,公卿侍从皆由此出,不专为聚书设；校理、校勘之职,亦非专为校书也。"（《长编》卷四六五）由此可见,馆阁历来被视为储才之地,是培养两府、两制高级文官的"摇篮"。欧阳修在札子中总结出的这条"馆阁——两制——两府"之路在太宗朝大致成型,后来也一直是北宋士子最为歆羡的晋升坦途,甚至流传着"宁登瀛，不为卿；宁抱椠，不为监"[①]（《宋史·职官志》）的时谚。不过要想在这条道路上顺畅地走下去并不容易，层层的选拔和召试为这条"登瀛抱椠"之途设置了重重关卡，文才则是每一关都要重点考察的对象。概言之，士人若想在"登瀛抱椠"的路线上有所发展，至少需要经历进士考试、馆阁召试和中书召试三次选拔。

一、进士及第

首先是进士登科。欧阳修在《又论馆阁取士札子》中提及了馆阁取士的三个来源："进士高科，一路也；大臣荐举，一路也；岁月畴劳，一路也。"所谓进士高科，指的是进士及第名次较高者有优先进入馆阁的权力，如进士第三人以上或制科及第者可以一任后便应试馆职，第四、第五人及第须两任后应试；后二路"大臣荐举""岁月畴劳"所针对的是未曾得中进士高科者，包括进士及第但名次不高的士子和没有进士出身的人，但后者为极少数情况下的"法外开恩"。所谓"故事，经科出身，虽官至给谏，无带职者"（《长编》卷一二〇），对于除授较为灵活的帖职尚且如此要求，有实际职务的馆阁职事官更要精选进士及第者。仁宗朝以后虽有权臣子弟供职馆阁的现象，但也一直受到言者的抨击。就一般情况而言，进士及第乃是进入馆阁的必要条件。总之，在宋代的制度设计中，日常职事主要是整理校勘图书的三馆和秘阁，实际上是储备高层次朝廷官员的特设机构，专门收揽在进士科考试中取得优异成绩的杰出文学之士。馆阁之职，"以待文学之选"。

按北宋沿袭唐代风气，侧重文学的进士科的地位远远高于侧重经学的诸科，欧阳修诗有"焚香礼进士，撤幕待经生"（范镇《东斋记事》）之语，正

---

① 瀛洲是神话传说中的海上三仙山（蓬莱、方丈、瀛洲）之一，"登瀛洲"即登仙界之义。唐·李肇《翰林志》："唐兴，太宗始于秦王府开文学馆，擢房玄龄、杜如晦一十八人，皆以本官兼学士，给五品珍膳，分为三番更直宿于阁下，讨论坟典，时人谓之'登瀛洲'。"后人遂将入翰林为学士称为"登瀛"，以突出其荣显。椠是古代以木削成用作书写的版片，在馆阁中担任校勘等文职需要经常与典籍卷册相伴，故俗语将入职馆阁称为"抱椠"。这句俗语即显示了士人对于馆阁两制职务的追捧。

为其写照。据《宋史·选举志》，进士与诸科的考试内容如下：

> 初，礼部贡举，设进士、九经、五经、开元礼、三史、三礼、三传、
> 学究、明经、明法等科，皆秋取解，冬集礼部，春考试。合格及第者，
> 列名发榜于尚书省。凡进士，试诗、赋、论各一首，策五道，帖论语十
> 帖，对春秋或礼记墨义十条。凡九经，帖书一百二十帖，对墨义六十条。
> 凡五经，帖书八十帖，对墨义五十条。凡三礼，对墨义九十条。凡三传，
> 一百一十条。凡开元礼，凡三史，各对三百条。凡学究，毛诗对墨义
> 五十条，论语十条，尔雅、孝经共十条，周易、尚书各二十五条。凡明法，
> 对律令四十条，兼经并同毛诗之制。各间经引试，通六为合格，仍抽卷
> 问律，本科则否。

其中帖经、墨义亦为诸科所有，但诗、赋、论、策则为进士所独有，也是进士之所以贵于诸科的原因。在宋初，诗、赋在进士考试中的分量又远重于论、策。因为当时进士考试分三日进行，一日试诗赋，一日试论，一日试策，逐场定去留，每一场考试都有淘汰。在这样的体制下，首场的诗赋自然起到了至关重要的作用，首场不合格者，也就没有机会参与后面的考试了。在实际操作中，诗赋甚至成了唯一的取舍标准，论、策的考量形同虚设。直到宋仁宗天圣年间，刘筠主持考试，将策论优异的叶清臣擢为高第，进士考试方才开始重视策、论，不久后有司将考试规制改为"并试四场,通较工拙"(《长编》卷一三五)，这种独重诗赋的局面才有所改观。需要说明的是，策论虽然不属于"纯文学"的范畴，但也不是说与文学无关。天圣年间科举重策论的改革也是受到了当时儒学复兴运动和古文运动的裹挟。总而言之，进士考试考察了诗赋、经术各方面的综合能力，但在相当长的一段时期内，以诗赋为代表的文学才华都起着决定性的作用。此外宋初几朝陆续建立起来的殿试、锁院、糊名、誊录制度，都是在努力提高考试的公平性，确保才华出众的举子可以顺利地脱颖而出。

二、馆阁召试

经历十年寒窗得中进士高科后，第二关的考验——馆阁召试，也随之而来。太宗朝馆阁尚在草创时期，故馆职除授的条件较为宽松，进士有释褐即除馆职者，如端拱二年（989）以第一、第二人及第的陈尧叟和曾会，初授官便为光禄寺丞、直史馆。但在大多数时候，进入馆阁需要召试合格。在太宗、真宗朝，满足条件（如进士前五人及第，经一任或两任官）的应试者可以献文自荐，仁宗朝开始有意压制这种自荐应试的趋竞之风。庆历年间朝廷对馆阁召试的条件做出了新的规定：

> 进士三人以上，一任回无过犯者，许进著述召试，取优等者充，遇馆职阙，取曾有两府二人、两省三人同罪举充者，仍取著述看详试补。(《长编》卷一四五）

> 诏今后馆阁阙官，即据合举人数，降敕委学士院与在京龙图阁直学士以上，或舍人院与在京待制，同共保举有文字德行官员，具姓名并所著述该时务文字十卷以闻。(《长编》卷一四八）

新规定的核心是要求应试者须有举主方许召试，具体而言就是要得到中书和门下两省以上大臣特别是两制词臣的推荐，同时还强调要有平时的著述作为参考。可见不论是自荐还是举荐，文才都是相当重要的参考标准。

召试的场所一般在学士院或舍人院，内容也与进士或制科的考试类似，虽常有变动，大体不出诗赋策论的范围。故有志之士在进士及第后亦不能放松写作方面的训练。有资料表明，馆阁召试并非走走过场而已，即便是才高八斗的进士高科，长时间脱离笔砚也有失手的时候。魏泰《东轩笔录》卷七就记载了这么一则滑稽的故事：

> 苗振以第四人及第，既而召试馆职。一日，谒晏丞相，晏语之曰：

"君久从吏事，必疏笔砚，今将就试，宜稍温习也。"振率然答曰："岂有三十年为老娘，而倒绷孩儿者乎？"晏公俯而哂之。既而试《泽宫选士赋》，韵押有王字，振押之曰："率土之滨莫非王。"由是不中选。晏公闻而笑曰："苗君竟倒绷孩儿矣。"

这位名叫苗振的士人曾经在殿试中斩获第四名的佳绩，故对自己的文才颇为自负。在应馆阁召试前，他前往拜谒当时的宰相晏殊，后者善意地提醒他要在应试前温习一下诗赋的写作技巧。年轻气盛的苗振不以为然，自信地表示就像带了三十年孩子的老保姆不至于"倒绷孩儿"（把孩子头朝下包裹起来）一样，自己绝不至于在这种考试中马失前蹄。对此，晏殊笑而不语。果然，由于长期疏于练习，苗振在考场作赋时为了凑韵而用错了典故，功亏一篑。《诗经》里说的"普天之下，莫非王土。率土之滨，莫非王臣"，被他写成了"率土之滨莫非王"，意思完全反了，要是在以文字定罪的其他时代，可是极大的危险。晏殊听闻后哈哈大笑："这下苗君可谓是'倒绷孩儿'了。"由此可见，声律对仗、用典使事等文学写作技巧，依然是馆阁召试的重点考察内容，召试本身也相当公正，并不存在为进士高科网开一面的情况。

不仅入馆召试需要考察诗赋文章，进入馆阁后，除了本职工作的聚书、修书、校书外，馆职人员也要承担很多琐碎的文字工作，从朝廷典礼所需的乐章、赞颂文字，到与西夏、高丽等国家朝聘往来所需要的外交辞令，都是由馆阁官员完成的：

故事，朝廷有合撰乐章、赞颂、敕葬、载祭文，夏国人使到驿燕设教坊白语，删润经词及回答高丽书，并送秘书省官撰。盖学士代王言，掌大典册，此等琐细文字付之馆职，既足以重北门之体，且所以试三馆翰墨之才，异时内外制阙，人多于此取之，所谓馆职储材，意盖本此。（费衮《梁溪漫志》卷二）

由此可见，在馆阁召试这一关中，文才尤为关键：获得荐试的资格需要应试者提供平时所作的诗赋文字，召试需要考察应试者的诗赋才华，乃至入馆后的日常工作也需要时常撰写公务文辞。仁宗就明确提出："馆职当用文学之士名实相称者居之"（程俱《麟台故事》卷三），诚不虚也。

三、中书召试

对于有志于两府的士人而言，进入馆阁只是一个开始，入职中书舍人院和翰林学士院当上两制词臣，是更高的目标。例如宋初的著名诗人王禹偁在太平兴国八年（983）进士及第后出知苏州长洲县，与邻近的吴县知县罗处约交好，"每日私试五题，约以应制，必取两制官"（王禹偁《哭罗三》其二自注，《小畜外集》卷七）。两位进士出身的知县在任职期间还不忘坚持刷题练习，为将来参加由中书门下宰相主持的选拔两制官的考试做准备。北宋中期士人孔平仲在其笔记《孔氏谈苑》中记载："国朝翰林学士佩金带，朱衣吏一人前导。两府则两人，笏头带佩鱼，曰'重金'。居两制久者，则曰：'眼前何日赤，腰下甚时黄？'处内庭久者，又曰：'眼赤何时两，腰黄甚日重？'"所引诗句生动地描摹了馆阁人员和两制词臣渴望百尺竿头更进一步的心态，也间接反映了"馆阁——两制——两府"这一荣显的晋升路径。因此，两制词臣相对于馆职来说更为清贵切要。与此相应，朝廷对两制词臣的选拔也相当慎重，一般而言，"内外制官无不自三馆出"，两制都是从直馆、直院或修撰、修注等高层馆职中选拔的，迁擢的顺序为馆职——知制诰——翰林学士。其中，由馆职迁除知制诰仍须经过一次专门的考试，考察内容为"制诰三篇，二篇各二百字，一篇一百字"（《长编》卷四一），召试由中书主持，对此《石林燕语》记叙甚详：

> 职事官差除，皆除目先下。惟中书舍人、宰相得旨，朝退，遣直省官召诣都堂，面传旨召试。被命者致辞，宰相谢之，直省官径引入中书省。前期，侍郎厅设幕次几案于中。就坐少顷，本省吏房主首，持丞相封题目来，即就试中书。具食罢，侍郎致茶果。是日宰相住省，俟纳试卷始

上马；翌日进呈，除命方下。盖召试之制也。有思迟不即就者，往往过期，
或为留内门，然已不称职矣。嘉祐间，有试而不除，改天章阁待制者。

这一召试由宰相主持，于都堂（即政事堂，唐宋宰相办公之处）举行，
可见其规格之高。与馆阁召试一样，知制诰的召试也并非走过场而已，文思
不够敏捷的应试者往往不能按时交卷，影响考试结果，嘉祐中就有人没能通
过考试，只好改任天章阁待制这样的虚衔。知制诰也有不试而命的特例，作
为对文学高选的特殊待遇。欧阳修就在《归田录》中不无得意地宣称："国
朝之制，知制诰必先试而后命。有国以来百年，不试而命者才三人：陈尧佐、
杨亿及修忝与其一尔。"由此可见能获得这一荣遇的都是文名冠绝一世的大
才，并非常人可得。

总之，知制诰召试也是一场考验文学才华的考试，应试者要么在平时勤
于创作积累文名，要么就只能在考前苦心练习四六文的写作。不过这也是晋
升之路上最后一次公开的考试了。由于内外制的职责区别仅在于撰写文书的
种类，而通过知制诰召试的外制官员，业已证明了其四六造诣，故没有必要
在升任内制时接受又一次的考试。至于如何从两制入居两府，更要综合品行、
资历、行政能力等各方面的考量，甚至还有相当的运气因素。一般而言，能
顺利通过这三重关卡名列两制，已足以名动天下了，也正因如此，宋廷每以
翰林学士知贡举，而以馆职同知贡举，更有助于其在下一代士人中树立威望。
司马光曾说："盖以朝廷所差试官，皆率两制、三馆之人，其所好尚，即成风俗。"
（司马光《贡院乞逐路取人状》，《温国文正公文集》卷三十）故两制词臣在当
时有"学者宗师""文学之极选"之名，其声誉极隆者便可成为一代"文宗"。

通过上文对北宋选官制度的介绍，可勾勒出一条"进士高科——馆阁——
两制——两府"的士人晋升路线。当然，这只是一种理想状态，现实中的政
治生态要复杂得多，进士及第后士人的仕途经历也因人而异，但不可否认的
是，这的确是一条可行的进身捷径，也是宋代士人最为向往的荣迁之途。不
过这条"登瀛抱椠"之路设有至少三重关卡：科举、馆阁召试和知制诰召试。

而这一系列的选拔考核所考察的恰恰都是文才，且越到高层，对文才的要求越高：科举考察诗赋、策论、经义等综合才能，馆阁召试主要试诗赋，词臣召试则专试四六制诰——可以说，这条晋升之路就是为文学词章之士专门设计的。这样一套选拔制度的建立，意味着文学高选不需要特意投献文章、辞赋以炫耀文才，只要把握时机参加各级召试，便可以很顺利地过关斩将进入国家权力中枢，供职于翰林学士院（西掖）并知贡举，成为实至名归的一代"文宗"。这也造就了宋型"文宗"与前代相比的独特之处：不仅文学才华为一代之"宗师"，还可凭借政治权威和奖掖后进的制度性贡献，成为文坛"盟主"。此外，整个社会的崇文导向和遵循这种升迁途径的文士们荣显的仕途经历，还赋予了宋代"文宗"前所未有的责任感和作为领袖的自觉意识，在引领时代文风和汲引后进等方面往往不遗余力。欧阳修便是在这样的政治和文化环境中孕育出的典型的宋代"文宗"。

第二节 欧阳修的仕宦经历与文学活动

宋真宗景德四年（1007）六月二十一日[①]寅时，欧阳修出生于绵州（今四川绵阳）。此时，距离北宋立国已将近半个世纪，著名的"澶渊之盟"也已经在两年前缔结，困扰了帝国几十年的边患总算得到解决。对当时的人来说，这是一个欣欣向荣、海晏河清的好时代。经过几代统治者的苦心经营，王朝的崇文氛围也愈发浓厚。这个时代似乎已经做好了准备，等待着巨人的到来。

按学界较为普遍的研究，欧阳修祖籍吉州庐陵县，不过从祖父起便已迁居吉州吉水（后改属永丰）。其之所以出生绵州，是因为父亲欧阳观时任绵州军事推官。军事推官并不是个显要的官职，主要是协助长官处理地方政务，扮演着类似幕僚的角色。欧阳修出生时，欧阳观已五十六岁，但因他四十九岁方中进士，故年过半百仍在担任这种基层小官，家境也并不宽裕。雪上加

---

① 为与文献保持一致，本书所提及的日期均为旧历，人物年龄也都是传统的虚岁，特此说明。

霜的是，仅仅三年后，欧阳观便在泰州（今属江苏）军事判官任上突然病逝，留下一对年幼的儿女，生活的重担一下子落在了年轻的妻子郑氏肩上。

据欧阳修本人的叙述，其母郑氏夫人出身江南望族，可惜家道中落，只得听从家人的安排，在适婚的年级嫁给了年长自己三十岁的丈夫。好在这桩婚姻也并不似外界看来的那般不如意，欧阳观虽然年长位卑，但心地善良，不仅事母至孝，在处理公务时也处处与人为善，尽力为死囚争取生路。丈夫的仁厚让郑氏坚定地相信其"必将有后"（欧阳修《泷冈阡表》），故而在丧夫后毅然守节自誓，带着一双儿女前往随州投奔欧阳修的叔父、时任随州（今湖北随县）推官的欧阳晔。尽管有叔父的照拂，郑氏母子的日子依然很艰辛，但郑夫人从未放松对子女的教育，出身名门、知书识礼的她成了欧阳修的第一位老师。家贫没有纸笔，她便用荻杆在沙地上写字以教子，留下了著名的"以荻画地"典故。同时，她还教导儿子诵读古人篇章，并练习写作诗赋。在母亲的悉心引导下，幼年的欧阳修对读书产生了浓厚的兴趣，读起书来废寝忘食。自己家境贫寒，无力置办藏书，欧阳修便时常前往当地的富裕人家借书来读，一些重要的典籍还会亲笔抄录。天资聪颖的他甚至还未等抄录完毕，便能背下书中的内容。经过这样日复一日的学习，欧阳修颖异的资质也逐步表现出来，年幼的他写出的诗赋文字，"下笔已如成人"（欧阳发等《先公事迹》，《欧阳修全集》附录卷五）。尤为值得一提的是，据欧阳修后来回忆，他在少年时便通过这种借书抄书的方式接触到了韩愈的古文。当时，他们本地有一户姓李的富室，其子李尧辅好学爱书，是欧阳修童年的玩伴。在李家，欧阳修偶然在一个角落里发现了一部破破烂烂的六卷本《昌黎先生文集》，一时好奇就借回了家。这部文集为欧阳修打开了一个崭新的文学世界，韩愈雄阔恣肆的文风给欧阳修留下了深刻的印象。彼时的他尚不能完全理解其中的奥妙，但对于古文的喜爱已经在其心中扎下了根基。

和同时代的读书人一样，欧阳修在十几岁时便踏上了应举之路，这在当时也几乎是唯一的"正途"。宋代科举分为州府发解试、礼部省试和皇帝殿试三级，考生要先在州府参加初试，内容为诗赋、经义和策论，考试优胜者方能获得进京参加省试和殿试的机会。宋仁宗天圣元年（1023），十七岁的欧阳修参加了随州的发解试。这次州试有一道考题为"左氏失之诬论"，就是要求考生对《左传》记事的荒诞不经之处进行评论。《左传》与《公羊传》《谷梁传》并称《春秋》三传，旧传为春秋时期左丘明著，内容是通过记述春秋时期的具体史实来说明《春秋》纲目蕴含的大义，为旧时儒生的必读经典。《左传》号称先秦散文的"叙事之最"（唐·刘知幾《史通》卷八），但由于历史局限，其对历史事件的记录带有神秘化的倾向，记述了大量占卜释梦和神异传闻。随州当年的州试论题即就此而发。欧阳修对于《左传》的内容早已烂熟于心，拿到题目后立即下笔如神，洋洋洒洒写了一大篇，条列了若干《左传》纪事的涉"诬"之处，其中"石言于晋，神降于莘。外蛇斗而内蛇伤，新鬼大而故鬼小"①一联尤为精警，用洗练的语言概述了四则材料，又完美地满足了四六对偶的要求，故"大传于时"，直到北宋后期还在学校中被传诵（宋·魏泰《东轩笔录》卷十二）。但遗憾的是由于所作赋没有按照官方规定的韵脚押韵，欧阳修落榜了。这个时候科举考场中流行的是杨亿、刘筠所开创的西昆

---

① "石言于晋"对应的是《左传·昭公八年》："八年春，石言于晋魏榆。晋侯问于师旷曰：'石何故言？'对曰：'石不能言，或冯焉。不然，民听滥也。抑臣又闻之曰："作事不时，怨讟动于民，则有非言之物而言。"今宫室崇侈，民力雕尽，怨讟并作，莫保其性。石言，不亦宜乎？'"据说这一年春天，晋国的一块石头突然开口讲话，晋国大臣师旷认为这是上天对国君大兴土木的警戒。"神降于莘"对应的是《左传·庄公三十二年》："秋七月，有神降于莘。惠王问诸内史过曰：'是何故也？'对曰：'国之将兴，明神降之，监其德也；将亡，神又降之，观其恶也。故有得神以兴，亦有以亡，虞、夏、商、周皆有之。'王曰：'若之何？'对曰：'以其物享焉，其至之日，亦其物也。'王从之。"这一年的七月，有神灵降临在虢国的莘地，虢国君臣认为这是虢国将亡的征兆，对策是诚心祭祀。"外蛇斗而内蛇伤"对应的是《左传·庄公十四年》："初，内蛇与外蛇斗于郑南门中，内蛇死。六年而厉公入。"郑国都城南门附近有两条蛇互斗，城外的蛇咬死了城内的蛇，《左传》的作者认为这是流亡在外的郑厉公回国复辟的征兆。"新鬼大而故鬼小"对应的是《左传·文公二年》："秋八月丁卯，大事于大庙，跻僖公，逆祀也。于是夏父弗忌为宗伯，尊僖公，且明见曰：'吾见新鬼大，故鬼小。先大后小，顺也。跻圣贤，明也。明、顺，礼也。'"这一年秋八月，鲁国太庙举行祭祀大典，将鲁僖公的位次升高，而没有按照应有的顺序祭祀死去的国君。主持仪式的夏父弗忌声称这是因为他见到了国君们的亡魂，新近去世的僖公的鬼魂要比早已去世的闵公之鬼大，故而应该将僖公位次提高到闵公之前。

体时文，后者以晚唐李商隐为效仿对象，在文体选择上推崇四六骈文，追求辞藻华丽、声律和谐、对仗工整，因而对押韵的问题极为看重。其实从《左氏失之诬论》的成功可以看出，欧阳修并不是不擅长这类骈偶文字，他只是不屑于在这种细枝末节上花费太多功夫。或许是受到了这次失败的刺激，欧阳修对于这种片面讲求形式的时文一直没什么好感。落榜下第后，失落的欧阳修重新翻开了年少时抄录的韩愈文集，真正体会到了韩氏文章的汪洋博大，心底里暗暗发誓将来要能写出这样的文章。不过在这个时候，他也只能顺应潮流，继续练习西昆体时文的写作。三年后，新一轮科考开始了。天圣四年（1026），二十岁的欧阳修顺利通过了随州州试，但在次年的礼部试中，欧阳修又一次名落孙山。不过是金子总会发光，天圣七年（1029）春，在恩师胥偃的推荐下，欧阳修得以来到京师参加国子学广文馆的入学考试，一举夺魁，并在当年秋季举行的国学解试中再次荣登榜首，获得了参加礼部省试的资格。两次在随州州试中失利的欧阳修，最终通过入学中央官学国子监并在国子监取得参加作为全国统考的礼部省试的资格。天圣八年（1030），欧阳修第二次参加礼部省试。这一年的知贡举为著名的"太平宰相"晏殊。晏殊是江南西路抚州临川（今属江西进贤）人，在十四岁时便以神童的身份获得了进士出身，此后仕途平顺，位极人臣。他本人也雅好文艺，诗词皆清丽秀雅，被视为后期西昆派的代表性作家。这次担任主考官，晏殊所拟的试题有一道为"司空掌舆地之图赋"。宋代前期的科举考试允许考生在考试现场就试题之疑难处请教考官，考试当日有若干考生就赋题向晏殊发问，但晏殊都感觉他们没问到点子上，直到最后，一位"目眊瘦弱少年"独自上前，从容发问道：

> 据赋题出《周礼》司空，郑康成注云：如今之司空掌舆地图也，若周司空不止掌舆地之图而已。若如郑说，今司空掌舆地之图也，汉司空也，不知做周司空与汉司空也？（宋·王铚《默记》）

晏殊答复说题目所问的是汉司空，并赞许地对欧阳修表示："今一场惟贤一人识题。"（宋·王铚《默记》）果然，发榜后，欧阳修名列第一，一举夺得了"省元"。在随后的殿试中，欧阳修也名列甲科第十四。尽管没能像预期的那样夺取状元，但这个成绩也是令人满意的。而且此时的欧阳修年方二十四，这个年龄及第者在当时已经是少年得志了。至此，欧阳修的科考生涯宣告结束，"登瀛抱椠"之途的第一步——进士及第，业已完成。

及第的当年五月，欧阳修获得了平生第一份官职，西京留守推官。宋代的京师在汴京开封，"西京"是指洛阳，留守推官是洛阳地方长官的僚属，主要负责审讯犯人的具体事务。当时洛阳的长官是著名的西昆体诗人钱惟演。钱惟演是吴越王钱俶之子，太平兴国三年随父降宋，曾得宋真宗赏识。他雅好文艺，爱惜人才，在西京期间，他辟举了一大批贤才俊彦作为僚属，并时常组织雅集游赏，为这些文士营造了一个宽松自由的文化环境。在洛阳，欧阳修度过了一段永生难忘的诗酒年华。当时，他与梅尧臣、尹洙等人结为七友，"以文章道义相切劘"（宋·王辟之《渑水燕谈录》），闲暇时遍游西京名胜，赋诗饮酒，切磋文墨，形成了一个志同道合的文学集团。也正是在与尹洙、梅尧臣等友人的切磋中，欧阳修对于散文、诗歌的写作逐渐有了新的认识，也在不断的练习中打磨了相应的写作技巧。在这些意气风发的青年官员的共同努力下，轰轰烈烈的北宋诗文革新运动拉开了序幕。

欢乐的时光总是过得很快，转眼之间，西京留守推官的任期便接近了尾声。景祐元年（1034），欧阳修在依依不舍中离开了洛阳，回到了京师待命。命运对这位青年才俊还是眷顾的，很快，他得到了在洛阳时期的另一位上司、现任枢密使王曙的推荐，获得了馆阁召试的机会——如上节所言，殿试名次未在前五名的欧阳修要想进入馆阁，需要"大臣荐举"才能获得召试的机会。这时，在洛阳期间的诗文切磋便发挥了作用，欧阳修顺利地通过了这次召试，得授馆阁校勘。顾名思义，这份官职主要负责馆阁藏书的整理、校勘工作。官品虽然不高，但对于酷爱读书的欧阳修而言，也是一份不可多得的理想职任。更重要的是，进入馆阁意味着在"登瀛抱椠"之路上又更进了一步，成为两制、两府等高级文官的预备人才。

欧阳修的京城岁月并不太平。景祐三年五月，知开封府范仲淹上《百官图》，正式向以吕夷简为代表的旧派官僚宣战。吕夷简气急败坏，以辞职为要挟，年轻的仁宗经过权衡后决定站在吕夷简一方，范仲淹被贬知饶州（州治在今江西鄱阳县）。时朝廷禁止百官越职言事，唯有余靖、尹洙上书声援论救，先后被贬出京。欧阳修愤懑不已，写下了著名的《与高司谏书》，言辞激烈地责备左司谏高若讷尸位素餐，不辨是非，没有尽到谏官的责任。高若讷得书后恼羞成怒，将书信上缴朝廷，五日后，欧阳修被贬夷陵县（治今湖北宜昌）令。这是欧阳修第一次在仕途上遭受挫折。但他决心以范仲淹等前辈为榜样，不以个人得失为虑。在与友人的书信中，欧阳修这样写道：

> 安道与予在楚州，谈祸福事甚详，安道亦以为然。俟到夷陵写去，然后得知修所以处之之心也。又常与安道言，每见前世有名人，当论事时，感激不避诛死，真若知义者，及到贬所，则戚戚怨嗟，有不堪之穷愁形于文字，其心欢戚无异庸人，虽韩文公不免此累，用此戒安道，慎勿作戚戚之文。（《与尹师鲁第一书》）

安道是余靖的字，当时他被贬为监筠州（今江西高安）酒税，与夷陵同属古代的楚地。欧阳修与余靖被贬在外，曾一起探讨人生的祸福起落，指出不少古人都是思想的巨人、行动的矮子，口头上慷慨激昂，以天下为己任，为了实现理想宁死不屈；然而真的遭遇了贬谪，则一改故态，在诗文中自叹自怜，和庸人无异，即便是韩愈那样的伟人也不免如此——韩愈在元和年间上书抨击唐宪宗迎佛骨，言辞激烈，但在被贬潮州后所上谢表则充斥着穷愁悲戚、乞哀告怜之辞。有鉴于此，欧阳修和余靖约定，不论被贬多远，他们也不作这种"戚戚之文"。相应地，在夷陵期间，欧阳修始终以一种乐观昂扬的心态面对生活。他一方面谨于政事，另外还利用闲暇潜心著述。与尹洙商议合作撰写《五代史》，并先后写成《易童子问》《易或问》《明用》《诗解》《春秋论》《春秋或问》等解经文章，开疑经疑古之风。此后欧阳修先后担任了光化军乾德县（治今湖北襄阳老河口市）令、权武成军节度判官厅公事等地方职务，于康定元年（1040）被召回京，复任馆阁校勘，编修《崇文总目》。后又先后任集贤校理,通判滑州（治今河南滑县）等职。其间,还有一个小插曲,康定元年,宋廷与西夏战事告急,时任陕西经略安抚副使的范仲淹有意辟欧阳修为掌书记,也就是招聘他为机要秘书。对于年长自己十八岁的范仲淹,欧阳修一向是钦佩其才华和人品,能亲赴前线为国效力也是他的理想,但让他犹豫的是,掌书记只是一个起草文书的文职,并不能让他真正参与到军务之中,且当时官方文书又都是他不喜欢的四六骈文。考虑再三后,他辞去了这一辟命,在写给范仲淹的信中,欧阳修这样写道:"况今世人所谓四六者,非修所好,少为进士时不免作之,自及第,遂弃不复作。在西京佐三相幕府,于职当作,亦不为作,此师鲁所见。今废已久,惧无好辞以辱嘉命,此一端也。"(《答陕西安抚使范龙图辞辟命书》)这其中自然有托词的成分,但也能看出他不喜四六文体的态度。

庆历三年（1043）,朝中政局又发生了变动。三月,吕夷简罢相,仁宗召范仲淹回京,授枢密副使,又擢拔欧阳修、余靖、王素和蔡襄为谏官（俗称"四谏"）,组建了一个锐意进取的谏官班子。八月,仁宗罢免副宰相王举正,再拜范仲淹为参知政事（副宰相）。九月,宋仁宗召见范仲淹和枢密副使富弼,给笔札,责令条奏政事。范仲淹向仁宗上《答手诏条陈十事疏》,提出"明黜陟、抑侥幸、精贡举、择长官、均公田、厚农桑、修武备、减徭役、推恩信、重命令"等十项改革主张,提出了以整顿吏治为中心,意在限制冗官,提高效率,并借以达到节省钱财的改革方案。谏官欧阳修等人也纷纷上疏言事,宋仁宗大都予以采纳,并渐次颁布实施,是为著名的"庆历新政"。在这种昂扬的政治气氛中,欧阳修的仕途也实现了百尺竿头,更进一步,于是年十二月,以文才优异不试而任知制诰。如上节所言,这是一份极其罕见的殊荣,代表着朝廷对其文学才能的信任和肯定,以至于欧阳修在晚年辞官退隐后还在《归田录》中念念不忘。欧阳修关于"不试而命者才三人"的回忆,其实并不准确。后来《梁溪漫志》《旧闻证误》皆有考辨和补充。概言之,不试而除知制诰始于至道三年（997）真宗对梁周翰的奖擢,此后陈尧佐、杨亿、欧阳修皆从此例,在欧阳修之后则有苏轼、刘攽、许将、邓润甫、王安石等五人。选任知制诰而免于召试的原因各不相同，"梁周翰老于文学，杨亿望实素著，尧佐以与修实录"（宋·李心传《旧闻证误》卷二），但共通之处是皆为文名冠绝一世的大才，并非常人可得。至此，"登瀛抱椠"之途上的三重关卡——进士考试、馆阁召试、中书召试，欧阳修皆已顺利通过，正式迈入了清贵显要的两制词臣之列。

然好景不长，新政实施不到两年，便因恩荫减少、磨勘严密而招致了官僚阶层的强烈不满，毁谤蜂起。说白了，就是新政对于权贵阶层的利益有所触动，权贵子弟依靠家族门第和裙带关系捞取政治资本的路径受到阻隔。在朝野的压力下，仁宗不得不做出妥协，庆历五年（1045）正月二十八日，范仲淹被罢去参知政事，知邠州（治今陕西彬州），兼陕西四路缘边安抚使。同一天，富弼亦被罢去枢密副使，改任京东西路安抚使，知郓州（治今山东郓城县）。次日，杜衍被罢为尚书左丞，出知兖州（治今山东兖州）。庆历新政宣告失败。作为新政支持者的欧阳修，也随即因一桩子虚乌有的"张甥案"被贬出京。

原来，欧阳修有一个一母同胞的妹妹，长大后嫁给了一位名叫张龟正的士人。婚后不久，张龟正便不幸早逝，他与欧阳修的妹妹欧阳氏并没有生育子女，身后只留下了一个与前妻所生的女儿，年方七岁。丈夫去世后，欧阳氏骤然失去了依靠，便带着年幼的继女回到娘家。欧阳修幼年丧父，与母亲、妹妹相依为命，感情甚笃，这时自然义不容辞，出面收留了寡妹孤甥，并在几年后做主将这个并没有血缘关系的外甥女嫁给了自己的族侄欧阳晟。至此，欧阳修的做法都无可指摘，一家人其乐融融，相安无事。不想五六年后，这个张氏甥女与家中男仆私通，败露后丈夫欧阳晟将二人押送至开封府发落。此时的权知开封府杨日严曾经被欧阳修举报贪恣，这时见欧阳修的外甥女犯事入狱，感觉是报仇的良机。于是他指使狱吏对张氏严加讯问，诱使其将案情攀扯到欧阳修身上。张氏此时还不到二十岁，在长官和狱吏的威逼恐吓下很快便失去了理智，居然"招供"说自己未嫁时曾与舅父欧阳修私通。杨日严拿到供状后如获至宝，立即将此事传扬出去。不久，谏官钱明逸就在守旧派宰相贾昌朝等人的授意下就此事弹劾欧阳修，除与甥女私通外，还给欧阳修安上了一个侵占张氏家财的罪状。此案一出，朝野震动，赵槩、张方平等正直的大臣纷纷上书为欧阳修鸣不平，仁宗下令让户部判官苏安世、内侍王昭明彻查此案。与外甥女通奸之事自然是子虚乌有，但为了照拂宰相之面，苏安世二人最后还是抓住欧阳修为妹妹置办田产一事，称欧阳修购买田地用的是张氏家财，却将田券立在妹妹欧阳氏名下，属于侵占挪用他人财产，等于是给欧阳修分派了一个不轻不重的罪名，草草结案。庆历五年八月，欧阳修被罢免了在京的职务，出知滁州。案情虽然澄清，但此事对于欧阳修的声誉造成了巨大的影响。欧阳修并未因此消沉，来到滁州后留意郡务，恪尽职守。他崇尚为政宽简，不刻意生事扰民，不出一年，滁州便政清人和，百姓安居乐业。此外，滁州秀美的风光也令欧阳修陶醉不已，政务之余他便寄情山水，与民同乐，接连写出了《丰乐亭记》《醉翁亭记》等散文名篇。滁州任满后，欧阳修先后移知扬州、颍州、应天府（今河南商丘），俱有政声。

至和元年（1054），四十八岁的欧阳修回到京师，得授翰林学士，正式成为了号称"天下文学之极选"（《蔡宽夫诗话》）的内制学士，业已拥有了执文坛牛耳的政治资本。但翰林学士也不止欧阳修一人[1]，真正让士林刮目相看、使欧阳修成为独一无二的文坛领袖的是嘉祐二年（1057）的科场风波。这一年正月，时任翰林学士的欧阳修受命权知礼部贡举。上节已经提到，以翰林学士典掌贡举是北宋的惯例，以文章德行名重天下的欧阳修得到这一任命更是众望所归。对于欧阳修本人而言，这也是一个盼望已久的整顿文风的机会。此时距离欧阳修本人参加科考的天圣年间（1023—1032）已经过去了将近三十年，昆体时文的影响逐渐式微，目下最受年轻士子追捧的是一种被称为"太学体"的文风。这种文章风尚发轫于庆历年间（1041—1048）的太学，特点是险怪晦涩、刻意出奇。在时任国子监直讲的古文家石介的推波助

---

① 北宋前期，翰林学士常设为六员，但实际上历朝并未拘守此例，或缺员，或在常设名额外设置"员外学士"。

澜下，"太学体"风行一时，成了科举考试中最为流行的作文风格。为了获得科举功名，许多并没有进入太学的年轻举子也纷纷仿效这种怪诞文风，朝中的有识之士如张方平等对此深恶痛绝，但仅凭单纯的呼吁很难对现实有实质性的改变。欧阳修抓住这次知贡举的机会，利用手中的权柄，将"钩章棘句，浸失浑厚"（《长编》卷一八五）的太学体文章一律黜落，而将苏轼、苏辙等名不见经传的外地举子擢为上第。被黜落的这些文章的作者都是在太学中赫赫有名的才子（能进入太学的本身也都是官宦子弟），他们对欧阳修的考校结果极为不满，发榜后便开始聚众闹事，甚至有写《祭欧阳修文》投递其家的。但不论太学生们如何嚣张，欧阳修始终不为所动，坚决不肯修改录取结果。最终，公道自在人心，太学体的弊端逐渐为人所识，欧阳修所推崇的平易自然的文风也得到了越来越多人的认可。在这次贡举中夺得高第的苏氏兄弟更是不世出的人才，几层因素叠加在一起，太学生们对欧阳修的诽谤不攻自破，一场科举风波就此平息。经此一役，欧阳修作为"维时老宗伯"（苏轼《监试呈诸试官》）的领袖形象深入人心。值得一提的是，通过这次考试，欧阳修终于找到了自己文宗地位的理想的接班人。此前他曾属意过曾巩和王安石，可惜曾巩的才能局限于古文，且仕途不显，难当此任；而王安石则明确表态"他日若能窥孟子，终身何敢望韩公"（《奉酬永叔见赠》），对执掌文坛没有兴趣。如今，他在新一辈年轻士子中发现了苏轼这个才华、器识都足以继承此位的文学新秀，不免惊喜万分。在给老友梅尧臣的书信中，他形容自己读到苏轼的文章后"不觉汗出，快哉！快哉"，并激动地表示"老夫当避路，放他出一头地也"（《与梅圣俞》其三十一），甚至预言"三十年后世上人更不道着我也"（宋·朱弁《风月堂诗话》卷上）。他衷心地希望苏轼有朝一日能够接过文宗的重任，将本朝的"文统"传续下去。

贡举事件后，欧阳修继续在仕途上平稳前进。嘉祐三年（1058）六月，他以翰林学士身份兼龙图阁学士、权知开封府。不久后辞去，专心修撰《唐书》。两年后，五十四岁的欧阳修官拜枢密副使（枢密院的副长官），正式进入了"两府"，成为位极人臣的"宰执"。次年，他还出任了参知政事，成为副宰相，后又相继任刑部尚书、兵部尚书等职。尽管"出将入相"一直是古代文人的理想境界，但自有历史记载以来，真正能实现这一愿景的文章之士实属凤毛麟角。难怪苏辙会在祝贺欧阳修得授枢密副使的启文中如此称誉恩师：

> 夫富贵之士，所少者文字，而终莫能得；贫贱之士，所急者爵禄，而亦不可求。有能力取其一端，皆以自足于当世，而况位在枢府，才为文师，兼古人之所未全，尽天力之所难致。文人之美，夫复何加！（苏辙《贺欧阳副枢启》，《栾城集》卷五十）

不过宦海从来都是凶险的。成为宰辅之后的欧阳修也要面对新的烦恼和挑战。嘉祐八年，欧阳修成为参知政事两年后，一向宽厚平和的宋仁宗去世了，由于他本人没有儿子，只能从宗室中选立养子作为继承人，是为宋英宗赵曙。由于宋仁宗生前一直没有放弃生育亲子的希望，对待这位养子的态度极为冷淡，还曾经不止一次地将其送回王府，给年幼的赵曙造成了不小的心理创伤，故英宗对这位养父也无甚好感，即位后便着手提高自己生父濮王的地位。对此，朝堂上分成了针锋相对的两派，侍御史吕海、范纯仁、吕大防及司马光、贾黯等力主称仁宗为皇考，濮王为皇伯；而中书韩琦、欧阳修等则主张称濮王为皇考。双方都是满腹经纶的饱学之士，纷纷引经据典，各执一词，足足争论了十八个月之久，史称"濮议"。渐渐地，讨论的性质也偏离了主题，演变成了官场倾轧的意气之争。最终，欧阳修等执政派占据了上风，英宗因称濮王为"亲"，为之立园陵，并贬吕海、吕大防、范纯仁三人出外。尽管最终赢得了"濮议"，欧阳修也在政敌的攻讦中备受折磨，其在庆历年间的政治盟友富弼也为此和他决裂。正所谓"高处不胜寒"，久而久之，欧阳修对这些纷纷扰扰的政治斗争厌倦不已，渐渐萌生了退意。这时，一场荒谬至极的飞来横祸又落到了欧阳修头上。

欧阳修的夫人薛氏有一个堂弟薛宗孺，曾任水部郎中，后被卷入了一宗贪赃枉法的案件。他本以为可以通过裙带关系让欧阳修帮自己脱罪，不想欧阳修坚决拒绝，最终薛宗孺被依法罢官，从此他便对这位堂姐夫怀恨在心，到处散布流言，诬陷欧阳修与长子的妻子吴氏有私情。这则谣言传到了御史蒋之奇的耳朵里，后者立刻将其写成奏章，上呈神宗（此时宋英宗已去世，在位者为其子神宗）。蒋之奇原本就是欧阳修的门生（嘉祐二年进士），又因在濮议中站在宰执一方，因欧阳修的推荐才当上监察御史里行；但在濮议之后，朝野上下普遍对遭受贬谪的吕诲、范纯仁、吕大防等台谏派抱有同情的态度，而蒋之奇作为风波之后为宰执所推举的台谏官，在朝堂舆论中的地位颇有些尴尬。因此，他急于寻找机会与欧阳修划清界限，为此不惜捏造罪名，背叛恩师。面对这种荒谬至极的指控，欧阳修愤怒不已，连上三札自辩，并杜门不出。这种子虚乌有的罪名自然经不起查证，不久，蒋之奇等诽谤的事实便水落石出，欧阳修的名誉也得以恢复。但六十一岁的他遭此羞辱，身心俱疲，对这个黑白颠倒的官场再无眷恋，上书请求离开朝廷，前往地方任职。神宗最初有所挽留，但欧阳修接连上了三表三札，去意甚坚。最终，神宗批准其请，欧阳修出知亳州。

尽管表面上还是朝廷命官，但对于此时的欧阳修而言，离朝外任其实只是退隐归田的跳板，"优游田亩，尽其天年"（《归田录》）才是最终的目标。退居养老的地方，他也早有了想法，就是自己曾经担任过知州的颍州。至于原因，欧阳修在《思颍诗后序》中有所解释："皇祐元年春，予自广陵得请来颍，爱其民淳讼简而物产美，土厚水甘而风气和，于时慨然已有终焉之意也。"在欧阳修的记忆中，颍州不仅山明水秀，气候宜人，而且物产丰饶，民风淳朴，他几乎是在第一次到来时就深深爱上了这方水土，认定其为自己理想的终老之地。如今二十多年过去了，自己虽然历仕三朝，名列宰辅，心中还是始终难舍对颍州的思念，单是写下的思念颍州的诗歌便有十三篇。因此，在前往亳州赴任的路上，他便取道颍州，收拾旧居，准备再等一年便辞官致仕，来这里归隐终老。但神宗显然还舍不得失去这位三朝元老，不仅一再拒绝其致仕的请求，还一度想请欧阳修回朝担任宰相，主持朝政。此时已是熙宁年间，神宗已重用王安石，在政治、经济、军事诸领域大刀阔斧地开展改革。欧阳修虽然很赏识王安石的才学，但一向主张镇静宽简、与民休息的他对于变法过程中的扰民之举并不赞同，曾多次上书抨击青苗法，这让王安石非常不悦，便有意阻挠神宗起复欧阳修的意图。好在欧阳修原本也对回朝主政毫无兴趣，他现在最大的愿望就是去颍州归隐。终于，在接连出任了亳州、青州、蔡州的知州后，熙宁三年（1070），朝廷终于批准欧阳修的辞官请求，六十五岁的他得以太子少师、依前充观文殿学士致仕，如愿以偿地前往颍州定居。

颍州的旧居几年前便整顿完毕，花木成荫，窗明几净。欧阳修将毕生收藏的金石书卷陈列其中，闲时抚琴对弈，饮酒赋诗，感受到了灵魂深处的安宁与自适。在这里，欧阳修也给自己取了一个新的别号"六一居士"，还一本正经地解释道：

> 六一居士初谪滁山，自号醉翁。既老而衰且病，将退休于颍水之上，则又更号六一居士。

> 客有问曰："六一，何谓也？"居士曰："吾家藏书一万卷，集录三代以来金石遗文一千卷，有琴一张，有棋一局，而常置酒一壶。"客曰："是为五一尔，奈何？"居士曰："以吾一翁，老于此五物之间，是岂不为六一乎？"

自得之情溢于言表。毫无疑问，在生命的最后岁月里，欧阳修是自足而快乐的。他热爱颍州西湖的美景，便吸纳了民间流行的"连章鼓子词"的结构，将二十年前所作的歌词整理和补充为《采桑子》十首，每阕均以"西湖好"开篇。闲暇时他还将平生所见的诗坛掌故以及自己关于诗歌的体悟、见解整理为《六一诗话》一书，首创了以随笔方式论诗的诗话体例。此外，他还亲自整理自己的诗文作品为《居士集》五十卷，"往往一篇至数十过，有累日去取不能决者"（元·马端临《文献通考·经籍考》）。如果说欧阳修还有什么放心不下的，那便是接班人的问题了。幸运的是，没过多久，他最得意的门生苏轼便借外任的机会来到了颍州。

熙宁四年（1071），苏轼因反对变法而不安于朝，出任杭州通判，赴任途中特意与出任陈州（治今河南淮阳）学官的弟弟苏辙一同来到颍州探望恩师。自从英宗治平三年（1066）苏洵去世、二苏兄弟扶枢还乡以来，师徒三人已有五年多没有见面了。这次会面令垂暮之年的欧阳修分外高兴，他们结伴同游西湖，畅谈终日。欧阳修欣喜地发现自己当初并没有看错人，十几年过去了，苏轼的诗文学问都有了显著的进步，已经成为新一代文学宗师。然考虑到眼下复杂的政治环境，苏氏兄弟的政治前途其实并不明朗。为此，欧阳修语重心长地嘱咐道："我所谓文，必与道俱。见利而迁，则非我徒。"（苏轼《祭欧阳文忠公文》，《苏轼文集》卷六十三）苏轼当然明白恩师的意思，他郑重地再拜稽首，发誓自己会坚守心中的道义，"有死无易"。在以后的人生岁月里，苏轼也的确践行了他的诺言，始终襟怀坦荡，正气凛然，几经大起大落也从未消沉妥协，在各方面都无愧于恩师的托付。

安排好了这一切后，欧阳修的生命也逐渐走向了尽头。熙宁五年（1072）七月，欧阳修在颍州安详离世，结束了他传奇的一生，享年六十六岁。消息传出，朝野震动，韩琦、范镇、曾巩、王安石、苏轼等故交门生纷纷作文哀悼，朝廷追赠其为太子太师，谥号"文忠"，备极哀荣。

第三节　开拓创新的"文宗"形象与崇高地位

从各方面来看，欧阳修都是一位典型的宋代右文政策所培育出的新型"文宗"：一方面他是诗文大家，文集中名篇历历可数，灿若星辰，为宋诗、宋文的发展树立了典范，正所谓"庆历后，欧阳修以文章擅天下，世莫敢有抗衡者"（宋·叶梦得《避暑录话》卷上）；另一方面，欧阳修作为盟主的影响也是空前绝后的，自仁宗朝后期起，欧阳修长期担任翰林学士，在此期间"所荐皆天下名士，无有不在高选者"（宋·叶梦得《避暑录话》卷下），还有意识地利用了嘉祐二年知贡举的机会一举荡涤了"太学体"的不良风尚，为古文运动开辟了一条正途——不论是作为"宗师"还是"盟主"，欧阳修的成就都是传奇性的，堪称"文宗"的最佳代言人。但仔细梳理欧阳修的生平和创作会发现，除了这种"量"上的优势，欧阳修作为"文宗"的独特之处还在于，他对于文坛领袖的身份有强烈的自觉性和责任感，而且始终以一种革命性的姿态示人，不仅在诗、词、文诸领域都做出了开创性的贡献，还利用"盟主"的权柄一举扭转了文坛的风尚，其创作成就和革新实绩都在文学史上留下了浓墨重彩的一笔。可资证明的是，历代对欧阳修的称赏，也多围绕一个"变"字展开。

> 自唐之衰，文弱无气，降及五代，愈极颓败。唯公振之，坐还纯粹，复古之功，在时莫二。（韩琦《祭少师欧阳永叔文》，《安阳集》卷四十四）

> 我国朝四叶文章最盛，议者皆归功于我仁祖文德之治，与大宗伯欧阳公救弊之力。（王十朋《策问》，《梅溪集》前集卷十四）

> 宋初诗文，尚沿唐末五代之习。柳开、穆修欲变文体，王禹偁欲变诗体，皆力有未逮。欧阳修崛起为雄，力复古格。（《四库全书总目·宛陵集提要》）

关于"文宗"的身份，欧阳修心目中其实有一个效法的模板，那就是上一辈的文坛领袖、西昆体的开创者杨亿和刘筠。虽然欧阳修并不喜欢西昆体诗文雕篆浮华的风格，但对于杨亿和刘筠两人还是相当敬佩的。他在写给朋友蔡襄的信笺中满怀向往地表示：

> 先朝杨刘风彩，耸动天下，至今使人倾想。（欧阳修《与蔡君谟帖》）

杨亿（974—1020），建州浦城（今福建浦城县）人，是作为"神童"迈入政坛的。据说其七岁能属文，八九岁时所作的《病起谢郡官启》便"属对用事，如老书生"（宋·何薳《春渚纪闻》卷一）。杨亿的从祖杨徽之在京为官，可能由于这一层关系，杨亿早慧的名声也从遥远的福建传到了京师，爱好文艺的太宗将杨亿召至阙下，亲加考核。杨亿非常出色地通过了这场专门为他设立的考试，"连三日得对，试诗赋五篇，下笔立成"（《宋史·杨亿传》）。翌日，年方十一岁的杨亿得授秘书省正字，特赐袍笏——在大部分人都还困于场屋的年纪便已进入馆阁，获得了极高的仕途起点。七年后（淳化三年），杨亿献《二京赋》，在通过学士院的考试后得赐进士第，算是补上了一个正途出身。此后杨亿的前程也是一片光明：因为在太宗朝便为尚为皇子的真宗草拟公文，故新皇即位之初便破格拔擢杨亿为左正言，经过短暂的外任后，咸平四年（1001）他又以"望实素著"，不试而命为知制诰；五年后复掌内制，其声望也随之达到了极点："故翰林杨文公大年，在真宗朝掌内外制，有重名，为天下学者所服。"（宋庠《谈苑序》）此后除了大中祥符六年（1013）的出走阳翟事件，杨亿一直都在朝中担任清流要职，且还曾于天禧三年（1019）作为副考官同知贡举，平日里也"喜诲诱后进，赖以成名者甚众"（《长编》卷九六），"当时文士，咸赖其题品"（《宋史·杨亿传》）。其在馆阁中也与李维、路振、刁衎、陈越、刘筠等名士相善，唱和往还，一时"台阁英游，盖多出于师门矣"（范仲淹《杨文公写真赞》，《范文正公集》卷五）。从履历上看，杨亿所走的大体上也是由馆阁到两制的"登瀛抱椠"之途，凭借文学才华一步步迈入了高级文官的行列。尤为可贵的是，杨亿并不满足于"一时文士之冠"的荣誉和成就，而是从很早就开始酝酿利用自己的影响为文坛带来新的风尚，景德年间编书之余的西昆酬唱便是这一想法的初步实践。与更早的徐铉《翰林酬唱集》，李昉、李至《二李唱和集》，苏易简《禁林宴会集》、宋白《广平公唱和集》等唱和诗集不同，《西昆酬唱集》中的诗歌作品并不是名公巨卿闲暇无聊时消磨光阴的产物，而是在特殊机缘促成下的有意为之。杨亿很早便对李商隐的诗歌产生了兴趣，编修《历代君臣事迹》的任务使他有机会网罗一批最有声望的馆阁词臣，充分利用朝廷文馆的藏书资源，用其既定的诗歌风格完成一次集体写作。《西昆酬唱集》结集刊行后，杨亿又利用自己的文学影响力推动这种新的诗风迅速成为文坛主流，"时人争效之，诗体一变"（欧阳修《六一诗话》）。从某种意义上来说，西昆体的流行便是宋代新型"文宗"引导文风走向的一次成功尝试。

刘筠（970—1030），大名府（今河北大名）人，在真宗朝便以诗歌与杨亿齐名，有"杨刘"之称。二人虽然年龄相近，刘筠还年长杨亿四岁，但杨亿的"神童"身份使他过早地步入了仕宦生涯的辉煌期；而刘筠则是到真宗咸平元年（998）二十九岁时方才及第，步入仕途比杨亿晚了十四年，咸平五年参加馆阁召试时，杨亿还是他的主考官，故严格意义上来讲刘筠应是杨亿的门生。在杨亿英年早逝后，刘筠便接替其成了新一任"文宗"。就仕宦经历上而言，刘筠所走的也是最经典的"登瀛抱椠"之路：咸平元年进士及第后，先是出任馆陶县尉，五年后还京，参加了杨亿主持的召试，得任秘阁校理；此后一直在馆阁供职，其间参与了杨亿组织的西昆酬唱活动；大中祥符七年（1014）为知制诰，天禧四年（1018）前后为翰林学士，后两度外任，回朝后皆复入翰苑［天圣五年（1027）进翰林学士承旨］，故有"三入禁林"（《宋史·刘筠传》）之说。在担任翰林学士之前，刘筠便曾于大中祥符八年（1015）以知制诰权同知贡举，此后又于仁宗天圣二年（1024）、天圣五年两知贡举，得贤甚多，有"知人"之名。至此刘筠"凡三入禁林，又三典贡部"（《宋史》本传），名冠一时，是士林公认的"一代文宗"（苏颂《职方郎中辛公墓志铭》，《苏魏公集》卷五十八）。与杨亿的雄文博学相比，刘筠在文学上的成就要稍逊一等，其贡献主要在于识人。其三典贡举，后二榜之得人更是为宋人所称道，范仲淹、宋庠、宋祁、尹洙、余靖、胡宿、高若讷、王尧臣、韩琦俱出其门下。后来欧阳修作《与高司谏书》时还专门提到了天圣二年榜的"得人"。除慧眼识才外，刘筠在北宋科举发展史上最著名的事迹是"以策论升降天下士"。如本章第一节所言，宋初进士科考试在省试阶段分三日进行，分别试诗赋、策和论，逐场定去留。这种制度实际上是将诗赋的地位置于策、论之上。直到天圣二年，刘筠以御史中丞权知贡举，这一年录取的进士前三名分别为宋庠、叶清臣、郑戬。其中，第二名叶清臣尤为特殊，其考场上所作诗赋其实并不突出，能到高第纯粹是因为主考官刘筠赏识他的试策。《续资治通鉴长编》在记录此事后郑重地说明："国朝以策擢高第，自清臣始。"刘筠此举的示范效应是显著的，有资料表明，叶清臣考场上所作的五篇策论在当年便被雕印出版，流行一时（李觏《上叶学士书》，《直讲李先生文集》卷二十七）。更重要的是，刘筠的做法让朝野上下都开始意识到了策论的重要性。就在三年后的天圣五年，朝廷又一次开科取士，仁宗特意钦点刘筠再次担任主考官。开考之前朝廷还专门颁布了新的政策："贡院将来考试进士，不得只于诗赋进退等第，今后参考策、论，以定优劣。"（《宋会要辑稿》选举三）也就是说，从这一年开始，进士科考试不再只凭诗赋决定考生的去留，而要在三场考完后综合诗、赋、策、论来评定优劣。这便极大地提高了策论的地位，使其从可有可无的"副科"变成了与诗赋平起平坐、决定考生成绩的重点考察内容。仁宗对刘筠的信任也显示了后者在这一改革过程中的贡献。策论地位的提高对后来的古文运动有着深远的影响。

欧阳修对"杨刘风采"的向往并不只是口头表示，在现实生活中，他确实在很多方面都有意地对两位前辈进行模仿。例如，杨亿很早就开始对当时的文坛进行整体性的观照和总结，《西昆酬唱集》所收的崔遵度《属疾》有"笔苑多批凤，词锋胜解牛"之语，原注云："公新集号《笔苑》。"这条材料透露在西昆酬唱期间（景德二年至大中祥符元年，1005—1008）杨亿曾经编纂过一部名为《笔苑》的文学批评著作。《长编》所述更为详细："闻人有片辞可纪，必为讽诵，手集当世之士述作为《笔苑时文录》数十编"（《长编》卷九六）。这部著作颇有当代《文选》的意味，从中可见非同寻常的现实关照意识，以及总结一代文学的雄心和责任感。据曾巩在《与王介甫第一书》中所言，欧阳修也曾编纂过一部名为《文林》的当代文选："（欧阳修）又尝编《文林》者，悉时人之文佳者，此文（指王回、王向所著文）与足下文多编入矣。"两相对照，欧阳修之于《文林》的编纂显然有模仿杨亿《笔苑》的意图。又如杨亿利用在馆阁编修《历代君臣事迹》的机会组织同僚进行西昆唱和，欧阳修也曾经在担任科举考官的时候于锁院期间与同僚诗歌酬答。再如刘筠不止一次地利用担任科举主考的机会选拔人才，并通过科举改革来推行自身的文学观念，这一点欧阳修也深谙其中三昧，嘉祐二年知贡举时对太学体的打压和对苏氏兄弟的拔擢其实在内在逻辑上与当年的刘筠如出一辙。可以说，欧阳修作为"文宗"领导文坛的作为，在很多方面都是对杨、刘二公的追步与致敬。

不过欧阳修也并非亦步亦趋地沿着杨、刘所开创的路径前进，如本节开头所言，欧阳修作为文宗的独特之处在于那种前所未有的革命性姿态。以作为"盟主"主导科举改革的事件为例，诚如上文所言，在欧阳修之前，刘筠也曾经领导过"以策论升降天下士"的科场改革，打破了宋初以诗赋取士的局面。但需要注意的是，凭借策论一举成名的叶清臣的名次仅是第二，这一年的魁首其实是宋庠、宋祁兄弟——据《文献通考》等史料记载，礼部原定的省试名次是宋祁第一，其兄宋郊（后改名庠）位列其后；但执政的刘太后认为依照传统儒家伦理，弟弟不应该排位在哥哥前面，故下令将宋郊擢为第一，宋祁移至第十。二宋兄弟俱以词赋知名，时有"大宋""小宋"之称。此年让宋祁得以一鸣惊人的也是他在科场上所作的《采侯诗》，和叶清臣的策论一样，这首精彩的试帖诗也曾在京师传诵一时，当时的举子们甚至因此称宋祁为"宋采侯"。多年后，欧阳修还能记得其中的"色映珊云烂，声迎羽月迟"（《六一诗话》），可见其在当时的影响之大。"采侯"是指彩绘的箭靶，"色映珊云烂，声迎羽月迟"形容的是箭靶颜色的鲜艳以及夜间射箭活动的热闹，本身无甚稀奇，但妙在辞藻华美，对仗工稳，声律和谐。显然，这都是西昆体所追求的内容，故而能够赢得西昆体代表诗人刘筠的赏识。宋祁本人在回忆早年经历时也怀着感激的口吻提到"故龙图学士刘公叹所试辞赋，大称之朝，以为诸生冠"（宋·宋祁《宋景文公笔记》卷上）。如此看来，刘筠对宋祁的赏识还高于叶清臣，其在提高策论地位的同时并没有贬抑诗赋。换言之，刘筠的改革方式属于"立而不破"，新的选拔标准的确立并不会立即取代旧有的标准，故而原有体制受益者的利益并不会受到太多损害，改革所引起的震荡便也被降低到了最小化，天圣年间的诸次贡举均未引发举子闹事一类的群体事件。

宋代科举虽然设立了糊名、誊录等制度，力求最大限度地保证考试的公平性，但不可否认的是，平时声望仍然会对考生的前途产生影响，宋初京府发解进士的"故事"便是"非文业优赡有名称者不取"（《长编》卷四三）。对于考官来说，这其实构成了一种社会压力：一旦录取结果与场屋舆论不合，人们便会质疑考官的眼光，甚至引发闹事风潮。真宗咸平元年（998）就曾经出过一次举人闹事的风波。彼时京师汴梁的年轻举子中最有名望的是钱易，然而这一年开封府发解试放榜后，夺得榜首的却是一个叫高辅尧的士子。自负文才冠绝天下的钱易对此大为不满，遂向朝廷上书，控诉这次发解试所考的《朽索驭六马赋》等试题涉嫌讥讽朝廷。一石激起千层浪，在钱易的鼓动下，又有进士数百人来到开封府联名上书，称此次发解试考校不公，录取不当。在舆论的压力下，高辅尧本人也不得不出面逊避，请求官府收回原榜，而以钱易为榜首。这里仅仅因为发解的名次与舆论的评定不符，便引起了当事人的不满，进而引发了一场声势浩大的抗议活动，足见这种平时声望在场屋中的分量。而且，为了表现求贤的诚意，朝廷在处理这类事件时大多会选择息事宁人。即如咸平元年的这次发解试风波，尽管有冯拯等大臣极力反对姑息纵容钱易这样的轻薄狂妄之徒，真宗也担心此事会滋长士林中的浮躁浇薄之风，但为了平息物议，朝廷最终还是下令另选考官复查试卷，从考生中另选出了"文行兼备"的孙暨为榜首，高辅尧和钱易分别为第二和第三。（事见《长编》卷四三）如此看来，刘筠之所以在提携叶清臣的同时仍为二宋兄弟这样的词章之士保留一席之地，除了自身文学好尚使然外，也未尝不是在规避潜在的舆论危机。但也不得不承认，从成效来看，这种温和改革的缺陷也是很明显的，长期新旧并存的设定使其收效缓慢（后来策论地位的最终确立还经过了庆历、熙宁两次大的改革），改革者的个人形象也不甚突出。

相比之下，欧阳修的策略全然不同。用欧阳修自己的话说，他对科场积弊早有不满，故借此次主考的机会"痛革之"（《与王懿敏公仲仪》其三）。于是，他选择"破而后立"：将此前盛行的"太学体"一并打倒，改立苏轼等人平实流畅的文风为新的典范——借鉴刘筠的经验，他原本可以既录取苏氏兄弟，也为不可一世的太学生们保留一定的及第名额的。然而欧阳修却有意与这种舆论导向背道而驰，不仅将那些时论所推的太学高才生一并黜落，还用一种戏剧化的方式广而告之：

嘉祐中，士人刘幾，累为国学第一人。骤为怪崄之语，学者翕然效之，遂成风俗。欧阳公深恶之。会公主文，决意痛惩，凡为新文者一切弃黜。……有一举人论曰："天地轧，万物茁，圣人发。"公曰："此必刘幾也。"戏续之曰："秀才刺，试官刷。"乃以大朱笔横抹之，自首至尾，谓之"红勒帛"，判大纰缪字榜之。即而果幾也。（宋·沈括《梦溪笔谈》卷九）

从文献记载来看，刘幾是中央官学中第一名的高才生，在当时士林中的声望不下于当年的钱易。欧阳修通过文章的风格猜出了考生身份后，非但没有因为场屋舆论而有所忌惮，反而公然对这种风气发起了挑战。他不仅没有录取刘幾，还用红笔把其应考的文章从头划到尾，写上大大的"纰缪"，张榜昭告天下。用今天的话说，欧阳修的做法足以让刘幾"社会性死亡"。自然，这种激进的做法引起了轩然大波，欧阳修之子回忆起当时的场景，直谓"士人纷然，惊怒怨谤"（欧阳发《先公事迹》），苏轼也称当时群聚诽谤欧阳修的人几乎"成市"（苏轼《太息一首送秦少章秀才》，《苏轼文集》卷六十四）。更可畏者，这些落第的太学生中又多有"权贵人家""浮薄子弟"（欧阳修《与王懿敏公仲仪》其三），他们聚众闹事，在欧阳修上早朝的路上对其谩骂不已，连街司逻吏都无法制止；甚至有人匿名写了《祭欧阳修文》投递其家，诅咒其早死，各种卑劣手段无所不用其极，连锁院期间欧阳修等人的唱和诗都被翻出来作为主司考较不精的证据。但欧阳修始终不为所动。幸运的是，这一次，皇帝站在了他这一边。此年殿试一反先例，对礼部奏名的进士无一黜落，当时便有人认为是因此前"进士群辱欧阳修"之故，仁宗特赐欧阳修选定的进士全部及第，以示肯定。再加上这一榜进士的确"颇当实材"（欧阳修《与王懿敏公仲仪》其三），反对的声音逐渐消弭，科场风气也随之一变"五六年间，文格遂变而复古"（欧阳发《先公事迹》）。在这样短的时间内得以扭转一时文风，其效率不可谓不高。更重要的是，经过这一场"震荡"，欧阳修在改革时风上所表现出的大刀阔斧的魄力给时人留下了深刻的印象，几乎所有人在回忆起这场变革时都会郑重提到欧阳修的功劳，所谓"时体为之一变，欧阳之功也"（宋·沈括《梦溪笔谈》卷九），"维时老宗伯，气压群儿凛"（苏轼《监试呈诸试官》,《苏轼诗集》卷八）。可以说，嘉祐二年贡举之于欧阳修"文宗"地位的意义，不仅仅在于网罗了苏轼等一时英才，还在于其为欧阳修表达革新立场提供了一个舞台;通过这次贡举事件，世人记住了一个力挽狂澜的"大宗伯"形象，其"文宗"的身份也因此得以空前地深入人心。

除了作为"盟主"的大刀阔斧，欧阳修作为"宗师"也极具革新意识。任何一部欧阳修的传记想必都不会遗漏其领导北宋诗文革新走向成功的功绩。其实欧阳修并非最早参与诗文复古运动的一批人，他自言"知道晚"（欧阳修《答孙正之侔第二书》），由于出身地域的偏僻和早年科场上的不顺，欧阳修投身诗文革新的时间晚于同时期的京东士人群体。在苏舜钦、穆修已经开始作"古歌诗杂文"的天圣年间，欧阳修还忙于练习时文以备科举，后来也不无惭愧地承认"子美之齿少于予,而予学古文反在其后"（《苏氏文集序》）。只有到了洛阳时期，摆脱了科场压力的欧阳修方有时间和精力从事自己所钟爱的古文和诗歌创作。由于起步较晚，欧阳修在人才济济的幕府中并不突出，当时古文最擅者当为尹洙，诗歌则以梅尧臣为首。但欧阳修似乎天生便有一种不甘落人后的争胜心态，在意识到自己与他人的差距后，便奋力直追。故欧阳修虽然不是诗文革新的先驱，但很快便成长为中坚力量。最难能可贵的是，欧阳修在此后的文学创作中一直保持着一种求新求异的意识，努力将文学从陈陈相因的自我重复中拯救出来，在诗、词、文诸领域都成就斐然。

在诗歌方面,欧阳修与梅尧臣、苏舜钦一起，为"宋调"的形成开辟了道路。对于宋人而言，唐诗的存在犹如一座巍峨的高山，宋诗的创作始终笼罩在一种"影响的焦虑"中。因此，北宋初年的诗坛盛行"模仿"之风，所谓的宋初三体（白体、晚唐体、西昆体），划分的依据便是其模拟对象的不同。直到仁宗庆历年间，欧阳修等人开始有意识地突破唐诗的审美范式，在题材上将政治疾苦和日常生活引入诗歌，在语言上主动将散文句法引入诗歌，在诗歌理论方面更是提出了"诗愈穷而愈工""状难写之景如在目前，含不尽之意见于言外"等精彩见解，还突破性地将"平淡"标榜为诗歌的最高境界。可以说，后人总结的宋人"以文字为诗""以才学为诗""以议论为诗"等特点，在欧阳修这里都可以找到源头。尽管过度散文化、议论化等特点在一定程度上会削弱诗歌的艺术性，但欧阳修用一颗细腻敏锐的诗人之心将对日常生活的审美化观照写入诗歌，并将深厚的学养转化为温润细巧的文人雅趣，为诗歌注入了感性的清韵，形成了自己独特的诗歌风格，也为宋诗的发展指明了方向。

由于"文以载道"观念的存在，古文在宋人的心目中有着超乎寻常的地位。客观而言，欧阳修在古文方面的成就也高于诗词。他主张文的根本是道德修养，所谓"道纯则充于中者实，中充实则发为文者辉光"（欧阳修《答祖择之书》），同时力主行文要平易自然，而反对故作古奥生硬晦涩之语。他本人的文章也大都坚持语调平和舒缓，文字平易舒畅，不作艰深刻琢之辞，不追求峻急的文风。文章的组织结构同样以自然通达为主，追求简而有法。尤为重要的是，欧阳修笔下的文字感情充沛，无论议论、纪事、抒情，都以充沛的感情运笔，带给读者丰富的情感体验。且欧阳修很擅长运用虚字、感叹词和转折词，造成意思委婉曲折和语气舒缓的效果。例如《醉翁亭记》用二十一个"也"字，《与高司谏书》有十八个"也"字，《与尹师鲁书》有十二个"也"字，此外，"呜呼""矣""哉""邪""而已"等也都是欧文中常见的字眼。后人所称"六一风神"，指的便是这种一唱三叹、笔端富有清韵的独特文风。此外，欧阳修也并不排斥骈偶，其著名的《醉翁亭记》等作品都吸收了骈偶句式，在当时即有"语意新奇"（宋·陈鹄《西塘集耆旧续闻》卷十）之誉。再加上其嘉祐二年知贡举期间的作为，欧阳修作为古文领域领导一代文风的"老宗伯"形象深入人心。在明人茅坤提出的"唐宋八大家"中，宋代的其他五家（苏洵、苏轼、苏辙、王安石、曾巩）都出于欧阳修门下，更足见其对于古文发展的贡献。

在欧阳修生活的时代，词还是一种酒筵歌席上用于娱宾遣兴的应歌乐章，内容以抒写男欢女爱、离愁别绪为主，题材狭窄，风格绮艳。当时有柳永自作新声，在市井流行的新声基础上创制了新词调，大力发展慢词体式，同时化日常口语入词，直白俚俗，大行于世。但欧阳修与其座师晏殊在填词上选择的是另一条道路。二公皆位高名显，以余力填词，在体式上仍然沿续晚唐五代小令词的创作路径，作品多写闺情别怨，风格追求柔美婉丽，不过较少有晚唐五代词那种浓艳的脂粉气，而是将清雅的文人意趣融入其中，使词逐渐从应歌乐章转变为士大夫群体抒情表意的严肃文体，为词体的雅化做出了突出贡献。与大晏（晏殊）词的雍容雅丽相比，欧阳修的词作更为深挚动人，在题材、风格、语言、意境等诸多方面都为词这种新兴文体打上了鲜明的"六一"烙印，也直接启发了后来苏轼、秦观等人对词境的革新，后人评价其词风"疏隽开子瞻，深婉开少游"（清·冯煦《蒿庵论词》）。此外，欧阳修还主动吸收民间新腔，创作了不少清新活泼的俗词，同样为词体的发展开拓了新路。

南宋陈善在《扪虱新话》中指出："一代文章必有一代宗主，然非一代英豪，不足当此责也。"（宋·陈善著《扪虱新话》下集卷二）不论是作为"宗师"还是"盟主"，欧阳修的锐意求新和大刀阔斧都堪称"一代英豪"，也正是这种英豪般的雄心和气魄，铸就了其前无古人后无来者的一代"文宗"伟业。

"具体百世，自成一家"：
欧阳修与宋诗新貌的孕育

在中国诗歌史上，宋诗是唯一能与唐诗相颉颃的存在。早在洛阳幕府期间，欧阳修便与梅尧臣等人切磋诗艺，共同开创了宋诗"以才学为诗""以议论为诗""以文字为诗"的写作特点，并尝试将其古文中一唱三叹的"六一风神"引入诗歌，形成了自己独特的诗风。本章将围绕欧阳修的诗歌创作主张和其与梅尧臣、苏舜钦等人的文学互动展开，并精选部分欧阳修的诗歌名篇进行赏析和研读，全面考察欧阳修在诗歌领域的成就。

第一节　巅峰之后：宋初三体的模仿困境

中国是诗的国度，诗歌也历来被视作古典文学中最具代表性的文学体裁。自汉代以降，诗歌便是文人使用频率最高的文体，宋代也不例外。北京大学古文献研究所编纂的《全宋诗》收诗人 9000 余家，诗作 24 万余首，远超前代。但一个尴尬的事实在于，古典诗歌发展到唐代，在题材内容、声律规范、艺术手法等诸多方面皆已成熟，一代又一代诗人用他们的生花妙笔构筑了一座巍峨的艺术高峰，令后来人几乎望而却步。宋代诗人便不幸地站在了唐诗高峰的阴影之下。每当他们想要题诗一首时，几乎总能发现唐人已经留下了相似内容的名篇或名句。例如宋初诗人王禹偁在被贬商州（今属陕西）时曾于春日清晨见到花枝被风吹折，遂赋诗云："何事春风容不得？和莺吹折数枝花"(《春居杂兴》其一，《小畜集》卷八），甚为自得。然而随即其子王嘉祐便提醒他，两百多年前杜甫便已经写过"恰似春风相欺得，夜来吹折数枝花"(《绝句漫兴九首》其二，事见宋·蔡居厚《蔡宽夫诗话》)。因此，熟读唐诗的王安石才会发出"世间好语言，已被老杜道尽；世间俗语言，已被乐天道尽"(宋·陈辅《陈辅之诗话》)的感喟。在这种情况下，宋人最初是怀着一种谦卑的态度进行诗歌创作的，几代诗人都在试图从唐诗中寻找可供模仿的范本，沿着前人开辟的道路缓慢推进。根据所选范本的不同，后人将宋初诗歌划分为白体、晚唐体、西昆体三个流派：

> "宋刬五代旧习，诗有白体、昆体、晚唐体。白体如李文正（昉）、徐常侍昆仲（铉、锴）、王元之（禹偁）、王汉谋（奇）。昆体则有杨（亿）、刘（筠）《西昆酬唱集》传世。二宋（庠、祁）、张乖崖（咏）、钱僖公（惟演）、丁崖州（谓）皆是。晚唐体则九僧最为逼真，寇莱公（準）、鲁三交、林和靖（逋）、魏仲先（野）父子、潘逍遥（阆）、赵清献（抃）之父（祖，赵湘）。凡数十家，深涵茂育，气极势盛。"(宋末元初·方回《送罗寿可诗序》，《桐江续集》卷三十二)

这里称宋初即已铲除了"五代旧习"其实并不符合实际，对晚唐体的归纳也稍嫌杂乱；但方回对宋初"三体"的归纳还是颇为准确地概括了宋初诗坛的流派构成，故而久为主流文学史所采纳。下面我们便以白体、晚唐体、西昆体为纲，对宋初诗坛的模拟风尚进行简要介绍。

一、白体

前文提到，方回称宋初即已铲除"五代旧习"的说法并不符合实际，针对的便是白体风行的情况。白居易的诗歌因浅俗明白，在其生前就相当流行，以至于有"童子解吟《长恨曲》，胡儿能唱《琵琶篇》"(唐·李忱《吊白居易》)之说。降至唐末五代，由于社会动荡，文化贫瘠，士人阶层精神面貌也日渐萎靡，此时白居易诗歌随遇而安、感伤自适的一面对乱世文人是莫大的慰藉，故白诗成了诗坛上最受推崇的诗歌风格，其流行程度甚至较白居易生前更甚。唐末张为作《诗人主客图》，尊白居易为"广大教化主"，足见其受追捧的程度。当时甚至有人将白居易的诗句刺为文身，号称"白舍人行诗图"（事见唐·段成式《酉阳杂俎》前集卷八），近乎疯狂。尤其值得注意的是，这些宗白的诗人大多为在朝官员，如陶穀、徐铉等，他们地位显要、创作活跃，在社会上拥有较大的影响力和凝聚力，尤其是对年轻一代的诗学取向具有决定性的导向作用。因此，直到宋初，白体的影响依然绵延不绝。

宋初白体的代表人物是徐铉（917—996）、李昉（925—996）、李至（947—1001）等人。他们大多活跃在太祖、太宗朝，在馆阁中担任文职，优游岁月之余，效仿白居易和元稹、刘禹锡等进行诗歌唱和，编有许多唱和诗集，如徐铉的《翰林酬唱集》，李昉、李至的《二李唱和集》，苏易简的《禁林宴会集》以及宋白的《广平公唱和集》等。他们学习的主要是白居易的闲适诗和杂律诗，诗歌内容以流连光景、交游应酬为主，如《二李唱和集序》就将二人的唱和描述为："南宫师长之任，官重而身闲；内府图书之司，地清而务简。朝谒之暇，颇得自适，而篇章和答，仅无虚日。缘情遣兴，何乐如之！"这些诗作大都语言浅切，风格平易，如李昉的《禁林春直》：

> 疏帘摇曳日辉辉，直阁深严半掩扉。
> 一院有花春昼永，八方无事诏书稀。
> 树头百啭莺莺语，梁上新来燕燕飞。
> 岂合此身居此地，妨贤尸禄自知非。

这首诗写的是春日在禁中当值的感受，风和日丽，清闲无事，作者遂怀着一种轻松惬意的心情礼赞天下太平，并套路化地谦称自己尸位素餐，愧对爵禄。白体诗人追求的就是这种闲适雍容的生活态度，在这种价值导向的影响下，他们对于白居易诗歌的认识也是极为片面的，后者"歌诗合为事而作"（唐·白居易《与元九书》，《白氏长庆集》卷四十五）的现实主义精神被有意忽略了。如李昉有一首诗歌《牡丹盛开对之感叹寄秘阁侍郎》，首句提到"白公曾咏《牡丹芳》"，看起来是对白居易《牡丹芳》的致敬。但其实白居易的《牡丹芳》是《新乐府》中的一首，其副标题有"美天子忧农也"之语，批判京中权贵只知赏花，而不懂体恤农桑，诗歌结尾则云："我愿暂求造化力，减却牡丹妖艳色。少回乡士爱花心，同似吾君忧稼穑。"然而李昉却只看到了白诗对牡丹形貌的描绘，流连于"一种鲜妍独异常"。正是因为这种狭隘肤浅，宋初白体诗少有深刻的思想内涵，情感表达也单调乏味，读来有千篇一律之感。这种情况直到王禹偁出现才有所改观。

王禹偁（954—1001），字元之，济州巨野（今属山东）人。宋太宗太平兴国八年（983）进士，历任右拾遗、知制诰、翰林学士、礼部员外郎等职，是在宋代立国以后成长起来的第一代士大夫。与李昉等人不同，王禹偁表现出了高远的政治理想和以天下为己任的社会责任心，其对白体的学习也转向了白居易早期"唯歌生民病"的讽喻诗，其集中有不少充满现实关怀的有分量的作品，如《对雪》《感流亡》《谪居感事》《畲田词》《秋霖二首》等。更可贵的是，他在书写民生疾苦的同时，还往往联系自己，将对他人的同情与自身的身世之感结合在一起，境界尤高。如《感流亡》一首，谪居商州的诗人在了解了流亡至此的"老翁与病妪，头鬓皆皤然。呱呱三儿泣，茕茕一夫鳏"一家的遭遇后，油然生出了"尔为流亡客，我为冗散官"的感喟，其中的赤忱令人动容。正是在这种家国情怀的引导下，王禹偁对唐诗的学习进一步由白居易上溯至杜甫。前文讲述过王禹偁在商州作《春居杂兴》（其一）与杜甫"撞车"的轶事，王禹偁对此其实颇为自得，作诗称："本与乐天为后进，敢期子美是前身。"在另一首诗中，他也曾满怀欣喜地宣称"子美集开诗世界，伯阳书见道根源"（《日长简仲咸》，《小畜集》卷九）。对杜诗的借鉴使其笔下的闲情诗作也有了更为深沉的意境，如《村行》：

> 马穿山径菊初黄，信马悠悠野兴长。
>
> 万壑有声含晚籁，数峰无语立斜阳。
>
> 棠梨叶落胭脂色，荞麦花开白雪香。

何事吟余忽惆怅，村桥原树似吾乡。

此诗写行路中所见的寻常景致，出语平易，晓畅易懂，带有显著的白体特征，颈联更是从白居易《荔枝楼对酒》"荔枝新熟鸡冠色，烧酒初开琥珀香"化出，但意境和韵味远胜白诗。颔联由声音展开的对"万壑""数峰"的拟人化想象与尾联的惆怅相思呼应，迁谪的失意和寄情山水的洒脱缠绕在一起，诗情婉转含蓄，哀而不伤，实现了对浅俗平易的白体诗风的超越。北宋后期士人蔡居厚称："国初沿袭五代之余，士大夫皆宗白乐天诗，故王黄州（禹偁）主盟一时。"（《蔡宽夫诗话》）"主盟"与否或可商榷，但要论白体诗人中的佼佼者，王禹偁是当仁不让的。

二、晚唐体

晚唐五代之时，除白体外，诗坛上还流行着学习贾岛的风气，后人称之为"贾岛格"，特点是"多好妄立格法，取前人诗句为例，议论锋出，甚有师子跳掷，毒龙顾尾等势，览之每使人抚掌不已"（《蔡宽夫诗话》）。由此可见，其学习的是贾岛一派苦吟精工的风格，其弊是易流于刻意锻炼，生硬滞涩。与大多身居高位的白体诗人不同，"贾岛格"的作家普遍都是"在野"之士，如李洞、姚合、方干等。他们没有显赫的名位，又生逢乱世，备受丧乱之苦，故而对优游自适的白体诗兴趣有限，贾岛一派孤寂清冷的诗境和牢骚绝望的情绪则正中其下怀。部分诗人对贾岛的仰慕甚至到了奉之为神佛的地步，如李洞便"常持数珠念贾岛佛，一日千遍"（元·辛文房《唐才子传》卷九），较白居易的"行诗图"还有过之而无不及。

入宋之后，"贾岛格"依然在诗坛流行，所谓的"晚唐体"，主要便是这种推崇贾岛的苦吟诗风。前引方回在《送罗寿可诗序》中列举的晚唐体诗人有九僧、寇准、鲁三交、林逋、魏野、魏闲、潘阆、赵湘等，其中"九僧"是指希昼、保暹、文兆、行肇、简长、惟凤、宇昭、怀古、惠崇等九位诗僧。除寇准外，这个名单中的诗人基本都是生活清苦的隐士僧侣，至多不过是寒士小吏，依然延续了晚唐五代"贾岛格"诗人的"在野"身份。由于生活环境的限制，其诗也多写自然小景和山林野趣，在诗体选择上最重五律，尤其重视对中间两联的苦思精琢，所谓"发任茎茎白，诗须字字清"（潘阆《叙吟》）。故晚唐体诗人笔下常有凝练精警的联语，如"磬断危杉月，灯残古塔霜"（惟凤《与行肇师宿庐山栖贤寺》），"河分冈势断，春入烧痕青"（惠崇《访杨云卿淮上别墅》）等。但对苦吟的沉溺也限制了他们视野的开拓，晚唐体一直存在着题材单调、诗境过狭的毛病。欧阳修《六一诗话》便记载了当时流传的一则笑话：

> 有进士许洞者，善为词章，俊逸之士也。因会诸诗僧分题，出一纸，约曰：不得犯此一字。其字乃山、水、风、云、竹、石、花、草、雪、霜、星、月、禽、鸟之类，于是诸僧皆搁笔。

这些人离开了山、水、霜、月等字眼便无法写诗，足见其诗歌取材之单调乏味。

晚唐体中成就最高者当属隐逸诗人中的林逋。林逋（967—1028），字君复，钱塘（今浙江杭州）人。早岁游历江淮间，后隐居于杭州孤山。不娶不仕，种梅养鹤，有"梅妻鹤子"之称，卒谥和靖先生。林逋的诗歌作品主要吟咏西湖的湖山胜景，抒写孤芳自赏的隐居心情，尤以咏梅诗著名，其最负盛名的作品是《山园小梅》（其一）：

> 众芳摇落独暄妍，占尽风情向小园。
> 疏影横斜水清浅，暗香浮动月黄昏。
> 霜禽欲下先偷眼，粉蝶如知合断魂。
> 幸有微吟可相狎，不须檀板共金尊。

其中"疏影横斜水清浅，暗香浮动月黄昏"一联备受赞誉，欧阳修便称赞说："前世咏梅者多矣，未有此句也。"（《归田录》卷二）但也应看到，这首诗也存在着"有句无篇"的问题，颔联气韵超绝，颈联的"霜禽""粉蝶"

便平庸了许多，这也是晚唐体诗人的通病。晚唐体诗人中最特殊的一位是寇准（961—1023），官至宰相的他与九僧、林逋等在地位上颇不相侔，但由于他与诗僧、隐士诗人群体都有所交往，诗风也偏向清幽雅淡，故亦被归于晚唐体的范畴。其笔下虽有个别作品属于贾、姚一路，但总体看来并无晚唐体常见的寒窘之态，而是秀逸隽永，如七绝《追思柳恽汀洲之咏尚有遗妍因书一绝》《微凉》等尤其深婉蕴藉，有唐人之风。

三、西昆体

与白体、晚唐体不同，西昆体与晚唐五代并没有明显的承续关系，是杨亿等北宋太宗朝成长起来的新一代士大夫首倡的诗歌风格。"西昆体"之名，即出自杨亿编纂的《西昆酬唱集》。

杨亿（974—1020），字大年，福建浦城人。本书第一章曾提到，他是作为"神童"迈入政坛的。据说其七岁能属文，年十一即以文名为太宗所知，召试诗赋，授秘书省正字，淳化三年（992）赐进士及第。真宗朝先后担任知制诰、翰林学士，名动天下。在杨亿初入仕途的年代，朝中盛行白体诗风，然杨亿却对李商隐华美富赡的诗歌风格情有独钟，认为其"富于才调，兼极雅丽，包蕴密致，演绎平畅，味无穷而炙愈出，钻弥坚而酌不竭"（宋·江少虞《皇朝事实类苑》卷三十四）。宋真宗景德二年（1005），杨亿受诏与王钦若等修《历代君臣事迹》（成书后更名《册府元龟》），编书期间这些馆阁文士在杨亿的倡导之下，纷纷模仿李商隐诗歌风格进行唱和往来。大中祥符元年（1008），杨亿将这些酬唱作品编纂成《西昆酬唱集》。所谓"西昆"，指传说中昆仑山之西的群玉之山，为古帝王藏书之所，称为策府，这里代指宋代皇家藏书处秘阁。《西昆酬唱集》共收录了17位诗人的五言、七言律诗247首，其中杨亿、刘筠、钱惟演三人的作品就有202首，占全集的五分之四强。刘筠（970—1030），字子仪，大名府（今河北大名）人。咸平元年（998）进士，在杨亿的引荐下进入馆阁任秘阁校理，参与编纂《历代君臣事迹》。真宗朝后期即已位列两制，杨亿去世后接替其为文坛盟主。钱惟演（977—1034），字希圣，临安（今杭州市临安区）人。出身名门，为吴越王钱俶第七子，随父归宋后仕途显达，历任右屯卫将军、直秘阁等职，后亦位列两制，典掌贡举，仁宗天圣、明道年间出任西京留守，成为欧阳修的上司，对后者影响深远。

《西昆酬唱集》中的作品就题材而言可以分为三类：一是咏史，因其正在编纂的《历代君臣事迹》是一部政事典故类书，每天接触的历史掌故便顺理成章地成了取材对象；二是咏物，李商隐本身便以咏物知名，这也是最便于堆砌典故、辞藻的一种诗歌题材，故也颇得这些馆阁词臣青睐；三是流连光景之作，但受馆阁环境所限，这类作品也往往较为单调乏味。这些题材多数都能在李商隐集中找到对应的作品，能看出亦步亦趋的模仿痕迹。与李商隐的典型风格一样，这些作品大都文辞华美，音调铿锵，兼之以对仗工稳、用事深密，呈现出典丽富赡的艺术风格。三类主题中最有价值的是咏史类作品。这类诗歌主要脱胎于李商隐的咏史之作，具有很强的历史反思意识和现实批判性。例如杨亿的《汉武》：

> 蓬莱银阙浪漫漫，弱水回风欲到难。
>
> 光照竹宫劳夜拜，露漙金掌费朝餐。
>
> 力通青海求龙种，死讳文成食马肝。
>
> 待诏先生齿编贝，那教索米向长安。

这首诗便带有明显的讽刺意味，诗中提到汉武帝迷信方士、耽于求仙，其实是在影射现实中宋真宗求仙问道、祀神封禅的种种荒唐行为。这种借古讽今的讽喻精神也受到了后人的肯定，欧阳修的好友刘攽便称此诗"义山不能过也"（宋·刘攽《中山诗话》）。杨亿、刘筠、钱惟演还曾经创作了一组批判帝王后宫荒淫生活的《宣曲》诗，暗讽真宗朝的掖庭秘事，后被政敌告发，真宗为此下诏警告，斥西昆体为"浮靡"。从这件事也可以看出西昆体并非都是浮华空洞之文，杨亿等也绝非粉饰太平的御用文人。

杨亿、刘筠都曾执掌文坛多年，有"杨刘风采，耸动天下"之称。故在他们的提倡下，西昆体迅速流行开来，白体和晚唐体皆走向衰歇。据欧阳修回忆，"自《西昆集》出，时人争效之，诗体一变"（《六一诗话》）。不仅是诗歌，文章领域也是被所谓的"时文"——杨亿等人提倡的同样以繁缛靡丽为尚的昆体四六——拔得头筹，"能者取科第，擅名声，以夸荣当世"（欧阳修《记旧本韩文后》）。客观而论，西昆体重视典故和辞藻的背后体现了对作者学养的重视，其出现和流行有利于改善五代以来诗坛上流行的浅俗之风，也为后来宋诗的发展积累了声律、用典方面的经验。但也必须承认，西昆体仍然没有脱离模仿前人的藩篱，且其对李商隐的学习只停留在典故、辞藻等形式层面，缺乏义山诗深沉内敛的诗心思绪和沉重郁结的人生感慨，故很难令人产生深层次的情感共鸣。对宋诗发展正确道路的探索，尚有待来者。

综上，所谓的"宋初三体"都是在努力模仿前代已有的诗歌风格。可以说，宋初七十多年的诗坛在某种程度上都还属于唐诗的延伸。但也应该注意，在这种惯性的模仿中，某些新变也在酝酿着，例如王禹偁已经开始摆脱对白居易的单一模仿，转而上溯杜甫，在现实主义方面寻求突破；西昆体诗人通过对李商隐的模仿推动了对诗人学养的重视，已初启宋诗的人文化倾向。经过几十年的积累，进入宋仁宗朝以后，在欧阳修、梅尧臣等人的努力下，宋代诗歌终于冲破了片面模仿唐诗的困境，发展出了属于自己的独特面貌。

第二节　欧阳修与北宋诗歌的新变

一、伊洛新声：洛阳文学集团的形成与宋诗新貌的孕育

宋仁宗天圣八年，二十四岁的欧阳修进士及第，释褐授将仕郎，试秘书省校书郎，充西京留守推官[1]，次年三月到任，开启了人生的新一阶段。

---

[1] 宋代官衔分为官、职、差遣三部分（此外还有勋、爵等）。其中官和职都是标志地位等级、决定待遇名望的"品位"，只有差遣才是拥有实际职任的"职位"。欧阳修释褐所授将仕郎、秘书省校书郎都属于"品位"，只有西京留守推官才是实职差遣，是为西京洛阳长官的僚属，负责审讯罪犯等事务。

　　"西京"即洛阳，是北宋的三大陪都之一。城市主体坐落于伊洛盆地，南临伊阙，北负邙山，显要的地势环境不仅带来了造化钟灵的山川风物，还赋予了其作为"天下之中"的浩然王气。在北宋之前，洛阳已有"九朝古都"之称，曾为东周、东汉、曹魏、西晋、北魏、隋（炀帝时期）、唐（武周）、后梁、后唐等朝代的首都，此外在西周、新莽、隋、唐、后晋、后周还长期作为陪都存在。深厚的历史积淀不仅为洛阳留下了壮丽的城郭和繁华的经济，还有浓郁的文教之风，这都是后周方才成为都城的汴京所无法比拟的。与京师中新朝权贵们穷奢极欲的宅邸园囿不同，洛阳园林的营建往往具有一定的历史传承性，作为文人雅集的胜地而为一代又一代诗人题咏不绝。宋代洛阳的园林便大多在隋唐旧园的基础上改造而成，如湖园的前身是裴度故园，会隐园曾经是白居易的旧园。有了这些历史文化元素的加持，洛阳园林堪称是一种高度人文化的景观，优游其中的游园活动也成了一种文化活动。除了园林名胜，更为引人瞩目的是洛阳的文人宴集交游传统。由于政治地位显要，洛阳自古都是群英荟萃的人才渊薮，年代较早者如西晋时贾谧门下的"二十四友"，石崇的金谷之会等，其中对宋代影响最大的乃是中唐时期白居易晚年退居洛阳时期组织的"九老会"，其"尚齿不尚官"的交游原则在宋代吸引了一批又一批的追随和仿效者。总之，经过上千年的积淀，北宋时期的洛阳业已成为一座诗酒风流的文化名城，其作为政治舞台或许地位稍逊，却是一方极其梦幻的文学乐土，恰如宋人张琰在《洛阳名园记序》中所言："夫洛阳帝王东西宅，为天下之中。土圭日景，得阴阳之和；嵩少瀍涧，钟山水之秀；名公大人，为冠冕之望；天匠地孕，为花卉之奇。加以富贵利达、优游闲暇之士，配造物而相妩媚，争妍竞巧于鼎新革故之际。馆榭池台，风俗之习，岁时嬉游，声诗之播扬，图画之传写，古今华夏莫比。"初入仕途便能够来到这样一个历史文化圣地任职，不能不说是欧阳修的幸运。更为幸运的是，他还遇到了一位文采风流的上司和一批志同道合的良师益友。

　　与欧阳修受命西京留守推官差不多同时，钱惟演也收到了出任西京留守的任命。上节已述，钱惟演出身名门，仕途显达，是政坛上举足轻重的人物。

与此同时，他还是西昆体的代表作家，是一位名副其实的才子，杨亿曾称赞他和刘筠"并负懿文，尤精雅道，雕章丽句，脍炙人口"（《西昆酬唱集序》）。钱惟演嗜书如命，据说，他家中的藏书堪比三馆之一的秘府。其平日里也酷爱读书，发明过著名的"三上"读书法："平生惟好读书，坐则读经史，卧则读小说，上厕则阅小词，盖未尝顷刻释卷也。"（欧阳修《归田录》卷二）出于对文艺的热爱，钱惟演对于幕府中的这些才华横溢的年轻后辈极为爱护，甚至利用手中的权力减免其政务负担，为其进行文学创作和组织文化活动创造条件。《邵氏闻见录》中曾记载过这样一则轶事：

> 谢希深（绛）、欧阳永叔（修）官洛阳时，同游嵩山。自颍阳归，暮抵龙门香山。雪作，登石楼望都城，各有所怀。忽于烟霭中有策马渡伊水来者，既至，乃钱相遣厨传歌妓至。吏传公言曰："山行良劳，当少留龙门赏雪，府事简，无遽归也。"钱相遇诸公之厚类此。（宋·邵伯温《邵氏闻见录》卷八）

下属出游，钱惟演听说后居然专门派人送食物和歌妓助兴，还特意嘱托他们留在龙门赏雪，不必急着赶回来，其宽容和风雅可见一斑。在钱惟演的包容下，这些文学青年几乎"行乐无虚日"，其出游之频率令接替钱惟演担任西京留守的王曙震惊不已（亦见《邵氏闻见录》卷八）。后来欧阳修曾经深情地回忆过这段豪迈欢快的生活：

> ……洛阳古郡邑，万户美风烟。荒凉见宫阙，表里壮河山。相将日无事，上马若鸿翩。出门尽垂柳，信步即名园。嫩箨筇粉暗，渌池萍锦翻。残花落酒面，飞絮拂归鞍。寻尽水与竹，忽去嵩峰巅。青苍缘万仞，杳霭望三川。花草窥涧窦，崎岖寻石泉。君吟倚树立，我醉敧云眠。子聪疑日近，谓若手可攀。共题三醉石，留在八仙坛。水云心已倦，归坐正杯盘。飞琼始十八，妖妙犹双环。寒篁暖凤嘴，银甲调雁弦。自制《白云曲》，始送黄金船。珠帘卷明月，夜气如春烟。灯花弄粉色，酒红生脸莲。

东堂榴花好，点缀裙腰鲜。插花云髻上，展簟绿阴前。乐事不可极，酣歌变为叹。……（欧阳修《书怀感事寄梅圣俞》）

这是欧阳修人生中最无忧无虑的岁月，也是其后来在诗文中反复追忆、吟咏不绝的主题。如诗中"君吟倚树立"等句所言，欧阳修参与的这些游宴活动往往伴随着诗歌酬唱。如上节所言，游宴和酬唱在宋初高级文官中相当流行，不论是白体还是西昆体，都对"唱和"情有独钟。作为老一辈西昆体诗人，钱惟演在洛阳时也延续了这种习惯，时常邀请这些年轻的僚属一起游园酬答，其乐融融。欧阳修在另一处回忆说："文僖公（即钱惟演，为其谥号）善待士，未尝责以吏职，而河南又多名山水，竹林茂树，奇花怪石，其平台清池上下，荒墟草木之间，余得日从贤人长者赋诗饮酒以为乐。"（欧阳修《河南府司录张君墓表》）就这一点而言，欧阳修等人在洛阳发起的诗歌革新，与他们所要革除的宋初诗风也存在着一脉相承的关系。但可贵的是，钱惟演并没有将自己的文学品味强加于这些年轻后辈，而是鼓励他们根据自身的兴趣自由发展，最终形成人才济济、百花齐放的局面。

在钱惟演的悉心经营下，当时的西京幕府吸引了一大批文学之士，"号为天下之盛"（欧阳修《河南府司录张君墓表》）。据王水照先生考证，其中名姓可考者有二十二人，已经初步形成了一个文学集团。这一僚友团体带给了欧阳修极强的归属感，他后来无数次地回忆"冠盖盛西京，当年相府荣。曾陪鹿鸣宴，遍识洛阳生"（《送楚建中颍州法曹》）、"主人乐士喜文学，幕府最盛多交朋"（《送徐生之渑池》）的盛况。与其关系最密切者，欧阳修在前引《书怀感事寄梅圣俞》中罗列了九人（谢绛、尹洙、尹源、富弼、王复、杨愈、张先①、孙祖德、梅尧臣），在《七交》中列举了六人（张汝士、尹洙、杨愈、梅尧臣、张太素、王复）。这些朋友大多与欧阳修年龄相仿，官品也大致相当，如签书河阳判官富弼时年二十八岁，河南县主簿梅尧臣时年三十岁，山南东道掌书记、知伊阳县尹洙时年三十一岁，户曹参军杨愈约三十岁，推官张汝

---

① 这位张先同样字子野，但他与后来号称"张三影"的张先并非同一人。

士三十五岁，最长者尹源也不过三十六岁。蓬勃的青春朝气和对文学的共同热衷让他们一见如故，还一度戏仿白居易的"九老会"，以"八老"相互品题；尹洙能言善辩，故称"辩老"；杨愈才思敏捷，故称"俊老"；王顾聪慧机敏，故称"慧老"；王复深沉循默，故称"循老"；梅尧臣文辞清丽，故名"懿老"；张汝士、张先沉静寡言，故分别得名"晦老""默老"；当时未能预会的欧阳修因旷放超侠而获称"逸老"，后来在他本人的抗议下改为"达老"。这种相互标举、互通声气的做法也使得这一集团更富凝聚力，在幕主钱惟演的鼓励下，他们的日常便是诗酒酬答，游园登山，访僧问道，品茗赏花，文学创作成了生活中不可或缺的因素。在这方面，集团成员也是各有所长。相对年长的谢绛兼擅众体，在诗词文各方面都有令名；尹洙为古文名家；梅尧臣则以诗歌见长；最为年轻的欧阳修此时尚未表现出在某方面的专长，如同一块未经雕琢的璞玉，等待着大放异彩的时机。他也自知"知道晚"（《答孙正之侔第二书》），故主动抓住机会向同辈中的俊杰切磋请教，例如在尹洙的引导下重拾幼年时期对韩愈古文的兴趣，在钱惟演主办的雅集筵席上开始学习填词，而在诗歌方面，对其影响最大的当属梅尧臣。

梅尧臣（1002—1060），字圣俞，宣州宣城（今属安徽）人，世称宛陵（宣城古名）先生。早年累举进士不第，宋仁宗天圣年间以荫补太庙斋郎，先任河南主簿；天圣九年（1031）秋因妻兄谢绛任河南府通判，为避嫌而改任河阳县主簿，但仍常往来于洛阳。在西京幕府里，梅尧臣年长欧阳修五岁，此时业已以诗歌才能闻名，欧阳修多次赞其"《离骚》喻草香，诗人识鸟兽"（《七交·梅主簿》），"圣俞善吟哦，共嘲为阆仙（贾岛）"（《书怀感事寄梅圣俞》）。对于欧阳修来说，梅尧臣无疑是难得的良师益友。欧阳修早年的诗歌传世极少，仅南宋周必大所编的《居士外集》收录了部分西京任职之前所作的作品，试看其当时的作品风格：

> 桂馆神君去，甘泉辇道平。翠华飞盖下，豹尾属车迎。晓露寒浮掌，光风细转旌。廊回偏费步，佩远尚闻声。玉树人间老，珊瑚海底生。金

波夜夜意，偏照影娥清。(《汉宫》)

这首《汉宫》以历史为题，全篇都在铺写宫廷的堂皇奢靡，语言雕琢，用典繁复，从题材到手法都能看出西昆体的深刻影响。其实这也并不奇怪，欧阳修应举的时候正是西昆体诗文大行其道的年代，尤其是在应举考生中间，"能者取科第，擅名声"。迫于应试的压力，早年的欧阳修不得不"以礼部诗赋为事"(《记旧本韩文后》)，接触到的其他文学风格并不多。而梅尧臣则不同，尽管也曾有过多次参加科举考试的经历，但梅尧臣在诗歌上始终有自己的主张。他最初是受叔父梅询和妻兄谢绛影响，在洛阳时期的作品便"长于本人情，状风物，英华雅正，变态百出"(《书梅圣俞诗稿后》，《居士外集》卷二十二)。与当时流行的西昆体相比，梅尧臣的作品清丽闲雅，流畅平易，已经初步显现出了以平淡为美的审美倾向。在题材选择上也开始关注社会民生，作有《田家(四时)》《伤桑》《观理稼》《新茧》等诗歌作品，与当时主流诗坛的富贵闲雅倾向背道而驰。此外，此时的梅尧臣也已经开始着手进行"以文为诗"等方面的探索。例如明道元年谢绛等人第二次出游嵩山，梅尧臣未能参加，事后谢绛作《游嵩山寄梅殿丞书》，向梅尧臣讲述游山经过；有意思的是，梅尧臣得书后作了一首题为《希深惠书言与师鲁永叔子聪几道游嵩因诵而韵之》的长诗，几乎是将谢绛的散体书信逐段翻译成了五言诗。这首诗在艺术上虽然并非圆满无缺，却是宋诗散文化的一次经典尝试，在当时为梅尧臣赢得了巨大的声誉。这些成就和探索都令欧阳修钦佩不已，在洛阳期间，欧阳修不仅时常就诗歌"声律之高下""文语之疵病"向梅尧臣请教，还就"心得意会"等深层次的诗学奥妙进行了深入交流。欧阳修在晚年所作的《六一诗话》中，便回忆过不少这类切磋场景：

圣俞尝语予曰："诗家虽率意，而造语亦难。若意新语工，得前人所未道者，斯为善也。必能状难写之景，如在目前，含不尽之意，见于言外，然后为至矣。贾岛云：'竹笼拾山果，瓦瓶担石泉。'姚合云：'马随山鹿放，鸡逐野禽栖。'等是山邑荒僻，官况萧条，不如'县古槐根出，官清马骨高'为工也。"余曰："语之工者固如是。状难写之景，含不尽之意，何诗为然？"圣俞曰："作者得于心，览者会以意，殆难指陈以言也。虽然，亦可略道其仿佛：若严维'柳塘春水慢，花坞夕阳迟'，则天容时态，融和骀荡，岂不如在目前乎？又若温庭筠'鸡声茅店月，人迹板桥霜'，贾岛'怪禽啼旷野，落日恐行人'，则道路辛苦，羁愁旅思，岂不见于言外乎？"

…………

圣俞尝云："诗句义理虽通，语涉浅俗而可笑者，亦其病也。如有《赠渔父》一联云：'眼前不见市朝事，耳畔惟闻风水声。'说者云：'患肝肾风。'又有咏诗者云：'尽日觅不得，有时还自来。'本谓诗之好句难得尔，而说者云：'此是人家失却猫儿诗。'人皆以为笑也。"

由此可见，梅尧臣的确曾就诗歌之状物、义理、语言等诸多层面对欧阳修加以点拨，难怪后来欧阳修满怀感激地宣称："嗟哉我岂敢知子，论诗赖子初指迷。"（《再和梅圣俞见答》）

除诗学上的切磋外，欧阳修与梅尧臣在这一时期也有不少唱酬往来。其中有相约模拟某种诗体风格而作的同题组诗，如欧阳修和梅尧臣集中都有《拟玉台体七首》。南朝著名宫体诗人徐陵编有诗歌总集《玉台新咏》，所收多为"艳歌"，内容以闺情为主，纤巧绮丽，讲究声韵、用典等形式美，后世便将这个风格的诗歌称为"玉台体"，中唐诗人权德舆便作有《玉台体十二首》。欧、梅所作的这七首"拟玉台体"分题为《欲眠》《携手曲》《雨中归》《别后》《夜夜曲》《落日窗中坐》《领边绣》，从小标题便能感受到其香艳的风格。以第一首《欲眠》为例：

鸳鸯罗荐开，翡翠香帏寂。解带竟羞明，移灯向东壁。（梅尧臣）

行人夜已断，明河南陌头。双珥不拟解，更欲要君留。（欧阳修）

两首诗都是在模仿女子的口吻写就寝前与情人两情绸缪的场景，轻艳靡丽，梅诗尤甚。由于题材狭隘，内容空洞，宫体诗历来备受诟病，与唐宋时期高扬的"文以载道"精神更是背道而驰。但欧阳修和梅尧臣选择对这种诗体进行模拟，颇能看出其文学视野的开阔。细看二人的拟作，除了声律、辞藻方面的技巧，其实二人都在有意学习宫体诗对女性心理的细腻刻画，借助"移灯向东壁""双珥不拟解"等动作含蓄地表达出浓烈真挚的情感。正是对于前代文学遗产的兼收并蓄，才为二人后来的诗歌革新积累了足够的艺术经验。

另外梅、欧二人也曾就当时流行的咏物题材进行唱和：

> 不待春风遍，烟林独早开。浅红欺醉粉，肯信有江梅。（梅尧臣《初见杏花》）

> 谁道梅花早，残年岂是春。何如艳风日，独自占芳辰。（欧阳修《和梅圣俞杏花》）

除了梅诗中"浅红欺醉粉"一句，两人的作品中几乎都没有对杏花形貌的直接刻画，而是抓住"初见"二字做起了文章。杏花的花期原本是在仲春二月前后，眼前的杏花却在早春时节开放，诗人遂由杏花的早放联想到凌寒独放的梅花，进而也赋予杏花不合流俗的傲骨，有遗貌写神之妙。虽是咏物，两首作品都没有堆砌辞藻典故，语言也相对平易，几乎完全没有西昆体"赋咏"的板滞。

现存的欧、梅洛阳唱和中最有价值的或许是那些连续的记游组诗，如明道元年（1032）春末，欧阳修与梅尧臣、杨愈等结伴出游嵩山，"各具一壶酒，各蜡一双屐。登危相扶牵，遇平相笑噱"，游玩的过程十分尽兴。晚上他们住宿在佛寺，便在灯下题诗纪行，吟哦切磋："誓将新咏章，灯前互诋擿。杨生护己短，一字不肯易。"（梅尧臣《永叔内翰见索谢公游嵩书感叹希深师鲁子聪几道皆为异物独公与余二人在因作五言以叙之》，《宛陵集》卷五十七）后来欧阳修将沿途记游的诗歌汇总为《嵩山十二首》，梅尧臣也有《同永叔、子聪游嵩山赋十二题》。其中写景或雄伟壮阔如"二室对峥嵘，群峰耸崷直"（欧阳修《二室道》），"度岭失群山，千峰出天际"（梅尧臣《二室道》，《宛陵集》卷二）；或灵动飘逸如"惊鸟动林花，空山答人语"（欧阳修《自峻极中院步登太室中峰》），"云缨白飘飘，岩树长葱茜"（梅尧臣《玉女捣衣石》，《宛陵集》卷二）。这些诗歌对山中幽景的刻画多少能看出些许"晚唐体"的痕迹，但二人所选择的古体组诗形式冲淡了那种雕琢刻镂的滞涩感，已经初步体现出复古的倾向。更值得关注的是欧、梅关于黄河的唱和。天圣九年秋，梅尧臣在调任河阳县主簿的途中初见黄河，深深折服于其汹涌澎湃之势，作五古《黄河》以纪之，有"积石导渊源，沄沄泻昆阆""怒浟生万涡，惊流非一状"之句。这种雄豪劲健的风格在以平实细密见长的梅尧臣诗作中并不多见。或许是受到了梅尧臣的启发，欧阳修于次年（明道元年，1032）作《黄河八韵寄呈圣俞》：

> 河水激箭险，谁言航苇游。坚冰驰马渡，伏浪卷沙流。
>
> 树落新摧岸，湍惊忽改洲。凿龙时退鲤，涨潦不分牛。
>
> 万里通槎汉，千帆下漕舟。怨歌今罢筑，故道失难求。
>
> 滩急风逾响，川寒雾不收。讵能穷禹迹，空欲问张侯。

其实此时的欧阳修尚未见过真实的黄河，他只是根据梅尧臣的作品进行想象而已。此诗前四句写黄河水流的湍急惊险，其实都是对梅尧臣诗中"龙门自吞险，鲸海终涵量""谁当大雪天，走马坚冰上"的同义模拟。从第五句开始，欧阳修笔锋一转，写黄河平日如此汹涌奇险还不够，还要时不时泛滥决堤，给沿岸人民带来灭顶之灾。这里其实也是由梅尧臣诗中"常苦事堤防，何曾息波浪"而产生的联想，但梅诗只是点到为止，而欧阳修则用诗歌的主体篇幅具体铺陈了黄河水患的场景（自然亦是想象之词），较梅诗更翻新一层，且增加了一层忧国忧民的思想内涵。梅尧臣在收到此诗后也不甘示弱，作《依韵和欧阳永叔黄河八韵》：

> 少本江南客，今为河曲游。岁时忧漾溢，日夕见奔流。
>
> 啮岸侵民壤，飘槎阁雁洲。峻门波作箭，古郡铁为牛。

目极高飞鸟，身轻不及舟。寒冰狐自听，源水使尝求。

密树随湾转，长罾刮浪收。如何赍沈玉，川兴是诸侯。

这首诗延续了欧阳修原作中的河患主题，同样是用了大量的篇幅渲染洪水的可怖。但就语言风格而言，梅尧臣用了不少生僻字，"啮岸侵民壤""长罾刮浪收"等句下语更为狠重，与韩愈的诗风更为接近。又次年（明道二年，1033），欧阳修因公事赴巩县，终于亲眼见到了倾慕已久的黄河：

河决三门合四水，径流万里东输海。巩洛之山夹而峙，河来啮山作沙嘴。山形迤逦若奔避，河益汹汹怒而罽。舟师弈楫不以帆，顷刻奔过不及视。舞波渊旋投沙渚，聚沫倏忽为平地。下窥莫测浊且深，痴龙怪鱼肆凭恃。我生居南不识河，但见《禹贡》书之记。其言河状钜且猛，验河质书信皆是。……江海淮济洎汉沔，岂不浩渺汪而大？收波卷怒畏威德，万古不敢肆凶厉。惟兹浊流不可律，历自秦汉尤为害。崩坚决壅势益横，斜跳旁出惟其意。制之以力不以德，驱民就溺财随弊。盖闻河源出昆仑，其山上高大无际。自高泻下若激箭，一直一曲一千里。湍雄冲急乃逆溢，其势不得不然尔。前岁河怒惊滑民，浸潦洋洋淫不止。滑人奔走若锋骇，河伯视之以为戏。呀呀怒口缺若门，日啖薪石万万计。明堂天子圣且神，悼河不仁嗟曰喟。河伯素顽不可令，至诚一感惶且畏。引流辟易趋故道，闭口不敢烦官吏。遵涂率职直东下，咫尺莫可离其次。尔来岁星行一周，民牛饱刍邦美费。滑人居河饮河流，耕河之壖浸河溃。嗟河改凶作民福，鸣呼明堂圣天子。（欧阳修《巩县初见黄河》）

如此洋洋洒洒一大篇，诗人激动的心情溢于言表。抛开诗体和篇幅的差异，这首诗在思路上其实与前引《黄河八韵寄呈圣俞》颇为一致，都是先从黄河奔腾汹涌的气势写起，进而联想到河患。就内容措辞上，这首诗也和此前的几首作品有相互照应之处，如"河来啮山作沙嘴"与"我生居南不识河"分别对应梅尧臣《依韵和欧阳永叔黄河八韵》中的"啮岸侵民壤"与"少本江南客"；"自高泻下若激箭"对应欧阳修自己《黄河八韵寄呈圣俞》中的"河水激箭险"。从这些细节中不难发现这种交流切磋对二人诗艺的裨益。黄河题材的系列诗歌也是欧、梅集中最早的学习韩愈的作品，不论是那种滔滔莽莽的气势，还是古拙诘屈的语言风格，都颇得韩愈诗风之三昧。在后来的诗歌交流中，他们将在这些方面走得更远，共同推动宋诗之庆历新风的成型。

二、欧阳修与梅尧臣、苏舜钦的文学交谊

洛阳的浪漫生活持续的时间并不长。仁宗明道二年（1033）九月，钱惟演任满，罢西京留守，移镇汉东。对于西京文人集团而言，钱惟演不啻为一个大家长般的存在，正是有他的宽容与庇护，欧阳修等才能以饱满的热情和充足的精力投入文学创作。故而在钱惟演离任时，这些年轻的僚属一路相送至彭婆镇，依依不舍："送之伊水头，相顾泪潸潸。"（欧阳修《书怀感事寄梅圣俞》）在内心深处，欧阳修或许也已经觉察到，这段无忧无虑的青年岁月正在逐渐接近尾声。继任的留守长官王曙尽管也对欧阳修颇为赏识，但生性严肃，到任之初便对欧阳修等的"多出游"表达了不满（见宋·邵伯温《邵氏见闻录》卷八），对下属的约束极为严苛，洛中幕府的生活也逐渐走向了刻板无趣。是年年末，原任河南府通判、同样文采斐然的谢绛亦任满离洛，不久梅尧臣也上京参加进士科考试（其在洛阳的官职为门荫所得），在一次次送别中，欧阳修一再体会到了朋辈离索之苦。次年（景祐元年，1034），欧阳修本人在西京的任期也宣告结束，离开了这座承载了无数美好回忆的城市。

不过欧、梅等人的友谊并没有因现实中的离合聚散而受到影响。这也是洛阳文人集团与前辈相比很不一样的地方。如前所述，宋初诗坛上流行的唱和之风多是由达官贵人发起，依托于游宴、当值等具体的公务活动，结成的"酒朋诗侣"也往往是暂时性的，缘事而起，事去人散。即便是西昆诗人这样组织性较高、影响广泛的诗人群体，其活动时间也不过只有四年左右。除刘筠、钱惟演外，多数人在现实中与杨亿的关系并不亲密，其中的丁谓后来还成了杨亿的政敌。而洛阳集团则不同，经过长期、深入的交流，这一群体逐渐形

成了相似的文学主张和文风追求，欧、梅等主要成员都结为了终身至交。尽管他们后来的政治地位相差悬殊，现实中也聚少离多，但诗文酬唱却始终不绝。

以欧阳修和梅尧臣为例，从天圣九年在洛阳相识开始，到嘉祐五年（1060）梅尧臣去世，二人之间的文字往来从未间断，是三十年的诗友知己。梅尧臣一生仕途不显，转而将诗歌作为实现自我价值的事业，自云："一生憔悴为诗忙"（《依韵和春日见示》，《宛陵集》卷四十六），"辞虽浅陋颇剋苦"（《答裴送序意》，《宛陵集》卷二十五）。欧阳修对此表达了不遗余力的支持，在各种场合都对好友的诗歌成就赞誉有加，并对其诗歌成就做出了精妙的点评。如上节提到，在洛阳时，欧阳修便作有《书梅圣俞诗稿后》（明道元年，1032），对梅尧臣诗歌"长于本人情，状风物，英华雅正，变态百出"赞不绝口。梅尧臣诗歌取材极尽包罗万象，他天生具有一种诗人的敏感，善于从常人所不经意处发现诗意，故其诗歌的取材范围远较此前及同时代诗人为广，尤其是在对日常生活的发掘方面。唐代从杜甫开始便在这方面有所开拓，但写入诗歌的也大多是"老妻画纸为棋局，稚子敲针作钓钩"之类富有情趣的温馨情境，梅尧臣则将诗性的目光投向了妻儿老小衣食起居的家常细节，如《师厚云虮古未有诗邀予赋之》《秀叔头虱》《范饶州坐中客语食河豚鱼》《八月九日晨兴如厕有鸦啄蛆》等。这些场景非但没有诗情画意可言，甚至粗俗丑恶，但也因真实生动而令人耳目一新。在庆历六年（1046）所作的《梅圣俞诗集序》中，欧阳修提出了著名的"穷而后工"说，指出梅尧臣诗为"穷者之诗"，是"徒发于虫鱼物类，羁愁感叹之言"，揭示了梅诗题材内容与作者生平遭际的关系，同时也具有深刻的社会批判性质。此外在皇祐二年（1050）年所作的《再和圣俞见答》中，欧阳修指出了梅尧臣诗歌的另一重要特点——平淡，所谓"子言古淡有真味，大羹岂须调以齑"。在梅尧臣去世后的第二年（嘉祐六年，1061），欧阳修满怀悲痛地为故友写作了墓志铭，将其一生的诗歌创作历程总结为"其初喜为清丽闲肆平淡，久则涵演深远，间亦琢刻以出怪巧，然气完力余，益老以坚"。正如欧阳修所言，梅尧臣诗歌的"平淡"乃是苦心经营的结果，用他自己的话说是"作诗无古今，唯造平淡难"（《读邵不疑学士诗卷》，

《宛陵集》卷四十六）。这种平淡并不完全是语言层面的朴素自然，而是一种思致的老成，情感的冷静，以及语调的沉着。这后来也成为宋诗的代表性风格。欧阳修对于梅尧臣的这种推崇备至甚至让后人产生了"欧公一世文宗，其集中美梅圣俞诗者，十几四五"（宋·葛立方《韵语阳秋》卷一）的印象。也正如葛立方所言："圣俞诗佳处固多，然非欧公标榜之重，诗名亦安能至如此之重哉！"梅尧臣能够被后人称为宋诗的"开山祖师"（宋·刘克庄《后村诗话·前集》卷二），欧阳修的揄扬鼓吹功不可没。

其实，在仁宗天圣、明道年间，除洛阳文人集团外，还有一个文学团体也在实践着诗文革新的主张，亦即主要活动于汴京的石延年、苏舜钦等人。他们受穆修的影响很深，高举复兴古道的旗帜，以饱满的热情投入到古歌诗杂文的创作中。在为人方面，石延年和苏舜钦都以豪放不羁著称，其作品也都充溢着一种雄豪劲健的气息，如石延年笔下的古松"影摇千尺龙蛇动，声撼半天风雨寒"（《古松》），苏舜钦眼中的风浪"春风如怒虎，掀浪沃斜晖"（《淮中风浪》）。这种刚劲明快的语言风格也给当时趋于萎弱的诗坛带来了新的活力。欧阳修后来与二人都结下了深厚的友谊，与苏舜钦的交谊尤其为人津津乐道。

苏舜钦（1008—1049），字子美，祖籍绵州，生长于汴京。其祖父苏易简为太宗太平兴国五年（980）状元，后官至参知政事。苏舜钦本人于仁宗景祐元年（1034）进士及第，历任蒙城（今属安徽）、长垣（今属河南）县令，入京为大理评事、集贤校理。庆历年间，他旗帜鲜明地支持范仲淹的政治改革，再加上其岳父杜衍是新政的主要领导者之一，因而遭到了反对派忌恨。庆历四年（1044），苏舜钦执掌的进奏院举行祀神活动，按照惯例，苏舜钦用所拆奏封的废纸换钱置酒饮宴。政敌遂诬奏苏舜钦以监主自盗，最终，苏舜钦被革职除名，废为庶人，与会名士十余人皆遭贬谪，是即著名的"进奏院案"。此后苏舜钦流寓苏州，筑沧浪亭，将一腔愤懑寄于诗歌。庆历八年（1048）去世，年仅四十一岁。欧阳修与苏舜钦结交很早，其初识或可推至天圣年间在京师应举时。景祐二年（1035），苏舜钦丁忧途中经过汴京，专程同表弟韩绛一起去拜访了当时在京师任馆阁校勘的欧阳修。经历了洛阳时期的磨炼，欧阳修在文学、学术上都有了长足的进步，发为议论，语惊四座，苏舜钦形容这次会面让他茅塞顿开："伊余昏迷中，忽若出梦寐。划然毛骨开，精神四边至。既归尚泠然，数日饱滋味。"（《和韩三谒欧阳九之作》，《苏学士集》卷二）庆历年间，二人同在京师供职，时相过从，苏舜钦有不少记录自己前往城南欧阳修居所拜访的作品，如《城南归值大风雪》《城南感怀呈永叔》等。庆历二年（1042），苏舜钦母亲去世，须返山阳守制，离京时曾给欧阳修写信表达不舍，欧阳修作《答苏子美离京见寄》，盛赞了好友卓尔不群的才华，尤其是诗歌："是以子美辞，吐出人辄惊。其于诗最豪，奔放何纵横。众弦排律吕，金石次第鸣。间以险绝句，非时震雷霆。两耳不及掩，百痾为之醒。"苏舜钦获罪退居苏州后，欧阳修与之诗文往来不断。在其英年早逝后，欧阳修悲痛欲绝，"无复生意"（《与章伯镇五通》其五）。后来欧阳修还接受苏舜钦家人的委托，为其编辑文集，并作《苏氏文集序》，盛赞故友之道德文章，称其文集如"金玉"一般，"弃掷埋没粪土，不能销蚀。其见遗于一时，必有收而宝之于后世者。虽其埋没而未出，其精气光怪已能常自发见，而物亦不能掩也。"此外他还为苏舜钦写作了祭文和墓志铭，同样称述其"独留文章，照耀后世"（《祭苏子美文》），"文章发耀兮，星日光辉。虽冥冥以掩恨兮，不昭昭其永垂"（《湖州长史苏君墓志铭》）。既铭其墓，又序其文，在欧阳修的故交中，只有梅尧臣、苏舜钦、江休复①三人得到了这样的待遇，可见梅、苏二人与欧阳修交谊之深厚。

欧阳修对苏、梅的重视还体现在经常将二人并称，通过对比总结出各自的风格，试看他于庆历四年所作的《水谷夜行寄子美圣俞》：

---

① 江休复（1005—1060），字邻几，开封陈留（今河南陈留）人。天圣中便与尹洙、苏舜钦等结交，名重一时。庆历四年，同样受"进奏院案"牵连，被贬为监蔡州商税，后起复，后累任知奉符县、群牧判官、提点陕西路刑狱、入判三司盐铁勾院、修起居注等职，官至尚书刑部郎中。欧阳修在《江邻几墓志铭》称"其为文章淳雅，尤长于诗，淡泊闲远，往往造人之不至"。可惜其作品大都已经失传，故此处暂不讨论。

……缅怀京师友，文酒邀高会。其间苏与梅，二子可畏爱。篇章富纵横，声价相磨盖。子美气尤雄，万窍号一噫。有时肆颠狂，醉墨洒霶霈。譬如千里马，已发不可杀。盈前尽珠玑，一一难束汰。梅翁事清切，石齿漱寒濑。作诗三十年，视我犹后辈。文词愈清新，心意虽老大。譬如妖韶女，老自有余态。近诗尤古硬，咀嚼苦难嘬。初如食橄榄，真味久愈在。苏豪以气轹，举世徒惊骇。梅穷独我知，古货今难卖。二子双凤凰，百鸟之嘉瑞。云烟一翻翔，羽翮一摧铩。安得相从游，终日鸣哕哕。问胡苦思之，对酒把新蟹。

以"雄豪"和"古硬"来形容二人的诗风，诚为确论。在晚年所作的《六一诗话》中，他进一步将二人的诗歌风格总结为"子美笔力豪隽，以超迈横绝为奇；圣俞覃思精微，以深远闲淡为意"，感慨二人各领风骚、势均力敌，故而难分优劣。嘉祐五年，梅尧臣去世，再次痛失知音的欧阳修于次年作《感二子》，追怀二位好友：

黄河一千年一清，岐山鸣凤不再鸣。自从苏梅二子死，天地寂默收雷声。百虫坏户不启蛰，万木逢春不发萌。岂无百鸟解言语，喧啾终日无人听。二子精思极搜抉，天地鬼神无遁情。及其放笔骋豪俊，笔下万物生光荣。古人谓此觑天巧，命短疑为天公憎。昔时李杜争横行，麒麟凤凰世所惊。二物非能致太平，须时太平然后生。开元天宝物盛极，自此中原疲战争。英雄白骨化黄土，富贵何止浮云轻。唯有文章烂日星，气凌山岳常峥嵘。贤愚自古皆共尽，突兀空留后世名。

在诗中，欧阳修将苏、梅二人比作盛唐时期的李杜，认为二人的诗歌创作代表了当代的最强音，故二子的离去使得"天地寂默收雷声"。正是由于欧阳修不遗余力的揄扬，"苏梅"遂成为文学史上与"李杜""元白""韩孟"并列的著名组合，乃至于成为后人心目中开一代诗风的宗师，如清人叶燮便称："宋初，诗袭唐人之旧，如徐铉、王禹偁辈，纯是唐音。苏舜钦、梅尧臣出，

始一大变，欧阳修呕称二人不置。自后诸大家迭兴，所造各有至极，今人一概称为宋诗者也。"（《原诗·内篇上》）

这里欧阳修的自我定位也颇可玩味。尽管他谦虚地声明两位好友的文学成就远胜于自己，但像这样一再地品题、总结，其实是将自己置于了某种"评判者"的位置。例如上文提到的《六一诗话》对二人诗风的总结，其在引录了《水谷夜行寄子美圣俞》后有些遗憾地称自己"然不能优劣之也"，可见他是试图给苏、梅分出优劣的，只是未能做到罢了。更为明显的是皇祐元年（1049）所作的《读梅氏诗有感示徐生》："子美忽已死，圣俞舍吾南。嗟吾譬驰车，而失左右骖。"将苏、梅比作驾在车前两侧的马，自己则是手持缰绳的驾车人，主从地位不言而喻。其实，就现有的材料来看，梅尧臣和苏舜钦虽然相识较早，但彼此之间并无深交；直到庆历四年，欧阳修作《水谷夜行寄子美圣俞》分别寄给二人，他们才有了直接的交往唱和。不过二人对此的回应也颇为耐人寻味：梅尧臣不久便热情地写了一首《偶书寄苏子美》，对欧阳修的品评欣然接纳，认为二人的诗歌虽然"放检不同调"，但不妨"握手幸相笑"；苏舜钦的回应则有些暧昧，他先是自谦"自嗟处身拙，与世尝龃龉"，最后也没有对梅尧臣的热情示好表现出积极的回应，而是以一句"退惭百不堪，尚恐君悔误"匆匆带过，难怪宋人传说苏舜钦耻于同梅尧臣并称，还曾公然宣称："吾不幸写字为人比周越，作诗为人比梅尧臣，良可叹也。"（宋·魏泰《东轩笔录》卷十一）这句话是否出自苏舜钦之口已经无法考证，但苏舜钦对梅尧臣一直没有太过密切的关系也是一个不争的事实。自从苏舜钦到苏州后，除梅尧臣《寄题苏子美沧浪亭》外，二人再无直接的诗歌唱酬，而是分别与欧阳修保持着密切的诗文书信往来。欧阳修则一直充当着一个"中间人"的角色，从中串联起三人的同题竞技。例如庆历五年（1045），欧阳修被贬滁州，多次往琅琊山李阳冰石篆处，赋《石篆诗》，连同拓本一同寄给了苏、梅二人，乞诗刻石，二人则分别有《欧阳永叔寄琅琊山李阳冰篆十八字并永叔诗一首欲予继作因成十四韵奉答》（梅尧臣）和《和永叔琅琊山庶子泉阳冰石篆诗》（苏舜钦）以为回应。欧阳修在滁州营建醉翁亭、丰乐亭，与民同乐，梅、苏也都各自寄去了题咏。庆历八年，欧阳修得月石砚屏，作《紫石屏歌》（一本题作"月石砚屏歌寄苏子美"），苏舜钦得诗后作有七古长诗《月石屏砚歌》，梅尧臣也有《咏欧阳永叔文石砚屏》五言、七言古诗二首。这些酬答都是欧阳修从中牵线，从而促成了不同诗风的交流。

钱基博于《中国文学史》中指出，在唐诗向宋诗转变的过程中，欧阳修"管其枢也"，起到了举足轻重的作用。其实，早在宋代的时候，欧阳修就有了当世韩愈之称。欧阳修本人曾以孟郊比梅尧臣："韩孟于文词，两雄力相当。郊死不为岛，圣俞发其藏。"（《读蟠桃诗寄子美》）梅尧臣也直言："欧阳今与韩相似，海水浩浩山嵬嵬。石君苏君比卢籍，以我拟郊嗟困摧。"（《依韵和永叔澄心堂纸答刘原甫》，《宛陵集》卷三十五）亦即以韩愈喻欧阳修，以卢全、张籍喻石曼卿和苏舜钦，同时自比孟郊。据苏轼所言，在他生活的时代，欧阳修作为当代韩愈的形象已经深入人心，"士无贤不肖不谋而同曰：'欧阳子，今之韩愈也。'"（《六一居士集叙》，《苏轼文集》卷十）在北宋诗文革新运动中，欧阳修是当之无愧的领导者。正是在他的统筹下，原本分散在不同地区的文学革新小团体才能够联结起来，梅尧臣、苏舜钦才能在一次次诗歌唱酬中获得交流和磨砺，最终使得宋诗从宋初诗风的局限中摆脱出来，初步奠定了体现新时代士人群体精神风貌和文化趣味的新诗风。

三、庆历新风：欧阳修统筹下宋调的成型

元人方回有言，"近世之诗，莫盛于庆历、元祐"，认为庆历和元祐两个时期的诗歌是宋诗的两座高峰。其中，以苏轼、黄庭坚为主力的元祐诗坛当属成熟期宋诗的代表，而以欧阳修、梅尧臣、苏舜钦为代表的庆历诗歌，则体现了宋诗初成面目阶段的风貌。

文学史上所谓的"庆历诗歌"，并不只限于以庆历为年号的八年（1041—1048）期间的作品，而是泛指整个仁宗朝时期的诗歌，时间上横跨了从天圣到嘉祐的大约四十年（1023—1063）。天圣初年，苏舜钦等便已经在穆修的影响下开始尝试古体歌诗的创作；天圣后期和明道年间，钱惟演任西京留守，

谢绛、欧阳修、梅尧臣、尹洙等皆在其幕下任职，形成了一个同声共气的文学集团，并在相互交流中逐步形成了自己的诗歌风格。至庆历年间，欧、梅、苏等主要诗人的诗歌艺术都走向了成熟。在欧阳修的统筹下，洛阳和汴京两个文学小团体自觉地联合起来，融汇成了一个声势浩大的流派，诗歌创作呈现出繁荣发展、百花齐放的局面，宋诗的若干艺术特质也都在这一时期初步形成。除了这三人外，活跃于庆历诗坛的诗人还有范仲淹、石延年、释秘演、蔡襄、张方平、赵忭等人。回望宋初诗坛，新变派们不满于亦步亦趋模仿唐诗的做法，而是有志于在唐人之外别开一体，成为真正有别于"唐诗"的"宋诗"。具体而言，这些新锐诗人们做了以下探索：

首先，庆历诗人将宋代士大夫特有的饱满昂扬的政治热情投入到诗歌创作中，打破了宋初诗歌只知道吟咏风月、留恋光景的局面，写作了大量关心百事、直面现实的诗歌作品。如本书第一章所言,北宋自立国之初便确定了"以文治国"的基本国策，科举录取人数大增，大批中下层士人得以进入统治集团。经过七十年的休养生息，仁宗朝时期社会已经步入了一个稳定繁荣的发展阶段，但种种危机也在盛世之下逐渐浮现出来，例如著名的"三冗"（冗官、冗兵、冗费）问题：科举的"扩招"使得官员人数急剧增多，再加上门荫的泛滥，官僚机构逐渐变得臃肿庞杂；宋代统治者将募军作为维护社会稳定的手段，每逢灾荒便吸纳饥民参军，使得军队人数庞大、花费惊人，然而战斗力却极其低下；官员和军队的冗杂本来就已经为财政造成了巨大的负担，与契丹、西夏战事的失利又迫使朝廷每年要对外缴纳大量"岁币"，愈发使得财政捉襟见肘。然而在这样的社会背景下，作为政治主体的士大夫阶层却普遍因循沉默，一味地追求和光同尘、明哲保身。因此，范仲淹将整顿士风作为改革的一部分，希望用"先天下之忧而忧，后天下之乐而乐"的精神重塑士人品格，从而找到解决现实问题的路径。如此一来，诗歌的社会功用便更加突出，诗人自发地提倡在诗歌中关心时政民瘼，反对不切实际的空谈。例如欧阳修《赠杜默》便批评这位以豪情著称的诗人不关心民生疾苦，而只会在文字形式上标新立异："京东聚群盗，河北点新兵。饥荒与愁苦，道路日以盈。

子盍引其吭，发声通下情。上闻天子聪，次使宰相听。何必九包禽，始能瑞尧庭。"更著名的一则轶事发生在欧阳修与晏殊之间：

> 庆历中，西师未解，晏元献公殊为枢密使，会大雪，欧阳文忠公与陆学士经同往候之，遂置酒于西园。欧阳公即席赋《晏太尉西园贺雪歌》，其断章曰："主人与国共休戚，不惟喜悦将丰登。须怜铁甲冷彻骨，四十余万屯边兵。"晏深不平之，尝语人曰："昔日韩愈亦能作诗词，每赴裴度会，但云'园林穷胜事，钟鼓乐清时'，却不曾如此作闹。"（宋·魏泰《东轩笔录》卷十一）

晏殊是欧阳修中进士时的主考官，与欧阳修有门生座主之谊。然而，面对座师，欧阳修也毫不留情地指出了其耽于游宴的荒唐，没有在大雪纷飞之际联想到边地受苦的军士。晏殊被称为后西昆派的诗人，仍带有宋初诗人的风气，其"深不平之"的反应生动地体现了庆历新一代的崛起对老一辈诗人的冲击。几位代表诗人都作有不少现实题材的作品。如苏舜钦一向直率敢言，集中有《庆州败》《吾闻》《己卯大寒有感》《吴越大旱》等不少同情民生的作品，欧阳修在政治上屡经大起大落，但对现实政治的关注从未改变，其于不同阶段所作的《答杨辟喜雨长句》《答朱采捕蝗诗》《食糟民》《边户》等都表现出了对民生疾苦的同情。就连一生沉沦下僚、从未进入统治核心的梅尧臣都有《田家》《陶者》《田家语》《汝坟贫女》等关心现实的作品。尤为值得关注的是，与前代的同类题材作品相比，庆历诗人不只是单纯地关心民生疾苦，而是融入了强烈的参与意识，流露出鲜明的主体使命感，反映出宋代士人以天下为己任的责任心。这一方面表现为诗人的自省，例如梅尧臣在历数了田家生活的种种艰辛后真诚地反省："我闻诚所惭，徒尔叨君禄。"（《田家语》）欧阳修写贫苦百姓只能以酿酒所剩的"糟"为食，同情之余也心生愧疚："我饮酒，尔食糟。尔虽不我责，我责何由逃。"（《食糟民》）另一方面也表现在庆历诗人评议时政的热情，如景祐三年范仲淹、欧阳修等被贬，朝野震动，苏舜钦随即作《闻京尹范希文谪鄱阳尹十二师鲁以党人贬郢中欧阳九永叔移书责谏官不论救而谪夷陵令因成此诗以寄且慰其远迈也》，梅尧臣也在义愤之下接连创作了《彼鸳吟》《寄饶州范待制》《闻尹师鲁谪富水》《闻欧阳永叔谪夷陵》《猛虎行》等一系列诗歌，反复申明了自己的立场，蔡襄为此而作的《四贤一不肖》诗（"四贤"是范仲淹、余靖、尹洙、欧阳修，"一不肖"为高若讷）更是天下闻名。这在当时其实都是极易惹火上身的冒险之举，但诗人们都表现出了无所畏惧的正义感和勇气。

除时政题材外，庆历诗人还有意拓展诗歌的表现范围。清人翁方纲曾这样形容宋人所面临的窘境："天地之精英，风月之态度，山川之气象，物类之神志，俱已为唐贤占尽。"（清·翁方纲《石洲诗话》卷四）在这种情况下，宋人选择另辟蹊径，于天地山川、风花雪月之外，在前人不甚留意的领域开辟新的诗境，尤其注重在琐事微物上逞其才技。其实中唐时期的韩孟诗派在诗歌取材上便已经开始表现出求奇出新的倾向，有意选择一些奇幻丑怪的事物现象入诗，例如韩愈在经历了阳山、潮州之贬后，便尝试将奇诡的南国景观引入诗歌，如《宿龙宫滩》《龙移》《八月十五夜赠张功曹》《永贞行》诸作，写贬所的环境时大量引入了"猩鼯""鬼物""蛊虫""雄虺"等意象，营造出一种森然可怖的氛围。但不难发现，韩愈等人是有意利用怪奇物象构筑荒幻离奇的诗境，甚至连类似怪石、山火等并不罕见的现象在其笔下也呈现出光怪陆离的超现实色彩。而庆历诗人则不同，其"以丑为美"的努力体现在对日常生活中琐屑不雅情事的发掘，其诗歌的基本基调还是平凡而日常的。梅尧臣在这一方面着力甚勤，其《聚蚊》《余居御桥南夜闻妖鸟鸣效昌黎体》《八月九日晨兴如厕有鸦啄蛆》《秀叔头虱》《扪虱得蚤》《师厚云虱古未有诗邀予赋之》等诗作，从题目就可看出其书写对象之丑陋不雅。此外梅尧臣还写了不少日常起居中的尴尬细节，如《新婚》写自己续娶之初不甚呼唤了亡妻的名讳（"惯呼犹口误"）；《四月二十八日记与王正仲及舍弟饮》记录了亲友聚餐后食物中毒，上吐下泻的狼狈经历；《次韵和永叔尝新茶杂言》写饮茶后肠胃不适、"一啜入腹鸣咿哇"的情状。在传统的诗学体系里，这些庸常物象和琐屑情事并不具备入诗的资格，但如《师厚云虱古未有诗邀予赋之》的诗题所言，梅尧臣对于"古未有诗"的任何事物都有尝试写诗的欲望，故在诗歌题材上细大不捐，雅俗不弃。这样做固然失于矫枉过正，但其开拓精神对宋调的形成居功甚伟。欧阳修一度也深受其影响，作有《憎蚊》《和圣俞聚蚊》《汝瘿答仲仪》等"审丑"的诗歌。但由于生活境遇、个人审美方面的不同，欧阳修更偏爱古玩文房等富有文人雅趣的事物，相关作品如《和刘原父澄心纸》《圣俞惠宣州笔戏书》《答谢景山遗古瓦砚歌》《紫石屏歌》等。即便是写茶酒饮食等日常生活，也倾向于将文化情趣注入其中，将俗物雅化，于日常的审美静观中体现出学识修养和文化品位。例如欧阳修集中有两首题为"初食"的诗歌作品：《初食车螯》和《初食鸡头有感》，都是感慨身在京师却能吃到南国特产，前者联想到了"自从圣人出，天下为一家"的太平气象，后者则由鸡头米的水乡属性引申到了压抑已久的归隐情怀："却思年少在江湖，野艇高歌菱荇里""一瓢固不羡五鼎，万事适情为可喜"。这种对日常生活琐事和身边平凡事物的诗意观照正是庆历诗风的新气象，也代表了宋诗的审美精神更加平凡化、日常化的发展趋势。

本章第一节曾经提到梅尧臣将谢绛的书信檃栝为了五百字的长诗《希深惠书言与师鲁永叔子聪几道游嵩因诵而韵之》，是"以文为诗"的初步尝试。梅尧臣尚且是专心致力于诗歌的"职业诗人"，都会自觉地进行这样的尝试；更何况本身就是著名古文家的欧阳修和师从穆修、学习古文还早于欧阳修的苏舜钦。在推崇韩愈古文的同时，欧阳修也对韩愈的诗歌成就推崇备至：

> 退之笔力无施不可，而尝以诗为文章末事，故其诗曰"多情怀酒伴，余事作诗人"也。然其资谈笑，助谐谑，叙人情，状物态，一寓于诗，而曲尽其妙。此在雄文大手，固不足论，而予独爱其工于用韵也。……（《六一诗话》）

这段评论的主体是称赞韩愈作诗高超的押韵技巧，但在开头部分，欧阳修也明确表达了对于韩诗"雄文大手"的钦佩。这番评论其实已经触及了"以文为诗"的问题。在韩愈生活的时代，文章用来传道明心，诗歌用以抒情言志，二者之间有着清晰的界限。但韩愈主张文学创作都是"不平则鸣"（唐·韩愈《送孟东野序》）的产物，在本质上具有一定的共通之处；再加上他相信言能"尽意"，一向致力于提高语言的表现力。为了"尽意"，他不惜打破诗歌的格式规范，吸纳一些更加自由和有效的表达方式。如此一来，诗、文之间的绝对界限便被打破了。韩愈曾经大胆地将古文的章法、句法引入诗歌，例如著名的《南山诗》中的一系列以"或"打头的诗句，其实就打破了五言诗原本的句脉节奏。欧阳修师法韩愈，同样也将古文的诸多艺术特质带入到了诗歌创作中来，引起了宋诗从内容到形式的巨变。欧、梅、苏等人都有意在诗歌创作中引入古拙的散文化句法。为此，他们大多选用格律束缚较少的古体诗的形式，以包容各种杂言句式和新型节奏。例如欧阳修七言古诗《盘车图》：

> 浅山嶙嶙，乱石矗矗，山石硗聱车碌碌。
>
> 山势盘斜随涧谷，侧辙倾辕如欲覆。
>
> 出乎两崖之隘口，忽见百里之平陆。
>
> 坡长坂峻牛力疲，天寒日暮人心速，
>
> 杨褒忍饥官太学，得钱买此才盈幅。
>
> 爱其树老石硬，山回路转，
>
> 高下曲直，横斜隐见，
>
> 妍媸向背各有态，远近分毫皆可辨。
>
> 自言昔有数家笔，画古传多名姓失。
>
> 后来见者知谓谁？乞诗梅老聊称述。
>
> 古画画意不画形，梅诗咏物无隐情。
>
> 忘形得意知者寡，不若见诗如见画。
>
> 乃知杨生真好奇，此画此诗兼有之。
>
> 乐能自足乃为富，岂必金玉名高赀。
>
> 朝看画，暮读诗，杨生得此可不饥。

在开头处便加入了"浅山嶙嶙，乱石矗矗"两个四字句，篇中亦横插"爱其树老石硬，山回路转，高下曲直，横斜隐见"一段，在整饬的七言句式中显得格外参差。"爱其树老石硬"一句，完全是散文句法。另一首七古《明妃曲和王介甫作》亦然，欧阳修有意以散句"胡人以鞍马为家，射猎为俗"开篇，初读之下几乎意识不到这是一首七言诗歌。除句法外，"以文为诗"还体现在对古文章法的借鉴，使得诗歌的构思、布局上处处有文章的脉络，并化用散文的直叙和铺陈排比的手法，这在一些长诗中表现得尤为明显。例如梅尧臣有一首题为《书窜》的五言长诗，以五百余言的篇幅记叙宋仁宗朝御史唐介与文演变斗争的事迹，进而表现作者的政治立场。这首诗歌在艺术上并不十分成功，诗歌的主体部分流于平铺直叙，缺乏形象，缺乏诗味。但即便如此，其对事件的铺叙也能看出作者的有意经营，对叙事、议论、抒情等各种因素都做了较为恰当的安排，结构严整又有起伏呼应，很像一篇章法严谨的散文作品。又如苏舜钦《吴越大旱》，先写吴越一带旱情的严重，"炎暑发厉气，死者道路积"，后笔锋一转，写西夏入侵给此地人民带来了沉重的赋税和兵役，在作者看来，正是长期郁结的民怨"冲迫气候逆"，打破了天地阴阳的秩序，造成了干旱少雨的局面。最后，作者发表了一番议论，希望天灾得释，人祸能消。三个段落层次井然，逻辑严明，宛如一篇皆灾害论政的奏疏。此外，庆历诗人也开创了诗歌多用虚字、关联字的传统，追求意脉的流畅化和语序的日常化，即便是相对短小精致的近体诗，他们也尽力写得舒朗流畅。例如梅尧臣的名作《鲁山山行》：

> 适与野情惬，千山高复低。
>
> 好峰随处改，幽径独行迷。
>
> 霜落熊升树，林空鹿饮溪。
>
> 人家在何许，云外一声鸡。

五律原本是近体诗中最为整饬精工的体裁，故而是晚唐宋初苦吟派诗人的最爱。但梅尧臣这首诗完全打破了中晚唐律诗的那种在单句内平行排列密集意象的写作模式，而是用"适与""复""随处""独行"等一系列不标识实际物象的语助词串起全诗意脉，仿佛有一个看不见的摄影镜头在引领着读者的思绪。结尾"人家在何许，云外一声鸡"的一问一答，使得句与句之间的意脉也贯通了，诗歌成了一个流畅连贯的整体。这种手法还见于欧阳修的《戏答元珍》："春风疑不到天涯，二月山城未见花。"上下两句其实是一因一果，暗含隐秘的逻辑联系，欧阳修自己对此颇为得意，尝言道："若无下句，则上句不见佳处，并读之，便觉精神顿出。"（宋·蔡絛《西清诗话》引欧阳修语）这种多用虚字、意脉晓畅的写法，自然也是从古文中来。

古文有传道、明道的使命，故以作文态度作出的诗歌也自然可以谈理论道。欧阳修、梅尧臣、苏舜钦所处的也正是理学萌生的时代，理性主义的思潮开始蔓延，传统上被视为不刊之论的诸多观念都受到了质疑，士人的知识结构和思维方式也发生了很大的变化，其笔下的诗歌也因而被打上了时代的烙印。受时代思潮的刺激，庆历诗人都有着强烈的自立意识。欧阳修本人就是疑古议古思潮的急先锋，他排《系辞》、毁《周礼》、黜《诗序》，开宋儒疑经之先河。几乎所有古代流传下来的经典，都被他用怀疑的目光加以审视。同样，在诗歌中，他也表现出了对经学、历史的大胆质疑。例如《获麟赠姚辟先辈》便从"西狩获麟"说谈起，对古往今来治《春秋》的"峥嵘众家说"表达了不满，有意扫除邪说，还原圣人经典的"自然光"。这种疑古的自立意识也推进到了历史领域。按前代咏史诗虽多，但大都是就史实发表一些固定套路的感慨，例如对历史陈迹表达兴亡之叹，就历史人物的遭遇感怀士不遇的主题等，以情感之浓度而非识见之新警见长；而宋人则侧重在咏史中表现思想的独立性，即便是已被前代诗人题咏无数的题材，他们也力求跳出既定的思维定式，从新的角度发掘其意义。例如对于昭君出塞的题咏，自石崇《王明君词》以来，历代诗人都有昭君诗传世，但主旨无非是怜悯王昭君失身胡虏的不幸遭遇，就连杜甫的名作《咏怀古迹》也不例外。庆历诗人则不同，嘉祐年间王安石作《明妃曲》二首，在同情昭君经历之余，还加入了"意态由来画不成，当时枉杀毛延寿""汉恩自浅胡恩深，人生乐在相知心"等独树一帜的议论。这种别出心裁的创新在当时的诗坛引起了热烈的反响，梅尧臣、欧阳修、司马光、刘敞等都有和作，各出机杼，争相道前人所未道。欧阳修的和作如下：

《明妃曲和王介甫作》

胡人以鞍马为家，射猎为俗。

泉甘草美无常处，鸟惊兽骇争驰逐。

谁将汉女嫁胡儿，风沙无情貌如玉。

身行不遇中国人，马上自作思归曲。

推手为琵却手琶，胡人共听亦咨嗟。

玉颜流落死天涯，琵琶却传来汉家。

汉宫争按新声谱，遗恨已深声更苦。

纤纤女手生洞房，学得琵琶不下堂。

不识黄云出塞路，岂知此声能断肠。

《再和明妃曲》

汉宫有佳人，天子初未识。

一朝随汉使，远嫁单于国。

绝色天下无，一失难再得。

虽能杀画工，于事竟何益。

耳目所及尚如此，万里安能制夷狄。

汉计诚已拙，女色难自夸。

明妃去时泪，洒向枝上花。

狂风日暮起，飘泊落谁家。

红颜胜人多薄命，莫怨春风当自嗟。

第一首选择在昭君所弹的琵琶曲上做文章。昭君身后，琵琶曲传入汉地，风行一时。然而欧阳修犀利地指出，锦衣玉食的汉家统治者只会肤浅地欣赏乐曲之悦耳，哪里能理解乐曲所蕴含的"黄云出塞路"之悲苦。第二首则就汉元帝错失昭君的传说展开，历来人们多指责毛延寿贪财忘义，但欧阳修选择将矛头对准这一悲剧的始作俑者——汉元帝，讽刺他连"耳目所及"的宫闱细事都管不好，怎么能处理万里之外的边塞军务呢？两首诗歌都从常人不曾留意的细节理论，角度巧妙，立论新警，集中体现了宋诗的议论特色。这种怀疑精神和思辨意识也延伸到了对于日常事物的观察，一个有趣的案例是欧阳修等人对于注辇国白鹦鹉的题咏。这场唱和大约发生于嘉祐四年（1059），此时欧阳修和刘敞都在朝中担任高官，大约在同一时期，二人都收到了一份特别的礼物，亦即来自注辇国的白鹦鹉，故邀请好友梅尧臣就此展开唱和。注辇国大约在今印度东南部，梅尧臣和刘敞都称其在"海西"，在当时人看来，几乎是一个遥不可及的存在。然而这样一个炎方和白羽的结合却让见多识广的欧阳修感到了困惑，因为在其既有的认知中，根据阴阳五行的对应原理，这种雪白的生物都是"一阴凝结之纯精"，理应生长在"大荒穷北极寒之旷野"，如今竟然来自炎热的南方，实在是咄咄怪事。在百思不得其解的情况下，欧阳修感慨"乃知物生天地中，万殊难以一理通"，并发出了"谁能遍历海上峰，万怪千奇安可极"的感叹。（欧阳修《答圣俞白鹦鹉杂言》）由一只鹦鹉而联想到天地物理，这种格物致知的精神广泛存在于宋代以自然为书写对象的作品中。

南宋诗论家严羽在《沧浪诗话》中对本朝诗歌有一个著名的评价："近代诸公乃作奇特解会，遂以文字为诗，以才学为诗，以议论为诗。"所谓的"以文字为诗"即是"以文为诗"，将散文的句法、章法引入诗歌；"以才学为诗"是指诗歌在选题上重视人文意趣，在手法上多用典故，重视作者的才学修养；"以议论为诗"指用诗歌表达观点，不论是写景、状物、咏史、言情，触处皆可议论，表现出宋人特有的理性思辨精神。通过本节的分析不难发现，经过欧阳修等人的努力，宋诗的这些典型特征在仁宗朝诗歌中都已经初见端倪。可以说，庆历诗歌是宋代文学史上具有转折性意义的一代诗歌，它不仅成就了宋诗的第一个高峰，还在题材、艺术、思想上都形成了独特的时代风尚，在诸多方面都奠定了有别于前代的"宋调"基础。而在庆历诗歌的发展过程中，欧阳修无疑是贡献最大的一位。他不仅成功地将来自不同地域、个性见解互不相同的诗人联结起来，引导了整个诗坛的风气走向，其本人的诗歌创作也取得了相当高的成就，是"宋调"的杰出代表。

第三节　自成一家：诗歌中的六一风度

欧阳修在《礼部唱和诗序》中主张"博取于人"，亦即广泛地学习古人；但他的学习并不是像宋初诗人那样亦步亦趋地模仿前人，而是在融会贯通的基础上自出胸臆，形成自己的风格，故后人评价欧阳修的诗歌创作"天分既高，而于古人无所不熟，故能具体百氏，自成一家"（清·裴君弘辑《西江诗话》卷二）。欧阳修的诗歌今存八百六十余首，涉及题材范围极广，富于真情实感。他曾在《梅尧臣诗集序》中提出了"穷而后工"的著名见解，在《明妃曲和王介甫作》中也认为"不识黄云出塞路，岂知此声能断肠"，强调丰富的生活阅历和真实的生活体验对文学创作和阅读的重要性，其本人的创作也多为有为而作，关心百事，直陈心路，具有鲜明的士大夫情怀。本节选取其人生各个阶段的代表诗作若干，管窥其"自成一家"的诗歌成就。

《被牒行县因书所见呈寮友》

周礼恤凶荒[①]，轺车[②] 出四方。

土龙[③] 朝祀雨，田火夜驱蝗。

木落孤村迥[④]，原高百草黄。

乱鸦鸣古堞[⑤]，寒雀聚空苍。

① 周礼恤凶荒：谓荒年朝廷派员赈灾，救济百姓，这是《周礼》上的规定。
② 轺（yáo）车：奉使者和朝廷急命宣召者所乘的轻便马车。亦代指使者。
③ 土龙：古人用泥塑成龙的形象，用以求雨。
④ 木落：树叶掉落。迥：远。
⑤ 堞：城墙上齿状小墙。

桑野人行饁①，鱼陂鸟下梁②。

晚烟茅店月，初日枣林霜。

墐户③催寒候，丛祠祷岁穰④。

不妨行览物，山水正苍茫。

【解析】

此诗作于明道元年冬，作者时在洛阳任职。题目中的"被牒"意为携带公文，显示这是一首差旅题材的作品。欧阳修此行的性质属于"检覆"。宋代允许百姓在灾荒发生后向县级官府"诉灾"，县级官员核实后上报州府，州府再派遣属官前往灾区核查情况，后者称检视或检覆。现实中灾荒以旱灾居多，故有时亦称"检旱"。这显然不是什么美差，故作品的气氛相当凝重，详细地书写了一路所见萧瑟悲苦的受灾乡村实况。诗歌结尾安慰自己"不妨行览物，山水正苍茫"，"不妨"二字便道出了其中的勉强——读者从前文中已经充分感受到了此行一路所见景象之凋敝，并无多少风景可言。这种对贫苦乡村景象的写实描绘在此前的诗歌中并不多见，体现出诗人对民生疾苦的深切关注。庆历年间梅尧臣作有《小村》："淮阔州（宋荦本作"洲"）多忽有村，棘篱疏败谩为门。寒鸡得食自呼伴，老叟无衣犹抱孙。野艇鸟翘唯断缆，枯桑水啮只危根。嗟哉生计一如此，谬入王民版籍论。"内容与本诗有一定的相似性，可供参考。

《绿竹堂独饮》

夏篁解箨阴加樛⑤，卧斋公退无喧嚣。

清和况复值佳月，翠树好鸟鸣咬咬⑥。

---

① 饁（yè）：为田间的人送饭。

② 鱼陂鸟下梁：鱼塘干涸后，鸟栖鱼梁。梁：鱼梁，为捕鱼而筑设的坝堰。

③ 墐户：用泥糊住墙上的开裂漏风处。

④ 丛祠：荒野间的祀神小庙。穰（ráng）：丰收。

⑤ 夏篁解箨（tuò）阴加樛（jiū）：夏日竹林茂密，阴凉宜人。篁：竹子。解箨：竹笋脱壳成竹。樛：竹木下垂貌。

⑥ 咬咬（jiāojiāo）：状声词，形容鸟叫的声音。

芳樽有酒美可酌，胡为欲饮先长谣。

人生暂别客秦楚，尚欲泣泪相攀邀。

况兹一诀乃永已，独使幽梦恨蓬蒿①。

忆予驱马别家去，去时柳陌东风高。

楚乡留滞一千里，归来落尽李与桃。

残花不共一日看，东风送哭声嗷嗷。

洛池不见青春色，白杨②但有风萧萧。

姚黄魏紫开次第③，不觉成恨俱零凋。

榴花最晚今又拆④，红绿点缀如裙腰。

年芳转新物转好，逝者日与生期遥。

予生本是少年气，瑳磨牙角⑤争雄豪。

马迁班固洎歆向⑥，下笔点窜皆嘲嘈⑦。

客来共坐说今古，纷纷落尽玉麈毛⑧。

弯弓或拟射石虎⑨，又欲醉斩荆江蛟⑩。

自言刚气贮心腹，何尔柔软为脂膏。

---

① 蓬蒿：野草，这里指胥氏夫人的墓地。

② 白杨：古人坟墓上多种白杨。《古诗十九首》其十四："白杨多悲风，萧萧愁杀人。"

③ 姚黄魏紫：洛阳的两种名贵的牡丹品种。次第：先后。

④ 拆：开放。

⑤ 瑳磨：同"磋磨"。牙角：比喻锋芒。

⑥ 马迁：司马迁。歆向：刘向、刘歆父子，这里出于格律需要将刘歆置于刘向之前。司马迁、班固是两汉史学家，刘氏父子为西汉后期著名经学家。

⑦ 点窜：修整字句。嘲嘈：嘲讽、讥刺。

⑧ 玉麈（zhǔ）：玉柄麈尾。麈尾是晋人清谈时习惯手执的一种道具，以麈尾制成。"落尽玉麈毛"形容宾主相得，谈话投机，典出《世说新语·文学》："孙安国往殷中军许共论，往反精苦，客主无间。左右进食，冷而复暖者数四。彼我奋掷麈尾，悉脱落，满餐饭中。宾主遂至暮忘食。"

⑨ 射石虎：典出《史记·李将军列传》：李广"出猎，见草中石，以为虎，射之，中石没镞"。

⑩ 醉斩荆江蛟：晋人周处斩义兴水中蛟。《世说新语·自新》："周处年少时，凶强侠气，为乡里所患，又义兴水中有蛟，山中有邅迹虎，并皆暴犯百姓，义兴人谓为'三横'……处即刺杀虎，又入水击蛟。"

吾闻庄生善齐物[①]，平日吐论奇牙聱[②]。

忧从中来不自遣，强叩瓦缶何诐诐[③]。

伊人[④]达者尚乃尔，情之所钟[⑤]况吾曹。

愁填胸中若山积，虽欲强饮如沃焦[⑥]。

乃判自古英壮气，不有此恨如何消。

又闻浮屠[⑦]说生死，灭没谓若梦幻泡。

前有万古后万世，其中一世独蜩螗[⑧]。

安得独洒一榻泪，欲助河水增滔滔。

古来此事无可奈，不如饮此樽中醪。

【解析】

这是一首悼亡之作，作于明道二年（1033），作者尚在洛阳任职。欧阳修原配胥氏，是其恩师胥偃的女儿，婚后夫妇感情甚笃。可惜天不假年，婚后方才两年，胥氏夫人便因产后失调去世，抛下了尚未满月的幼子。是年正月，欧阳修因公事赴汴京，顺道前往随州探望叔父。三月返洛之时，胥氏夫人已至弥留之际。爱妻的离世让欧阳修悲痛欲绝，这是成年后的他第一次经历与

---

① 庄生：庄子，战国时期道家代表人物，着有《齐物论》，主张齐生死，等福祸。

② 奇牙聱（áo）：《庄子》文章以汪洋恣肆著称，这里是形容其观点奇崛。

③ 强叩瓦缶：鼓盆。《庄子·至乐》："庄子妻死，惠子吊之，庄子方箕踞鼓盆而歌。"诐诐（náonáo）：喧闹争辩貌。

④ 伊人：指庄子。

⑤ 情之所钟：典出《世说新语·伤逝》，"王戎丧儿万子，山简往省之，王悲不自胜。简曰：'孩抱中物，何至于此？'王曰：'圣人忘情，最下不及情；情之所钟，正在我辈。'简服其言，更为之恸"。

⑥ 沃焦：古代传说中东海南部焦灼吸水的大石山。《文选·郭璞〈江赋〉》："出信阳而长迈，淙大壑与沃焦。"李善注引《玄中记》："天下之大者，东海之沃焦焉，水灌之而不已。沃焦，山名也，在东海南方三万里。"

⑦ 浮屠：梵语音译，即佛。

⑧ 蜩螗（diāoláo）：蝉的一种，即蟪蛄。《庄子·逍遥游》："蟪蛄不知春秋。"此处用以形容一生短暂。

至亲的生离死别，他几乎不敢相信生命竟然如此脆弱，妻子美好的身影偶尔出现在梦境之中，若隐若现，倏来倏去。悲痛之余，他接连写作了《述梦赋》和此诗，以抒悼亡之恨。

绿竹堂是欧阳修在洛阳的住所，妻子离世后，欧阳修独自待在这间曾经留下二人美好记忆的房间里，痛不欲生。前十句从暮春入夏节令写起，夏景清和，诗人却无心玩赏，连美酒都无心饮酌。原因无他，与爱妻的永诀让他几乎了无生意，唯有长歌当哭。次十四句，叙写妻亡物在、睹物伤情的悲哀。作者回忆自己当初离洛赴京之时，以为不过是寻常的离别，谁想数月之后，等来的却是生离死别，天人永隔。春风又过，洛城的牡丹开得正好，自己身边却再也没有携手赏花的人了。思及往事，次二十句自叙个性本刚烈，而今却为生活的变故所击倒，豪气消磨，心志软弱，从侧面衬托妻子的离世对自己的打击之大。末八句感慨人生如梦，不如及时享受生活，其实也只是一种无奈的选择。

这是欧阳修早年诗歌中情感浓度最高的作品，平易晓畅的语言和曲折回旋的章法也已初见"以文为诗"的特质。

《晚泊岳阳》

卧闻岳阳城里钟，系舟岳阳城下树。

正见空江明月来，云水苍茫失^①江路。

夜深江月弄清辉，水上人歌月下归。

一阕^②声长听不尽，轻舟短楫去如飞。

【解析】

这首诗作于景祐三年（1036）。出于对范仲淹被贬的不平，欧阳修移书右司谏高若讷，责备其尸位素餐，未曾上书论救范仲淹。高若讷得书后上奏

---

① 失：消失，隐没。形容在月光之下，江上水汽与空中雾霭相融，江上的来路隐没在一片苍茫之中。

② 阕：音乐终了。故古人用"阕"作为歌曲的量词。

朝廷，欧阳修被贬为夷陵县令。诗人沿水路而行，赴贬所途中经过岳阳，遂有此诗。诗歌篇幅不长，内容写夜泊所见，听钟——系舟——看月——闻歌——寻人，一系列动作如行云流水，流动的画面与悠长的歌声相映成趣，隐隐流露出淡淡的惆怅。虽无一字言愁，却能于景物中隐隐透露羁旅之念与室家之思。语言平易晓畅，诗气韵从容而意蕴深婉，代表了欧阳修诗歌的典型风格。

《春日西湖寄谢法曹歌^①》

西湖春色归，春水绿于染^②。

群芳烂不收^③，东风落如糁^④。

参军春思乱如云，白发题诗愁送春。^⑤

遥知湖上一樽酒，能忆天涯万里人^⑥。

万里思春尚有情，忽逢春至客心惊。

雪消门外千山绿，花发江边二月晴。

少年把酒逢春色，今日逢春头已白。

异乡物态与人殊^⑦，惟有东风旧相识。

【解析】

这首诗作于景祐四年（1037），作者时在夷陵贬所。这年春天，友人谢伯初从许州寄来了《寄欧阳永叔谪夷陵》，用以安慰欧阳修，诗中有"多情未

---

① 西湖：指许州（今河南许昌市）西湖。谢法曹：谢伯初，字景山，晋江（今属福建）人。当时在许州任司法参军。宋代州府置录事参军、司理参军、司法参军等属官，统称曹官，司法参军即称法曹。

② 春水绿于染：这里化用了白居易《忆江南》中"春来江水绿如蓝"的语典。

③ 烂不收：指落花委地，难于收拾。

④ 落如糁（sǎn）：碎米粒，引申指散粒状的东西，诗中形容春风中飘落的花瓣。

⑤ "参军"句下作者原注：谢君有"多情未老已白发，野思到春如乱云"之句。

⑥ 天涯万里人：指作者自己。

⑦ 殊：异，不同。

老已白发，野思到春如乱云"之句，欧阳修答以此诗。诗歌前八句从对方的处境着笔，想象许州西湖的美好春光和谢伯初游湖的复杂心绪。从"万里思春尚有情，忽逢春至客心惊"开始，作者将笔锋转向了自己，写夷陵的物态和自己的心绪。前后两段，衔接无痕，细读之下又不乏曲折跌宕。全诗意境悠远，音节流丽，委婉地表达了自己的伤春怀远之情，颇有一唱三叹之致。"遥知湖上一樽酒，能忆天涯万里人"，语短情深，尤为动人。

《戏答元珍①》

春风疑不到天涯②，二月山城③未见花。

残雪压枝犹有橘，冻雷惊笋欲抽芽。

夜闻归雁生乡思，病入新年感物华④。

曾是洛阳花下客，野芳虽晚不须嗟。⑤

【解析】

这首诗作于景祐四年，作者时在夷陵。题首"戏"字，说是游戏文字，实为作者政治失意的掩饰之辞。诗写谪居偏僻山城的寂寞伤怀，兼有政治失意之苦和客居异乡之悲，但贵在哀而不伤，其笔下山城早春风景的生机活力，以及尾联的自我开解，皆于低回中见激昂，为诗作带来了几分昂扬生气。欧阳修还曾在《夷陵至喜堂记》中这样形容贬所的环境："然夷陵之僻，陆走荆门、襄阳至京师，二十有八驿；水道大江，绝淮，抵汴东水门，五千五百有九十里。

---

① 元珍：指丁宝臣，字元珍，时为峡州（治所在今湖北宜昌）军事判官。

② 天涯：极边远的地方，这里指夷陵。

③ 山城：同样是指夷陵。夷陵面江背山，故称。

④ 感物华：感叹事物的美好。物华，美好的景物。这一联的诗意可参看隋·薛道衡《人日思归》："人归落雁后，思发在花前。"

⑤ "曾是"句：欧阳修曾任西京留守推官，领略过当地牡丹花开的盛况，作有《洛阳牡丹记》，记录洛阳风俗，普通的花卉要称呼具体花名，唯有牡丹直接称之为"花"，足见其贵。此外，"洛阳之俗，大抵好花。春时，城中无贵贱皆插花，虽负担者亦然。花开时，士庶竞为游遨"。这两句是说自己曾经在洛阳欣赏过花中之王的风姿，夷陵的野花虽然不如牡丹，而且开放时间较晚，但毕竟也是有花可赏，故不必嗟叹伤心。

故为吏者多不欲远来，而居者往往不得代，至岁满或自罢去。然不知夷陵风俗朴野，少盗争，而令之日食有稻与鱼，又有橘、柚、茶、笋四时之味，江山美秀，而邑居缮完，无不可爱。是非惟有罪者之可以忘其忧，而凡为吏者莫不始来而不乐，既至而后喜也。"显然，诗人自己是属于后者的。"又有橘、柚、茶、笋四时之味"，亦可与"残雪压枝犹有橘，冻雷惊笋欲抽芽"相呼应。本诗首联上下两句一因一果，欧阳修自己也颇为得意，尝言："若无下句，则上句不见佳处，并读之，便觉精神顿出。"这种追求句与句之间意义连贯的写法在欧阳修的作品中颇为典型，后来也成了宋代律诗的独特特质。

《黄溪夜泊》

楚人自古登临恨①，暂到愁肠已九回②。

万树苍烟三峡暗，满川明月一猿哀③。

非乡况复惊残岁④，慰客偏宜⑤把酒杯。

行见江山且吟咏，不因迁谪岂能来。

【解析】

这首诗同样作于景祐四年，作者身在夷陵贬所。此诗为《夷陵九咏》之一。黄溪是夷陵境内的一条溪水，与长江相通，在黄牛峡附近。此诗前三联都在极力烘托一种苍凉悲伤的氛围，气象阔大幽远，意境苍凉清切。尤为值得注意的是，这些诗句都暗中化用了前代文学经典的名篇佳句，掉书袋而又不留痕迹，是典型的"以才学为诗"。尾联仿佛神来之笔，从"江山之助"的角度将自己从悲哀中解脱出来，表现出了直面挫折的豁达气度。后来苏轼在

① 楚人自古登临恨：战国楚人宋玉《九辩》有"憭栗兮若在远行，登山临水兮送将归""坎廪兮贫士失职而志不平，廓落兮羁旅而无友生，惆怅兮而私自怜"等语，故云。
② 愁肠已九回：形容忧愁之深。司马迁《报任安书》："是以肠一日而九回，居则忽若有所亡。"
③ 满川明月一猿哀：这里化用了《水经注·江水》所载民歌"巴东三峡巫峡长，猿鸣三声泪沾裳"。
④ 残岁：残年，一年将终。
⑤ 偏宜：最适宜。这句化用了杜甫《登高》中"万里悲秋常作客"和"潦倒新停浊酒杯"两句的诗意。

人生逆境中所赋的"日啖荔枝三百颗，不辞长作岭南人"（《惠州一绝》，《苏轼诗集》卷四十），"九死蛮荒吾不恨，兹游奇绝冠平生"（《过海》，《苏轼诗集》卷四十三）等诗句，其实都能看出欧阳修的影响。日本学者吉川幸次郎曾提出的宋诗的一大特点是"对悲哀的扬弃"，"这是因为宋人多角度的观察使他们明白地感到人生不是只有悲哀的部分"（吉川幸次郎《宋诗概说》）。这种扬弃悲哀的人生哲学在这些迁谪诗中有着生动的表现。

《白发丧女师①作》

吾年未四十，三断哭子肠②。

一割痛莫忍，屡痛谁能当。

割肠痛连心，心碎骨亦伤。

出我心骨血，洒为清泪行。

泪多血已竭③，毛肤冷无光。

自然须与鬓，未老先苍苍④。

【解析】

这首诗作于庆历五年，欧阳修时任河北转运使。是年六月，其长女欧阳师夭亡，年仅八岁。如诗歌中所言，这已经是欧阳修第三次经受丧子之痛了。此前胥氏夫人遗留下来的幼子与续娶的薛氏夫人所生次女都年幼夭折，欧阳师生存时间最长，其夭折给父母的打击尤重。欧阳修另有《哭女师》一首，追忆女儿生前"暮入门兮迎我笑，朝出门兮牵我衣。戏我怀兮走而驰，且不觉夜兮不知四时"，结尾悲叹："于汝有顷刻之爱兮，使我有终身之悲。"在这样的作品面前，任何语言、艺术分析都是苍白的，唯见至情至性，发自内衷，字字血泪，凄楚动人。这首诗也可以与《绿竹堂独饮》对读，欧阳修是一位

---

① 师：欧阳修的长女之名。

② 三断哭子肠：这已经是第三次经受丧子之痛。

③ 血已竭：泪尽血干，形容极度悲伤。

④ 苍苍：头发斑白的样子。

非常重情、深情的人，童年的孤苦让他尤为珍视亲人之间的感情，却不幸两度丧妻，八度丧子（薛氏夫人生八男三女，仅有四子长大成人，再加上原配胥氏夫人所生长子，欧阳修一共失去过八个孩子），其集中的这些悼念文字几乎令人不忍卒读。这种深厚、真挚的感情也是欧阳修作品一唱三叹、清韵悠长特色的重要来源。

《别滁》

花光浓烂①柳轻明，酌酒花前送我行。

我亦且如常日醉，莫教弦管作离声②。

【解析】

此诗作于庆历八年年初，欧阳修离开滁州贬所之际。诗歌前两句写景叙事，描绘滁州吏民热烈送别的场面。送别想必有筵席，席上有管弦助兴。以往的同题材作品往往以音乐来烘托离情氛围，如唐武元衡《酬裴起居》："况是池塘风雨夜，不堪弦管尽离声。"白居易《及第后归觐》："轩车动行色，丝管举离声。"欧阳修这里却反其道而行之，希望乐队不要演奏离别的乐曲，自己也不要在筵席上表现得过于伤感。吉川幸次郎所谓"对悲哀的扬弃"，此又是一例。但这又绝非薄情，而是将情感压至心底，用理性过滤掉激情的部分，看似轻快简单，实际上语婉情浓。

《梦中作》

夜凉吹笛千山月，路暗迷人百种花③。

棋罢不知人换世④，酒阑⑤无奈客思家。

---

① 浓烂：浓丽鲜明。

② 作离声：演奏送别的乐曲。

③ 路暗迷人：化用李白《梦游天姥吟留别》中"千岩万转路不定，迷花倚石忽已暝"诗句。

④ 棋罢：化用"烂柯人"典故。梁任昉《述异记》："王质入山采樵，见二童子弈棋，所持斧置坐而观之。童子曰：'汝斧柯烂矣。'质归乡间，无复时人。"人换世：指人事变迁。

⑤ 酒阑：酒尽。

【解析】

这首诗大约作于皇祐元年（1049），欧阳修时在颍州任职。作为一首纪梦诗，本诗笼罩着一种恍惚朦胧的神秘色彩。诗歌一句一意，分写夜月、路花、棋罢、酒阑四个独立的梦境，其间的联系似断似续，若有若无。诗意似乎有某种寄托暗示，但又无法找出实指，只能从末句流露的怀乡情绪中猜测作者想要表达的或许是一种隐与仕的矛盾心理，既有超脱的出世之思，又无法摆脱对尘缘的留恋。这种矛盾之感更增加了诗作的神秘气息。陈衍《宋诗精华录》卷一称述此诗："当真是梦中作，有如神助。"

《食糟^①民》

田家种糯^②官酿酒，榷利^③秋毫升与斗。

酒沽^④得钱糟弃物，大屋经年堆欲朽。

酒醅潺潺^⑤如沸汤，东风来吹酒瓮香。

累累罂与瓶，惟恐不得尝。

官沽味酽^⑥村酒薄，日饮官酒诚可乐。

不见田中种糯人，釜无糜粥度冬春。

还来就官买糟食，官吏散糟以为德^⑦。

嗟彼官吏者，其职称长民^⑧。

衣食不蚕耕，所学义与仁。

仁当养人义适宜^⑨，言可闻达^⑩力可施。

---

① 糟：酒糟。酿酒剩下的渣滓。

② 糯：糯稻，是酿米酒的原料。

③ 榷（què）利：指官方酿酒专卖取利。宋代实行茶酒专卖，各州各乡设酒务，不许民间私酿。

④ 沽（gū）：卖。

⑤ 酒醅（pēi）：已经酿成但尚未过滤的酒。潺潺（chánzhuó）：水声。这里指滤酒的声音。

⑥ 官沽：官家卖的酒。酽（nóng）：酒味醇厚。

⑦ 以为德：以为是恩德善行。

⑧ 长民：为民之长，管理百姓。古指天子、诸侯，后泛指地方官吏。

⑨ 仁当养人：仁就是要养活百姓。义适宜：义就是行事正当，不可超越限度。

⑩ 闻达：使上面了解下面的实际情况。

上不能宽国之利，下不能饱尔之饥。

我饮酒，尔食糟。

尔虽不我责^①，我责何由逃！

【解析】

这首诗大约作于皇祐二年（1050），欧阳修时任颍州知州。诗歌的主旨是批评朝廷现行的"榷酤"之法，处处将官府得利的丰厚与百姓的贫苦进行对比，发人深省。尤为可贵的是，诗人并没有对此表现出超然物外的态度，而是清醒地认识到自己也是这贪婪的统治阶级中的一员，由此而产生了"尔虽不我责，我责何由逃"的自我批判。这便与前代单纯批评时政的作品拉开了距离，体现了庆历一代新型士大夫所特有的主体意识。

《雪》^②

新阳力微初破萼^③，客阴用壮犹相薄^④。

朝寒棱棱^⑤风莫犯，暮雪緌緌^⑥止还作。

驱驰风云初惨淡，炫晃^⑦山川渐开廓。

光芒可爱初日^⑧照，润泽^⑨终为和气烁。

美人高堂晨起惊，幽士虚窗静闻落。

酒垆成径集瓶罂^⑩，猎骑寻踪得狐貉。

---

① 不我责：不责备我。

② 题下原注："时在颍州作。玉、月、梨、梅、练、絮、白、舞、鹅、鹤、银等事，皆请勿用。"

③ 破萼：破蕾绽放。

④ 客阴用壮：初春新阳，仍是大雪奇寒。客阴，阳气升腾，然而寒气犹存，退居客位，故谓之客阴。用壮，谓逞其强力。薄：侵。

⑤ 棱棱：严寒貌。

⑥ 緌緌（ruíruí）：物下垂貌，这里形容雪片飘落的样子。

⑦ 炫晃：晶莹闪动貌。

⑧ 初日：朝阳。

⑨ 润泽：指雪融化后形成的水滴。

⑩ 酒垆：酒店。雪天人们多沽酒驱寒，故酒店前踩出雪径，多集瓶罂。罂：盛酒器。

龙蛇扫处断复续，猊虎团成呀且攫。①

共贪终岁饱麰麦②，岂恤空林饥鸟雀。

沙墀③朝贺迷象笏，桑野行歌没芒屩④。

乃知一雪万人喜，顾我不饮胡为乐。

坐看天地绝氛埃，使我胸襟如洗瀹⑤。

脱遗前言⑥笑尘杂，搜索万象窥冥漠⑦。

颍虽陋邦文士众，巨笔人人把矛槊⑧。

自非我为发其端，冻口何由开一噱。

【解析】

这首诗作于皇祐二年，作者时在颍州。这是一首别开生面的咏物诗。咏物诗发展到北宋前期已经陷入了一种程式化困境，一些常见题材更是被大量俗套的比喻和典故完全垄断，毫无新意。欧阳修显然对此深为不满，故在发起唱和时向众人提出了一个新要求："玉、月、梨、梅、练、絮、白、舞、鹅、鹤、银等字皆请勿用。"这一份禁令几乎将类书中总结的常用咏雪字样一网打尽，目的就是"于艰难中特出奇丽"（苏轼《聚星堂雪》诗序，《苏轼诗集》卷三十四）。这一要求不免令人想到《六一诗话》所载的许洞对九僧所开的玩笑，不过以欧阳修为代表的庆历诗人之雄文博学非九僧可比，即便是如此苛刻的要求，他们也都交出了令人满意的答卷。试看欧阳修此诗，开头从雪前

---

① "龙蛇"二句：谓人们在积雪上扫出的路径，如龙蛇般蜿蜒曲折；人们用积雪堆成的狮虎，相互张牙舞爪。

② 麰（móu）麦：大麦。

③ 沙墀（chí）：沙堤，沙道。唐代专为宰相通行车马所铺筑的沙面大路。象笏：象牙做成的手板，供朝臣上朝奏事用。

④ 芒屩（juē）：芒鞋。

⑤ 洗瀹（yuè）：洗干净、清洁。

⑥ 脱遗前言：去陈言，舍弃前人说过的话，即"禁体物语"。

⑦ 冥漠：海洋和沙漠，比喻搜索范围之广。

⑧ 矛槊：矛稍。此处形容文笔之犀利。

薄阴起笔，接下来以时间顺序叙写从下雪到雪晴时的景色变化；从"美人高堂"一联起，诗人的笔锋从自然转向人事，依次描写众人的反应和雪中行乐种种；最后归结到自己心情的愉悦以及本次赋诗的始末。不难看出，欧阳修"脱遗前言"的方式便是避免对抽象意义上的"雪"进行直接描摹，换言之，这里欧阳修所写的是"下雪"这一事件而非"雪"本身。就咏物诗的分类而言，这种写法属于"题咏"一类，亦即指坚持当下视角，发掘物象在某一瞬间的特点、神韵，以至于托物言志、以物喻人，主要体现作者的观察能力和精神气质。但此诗接下来对人事的铺叙却又并非即景而发，"美人""幽士"云云，又颇像公式化的"赋咏"，然而其间透出的活泼与生趣又远胜于单纯的"赋咏"。可以说，这首诗融"题咏"与"赋咏"于一体，以一种别开生面的形式避开了咏雪的俗套。此次唱和也因此传为了佳话，后来苏轼还曾效法恩师在聚星堂组织关于"雪"的"禁体物语"题咏，使得"禁体物语"几乎成了一种新诗体。从中亦能看出欧阳修此诗的开创性。

《庐山高赠同年刘中允归南康[①]》

庐山高哉，几千仞兮，根盘几百里，截然[②]屹立乎长江。

长江西来走其下，是为扬澜左蠡[③]兮，洪涛巨浪日夕相舂撞[④]。

云消风止水镜净，泊舟登岸而远望兮。

上摩青苍以晻霭[⑤]，下压后土之鸿庬[⑥]。

---

① 同年：同榜进士。刘中允：刘涣，字凝之，筠州（今江西高安）人。北宋著名史学家刘恕之父，与欧阳修为同年进士。因性格刚直，不合于世，长期屈居下僚。作颍上令，因不肯屈节事人，以太子中允致仕，归隐庐山。南康，全称为"南康军"，宋代行政区划，治所在今江西星子。
② 截（jié）然：高山挺立貌，高峻貌。
③ 扬澜左蠡（lǐ）：彭蠡湖水波浪激荡。《五灯会元》卷一〇："庐山栖贤道坚禅师，有官人问：'如何是佛祖西来意？'师曰：'扬澜左蠡，我风浪起。'"左蠡：指彭蠡湖。
④ 舂撞：撞击。
⑤ 摩：迫近、接。青苍：指天。这句化用了曹植《野田黄雀行》中的"飞飞摩苍天"句。晻（àn）霭：云雾笼罩貌。
⑥ 后土：土地神，这里指大地。鸿庬（máng）：广大无涯貌。

试往造①乎其间兮，攀缘石磴窥空硿②。

千岩万壑响松桧，悬崖巨石飞流淙③。

水声聒聒④乱人耳，六月飞雪洒石矼⑤。

仙翁释子⑥亦往往而逢兮，吾尝恶其学幻而言哤⑦。

但见丹霞翠壁远近映楼阁，晨钟暮鼓杳霭罗幡幢⑧。

幽花野草不知其名兮，风吹露湿香涧谷，时有白鹤飞来双。

幽寻⑨远去不可极，便欲绝世遗纷厖⑩。

羡君买田筑室老其下，插秧盈畴兮，酿酒盈缸。

欲令浮岚暖翠⑪千万状，坐卧常对乎轩窗。

君怀磊砢⑫有至宝，世俗不辨珉与玒⑬。

策名为吏二十载⑭，青衫白首困一邦。

宠荣声利不可以苟屈兮，自非青云白石有深趣，其气兀硉⑮何由降。

丈夫壮节似君少，嗟我欲说安得巨笔如长杠⑯。

---

① 造：造访，登临。
② 石磴（dèng）：山路的石阶。空硿（qiāng）：空旷幽深的山谷。
③ 流淙：山石上飞悬的瀑布。
④ 聒聒：形容喧闹杂乱，这里指水声。
⑤ 飞雪：比喻瀑布溅起的水雾。石矼（gāng）：石桥。
⑥ 仙翁：道士。释子：僧侣。
⑦ 学幻而言哤（máng）：佛道教义虚幻而杂乱。哤，言语杂乱。
⑧ 杳霭：烟雾弥漫貌。幡幢（chuáng）：庙宇和佛像前树立的旗帜。
⑨ 幽寻：探寻幽胜之境。
⑩ 纷厖（máng）：纷杂繁乱。
⑪ 浮岚暖翠：山间云气和山野翠色。
⑫ 磊砢（luǒ）：玉石累积貌，喻人有奇特才能。
⑬ 珉（mín）：似玉之石。玒（jiāng）：玉石。
⑭ 策名：姓名被载入官籍，即出仕。二十载：刘涣天圣八年进士及第出仕为官，至皇祐三年（1051）辞官归隐，二十年间受困于州县小官。
⑮ 兀硉（lù）：突兀高亢不平状，形容愤懑难平之意气。
⑯ 长杠（gāng）：长旗杆。

【解析】

此诗作于皇祐三年，欧阳修时任知应天府（今河南商丘）兼南京留守司事。其同年好友刘涣辞职归隐，欧阳修遂作此诗送行。此诗从内容上可以分为两部分，从开头到"时有白鹭飞来双"为第一部分，描写泊舟长江、登岸远眺的庐山雄姿；自"幽寻远去不可极"以下为第二部分，歌颂刘涣归隐庐山的高远志趣与豪壮气节。虽为赠别诗，却不拘陈规老套，诗法有类李白的《庐山谣寄卢侍御虚舟》，豪迈的气势也很像李白七古的神采；但其押险韵、造硬语的做法又能看出韩愈的影响。本诗所押的三江韵是有名的险韵，韵字极少，且多为生僻字，故其韵脚处多用僻字构词，体现了诗人高超的语言驾驭能力。欧阳修曾在《六一诗话》中盛赞韩愈的押韵功夫："而予独爱其工于用韵也。盖其得韵宽，则波澜横溢，泛入傍韵，乍还乍离，出入回合，殆不可拘以常格，如《此日足可惜》之类是也。得韵窄，则不复傍出，而因难见巧，愈险愈奇，如《病中赠张十八》之类是也。"如此看来，本诗未尝不是效仿韩诗押"窄韵"的尝试。据说这也是欧阳修极为得意的一首作品，他曾经对其子欧阳棐言道："吾《庐山高》，今人莫能为，惟李太白能之。"（宋·叶梦得《石林诗话》卷中）

《盘车图①》

浅山嶙嶙②，乱石矗矗③，山石硗聱车碌碌④。

山势盘斜⑤随涧谷，侧辙倾辕如欲覆。

出乎两崖之隘口，忽见百里之平陆。

---

① 盘车图：描绘牛车艰难行进在盘山小道的图画，为古代绘画常见题材。题下原注："一本上题'和圣俞'，下注'呈杨直讲'。"杨直讲即杨褒，字之美，成都华阳人，时与梅尧臣同为国子监直讲。杨褒喜好收藏，《盘车图》为其所购得，梅尧臣有《观杨之美盘车图》诗，此诗乃其唱和作。
② 嶙嶙：山崖层层堆积貌。
③ 矗矗：高耸貌。
④ 硗聱（qiāoáo）：亦作"硗碌"，山多石貌。碌碌：形容车轮转动的声音。
⑤ 盘斜：盘曲倾斜。

坡长坂①峻牛力疲，天寒日暮人心速②，

杨褒忍饥官太学，得钱买此才盈幅。

爱其树老石硬，山回路转，高下曲直，横斜隐见，

妍媸③向背各有态，远近分毫皆可辨。

自言昔有数家笔④，画古传多名姓失。

后来见者知谓谁？乞诗梅老聊称述⑤。

古画画意不画形，梅诗⑥咏物无隐情。

忘形得意知者寡，不若见诗如见画。

乃知杨生真好奇，此画此诗兼有之。

乐能自足乃为富，岂必金玉名高赀⑦。

朝看画，暮读诗，杨生得此可不饥。

【解析】

这是宋人题画诗中的名作，大约作于嘉祐元年（1056），欧阳修时任翰林学士，兼史馆修撰，主修《唐书》。全诗可分为三个部分：从开头到"天寒日暮人心速"为第一部分，描写画面上的山石、山路、车、牛、人等形象；从"杨褒忍饥官太学"到"乞诗梅老聊称述"为第二部分，交代画作的主人以及写诗的由来；"古画画意不画形"以下为第三部分，称赞古画和梅诗兼擅其妙，二者相得益彰。在描摹画作内容的部分，"坡长坂峻牛力疲，天寒日暮

① 坂：斜坡。
② 人心速：形容焦虑不安。
③ 妍媸：同"妍蚩"，美和丑。
④ "自言"二句：谓杨褒自称古代有诸多名画家画过《盘车图》，这幅画因流传久远而已经无从查考画家姓名。
⑤ 乞诗梅老聊称述：杨褒因不能判断这幅《盘车图》的作者归属，故向梅尧臣寻求帮助。梅尧臣《观杨之美盘车图》："古丝昏晦三尺绢，画此当是展子虔。坐中识有公子，意思往往疑魏贤。子虔与贤皆妙笔，观玩磨灭穷少年。"展子虔为隋代画家；魏贤即卫贤，五代南唐画家。梅尧臣提出了一些猜想，但显然也无法完全确定。
⑥ 梅诗：梅尧臣的《观杨之美盘车图》。
⑦ 赀：同"资"，财物。

人心速"一句尤堪琢磨。胡仔《苕溪渔隐丛话》前集卷三〇引蔡绦的《西清诗话》云："丹青吟咏，妙处相资。昔人谓诗中有画，画中有诗者，盖画手能状，而诗人能言之。唐人有《盘车图》，画重冈复岭，一夫驰车山谷间。欧阳赋诗：'坡长阪峻牛力疲，天寒日暮人心速。'……且画工意初未必然，而诗人广大之。乃知作诗者徒言其景，不若尽其情，此题品之津梁也。"细品之，"牛力疲""人心速"云云，其实都不是画作能直接表现的内容，而是依托于诗人的想象，亦即《西清诗话》所谓的"广大之"。此外欧阳修在此提出的"古画画意不画形，梅诗咏物无隐情。忘形得意知者寡，不若见诗如见画"对后人影响深远。后来苏轼进一步提出"论画以形似，见与儿童邻"（《书鄢陵王主簿所画折枝二首》其一，《苏轼诗集》卷二十九）的审美观，并引发历代诗话家热烈讨论。

如上节所言，这首诗还是一首"以文为诗"的名作，诗人有意在整齐的诗句中穿插散文句式，造成全诗节奏的错落变化，于平易畅达中见曲折顿挫，气象弘阔，风格高古，是欧阳修诗歌中的艺术精品。

《唐崇徽公主手痕和韩内翰[①]》

故乡飞鸟尚啁啾[②]，何况悲笳[③]出塞愁。

青冢[④]埋魂知不返，翠崖遗迹[⑤]为谁留。

玉颜自古为身累，肉食[⑥]何人与国谋。

行路至今空叹息，岩花涧草自春秋。

---

① 崇徽公主：实为仆固怀恩之女，唐代宗时受封为崇徽公主，与回纥和亲。手痕：指崇徽公主手痕碑。在今山西灵石县。相传公主出嫁回纥时，道经灵石，以手掌托石壁，遂留下手迹，后世称为手痕碑，碑上有唐人李山甫《阴地关崇徽公主手迹》诗刻石。欧阳修《集古录跋尾》录有《唐崇徽公主手痕诗跋》。韩内翰：韩绛，字子华，时任翰林学士。宋人习惯称翰林学士为内翰，故友是称。
② 啁啾（zhōujiū）：鸟鸣声。
③ 笳（jiā）：古代的一种管乐器，即胡笳。因其声悲咽，故称悲笳。
④ 青冢（zhǒng）：传说王昭君之墓长年长满青草，故名之"青冢"。这里用来代指崇徽公主之墓。
⑤ 翠崖遗迹：指崇徽公主手痕碑。
⑥ 肉食：肉食者，居官享俸者。典出《左传·庄公十年》："公将战，曹刿请见。其乡人曰：'肉食者谋之，又何间焉？'刿曰：'肉食者鄙，未能远谋。'"

【解析】

此诗作于嘉祐四年（1059），欧阳修时任翰林学士。这是欧阳修七律中的名篇，尤其是议论精警而为人称道。崇徽公主手痕在唐代便已经为诗人所注意，欧阳修在《集古录跋尾》中就抄录了晚唐诗人李山甫的《阴地关崇徽公主手迹》："一拓纤痕更不收，翠微苍藓几经秋。谁陈帝子和番策，我是男儿为国羞。寒雨洗来香已尽，澹烟笼著恨长留。可怜汾水知人意，旁与吞声未忍休。"其另有绝句《代崇徽公主意》一首："金钗坠地鬓堆云，自别朝阳帝岂闻。遣妾一身安社稷，不知何处用将军？"两首诗都表达了对和亲公主的同情，并谴责统治者的昏庸无能，关键时刻只会牺牲无辜的女性来换取短暂的和平。但从诗艺的角度，李山甫的两首诗都伤于直露，这也是晚唐诗歌的通病。相比之下，欧阳修的颈联"玉颜自古为身累，肉食何人与国谋"要高明得多，"玉颜"与"肉食"相对，点明公主的悲剧正是由于这些"肉食者"的不为国谋而导致的。"为身累"其实也是愤激之语，真正累及命运的不是美貌，而是统治者的无能，但这样的表达便比李山甫"不知何处用将军"要含蓄蕴藉，同时锋芒也丝毫不输。因此，这一联历来受到论诗者推崇，如南宋大儒朱熹便称赞此诗："以诗言之，是第一等好诗，以议论言之，是第一等议论。"（《朱子语类》卷一百三十九）

"具体百氏，自成一家"的欧阳修诗歌

综上，欧阳修在诗歌创作中也形成了自己独特的风格。

首先，作为一位学者型的诗人，欧阳修致力于用渊博的学识和深邃的识见给诗歌创作带来新的气象。在题材上，他也像同代诗人那样，从日常生活中寻找诗材，但尤其钟爱那些与读书人文化生活有关的事物，如《古瓦砚》《听平戎操》《盘车图》《洛阳牡丹图》《重读徂徕集》《和刘原父澄心纸》《读书》等。此外他还时常在诗歌中展开对学术、政治等各方面问题的议论，如《石篆诗》讨论金石书法，《获麟赠姚辟先辈》讨论经学问题，《答原父》讨论撰修《五代史》的心得，《水谷夜行寄子美圣俞》以诗论诗等。即便是前人写过的题材，他也会尽力翻过一层来认识，或站在一个新的角度来思考，总之是力避平俗。

这一点在上文所提到的两首《明妃曲》和《唐崇徽公主手痕和韩内翰》等作品中都能体现出来。也正是在欧阳修的引导之下，宋诗也逐渐走上了"以才学为诗"的发展道路，整体都笼罩着浓厚的学者气派和书卷气息。

作为同时代最为杰出的古文家，欧阳修的诗歌也是"以文为诗"的经典范例。他广泛地在诗歌中借鉴古文的章法结构，采纳散文的句法，并且尝试让诗歌像散文一样议论说理。本节所列举的《庐山高赠同年刘中允归南康》《盘车图》都是其以文为诗的经典之作，在这些作品中，散文句法的插入使得诗歌的音律节奏错落有致，古文的铺排手法帮助诗歌渲染了气氛，古文写作所要求的对意脉的重视使得长诗的写作亦气韵连贯，流畅自然。即便是律诗，欧阳修也注重句与句之间的联系，使全诗成为意脉连贯的整体，例如备受称道的《戏答元珍》首联"春风疑不到天涯，二月山城未见花"。这些都为后来的诗歌发展指明了方向。

不过欧阳修诗歌最富个人特色的还是那些一唱三叹、情韵悠长的作品。少年时代的坎坷经历使得诗人极重感情，对周围的亲人、友朋都怀有深挚的情感，深植于诗人天性的细腻也使得他对周遭环境的变化极为敏感。然而不幸的是，诗人的一生一再地经历亲友的离世，仕途上也多次遭遇诽谤和贬谪，故其胸中时常郁结着一份深沉的悲哀。但与此同时，作为学者的理性又能让他及时地找到排解悲哀的途经，节制了情绪的直接宣泄。故欧阳修的诗歌在情感表达上经常呈现出曲折往复的特点，感情深挚而不过于感伤，平易畅达而又饱含深情，留下许多余味。本节所选录的《黄溪夜泊》《别滁》是典型的这类作品。这其实也是后人津津乐道的"六一风神"的核心内涵，这种"风神"不唯体现在古文领域，在诗歌中也时常流露，构成了欧阳修文学作品最迷人的一面。

第三章

"维时老宗伯，气压群儿凛"：
欧阳修与北宋古文运动

在诗、文、词等几种主要文体中，古文无疑是欧阳修用力最勤，也是成就最大的领域。他不仅凭借杰出的古文创作而名列"唐宋八大家"，还借助主持嘉祐二年贡举的机会排抑了当时文坛流行的"太学体"风尚，将古文运动的发展引向正途，后来"八大家"中宋代的其他五家都曾经受到欧阳修的举荐和点拨。本章将围绕欧阳修的古文理论、创作实绩和嘉祐二年贡举的相关史实展开，全面梳理欧阳修之于北宋古文运动的功绩。

第一节 "古文"与"古文运动"

要论述欧阳修对"古文运动"的贡献，首先要厘清两个概念：何谓"古文"？"古文运动"又是什么？

一、"古文"与"运动"

在现代人的普遍认知里，"古文"就是与现代白话文相对的古代书面文体，又称"文言文"，特点是文辞简练，多用"之""乎""者""也"等虚字。因为与口语脱节，"古文"或"文言文"也常常给人以晦涩难懂的印象。其实，这并不符合唐宋时期的实际情况。从中唐时期开始，"古文运动"所提倡的"古文"，其实只是广义"文言文"中的一个分支，即与骈体文相对而言的、以单行散句为主的书面文体。试看以下两段文字：

> 时维九月，序属三秋。潦水尽而寒潭清，烟光凝而暮山紫。俨骖騑
> 于上路，访风景于崇阿；临帝子之长洲，得天人之旧馆。层峦耸翠，上
> 出重霄；飞阁流丹，下临无地。鹤汀凫渚，穷岛屿之萦回；桂殿兰宫，
> 列冈峦之体势。披绣闼，俯雕甍，山原旷其盈视，川泽纡其骇瞩。闾阎
> 扑地，钟鸣鼎食之家；舸舰弥津，青雀黄龙之舳。云销雨霁，彩彻区明。
> 落霞与孤鹜齐飞，秋水共长天一色。渔舟唱晚，响穷彭蠡之滨；雁阵惊寒，
> 声断衡阳之浦。（王勃《滕王阁序》，《王子安集》卷五）

> 今年九月二十八日，因坐法华西亭，望西山，始指异之。遂命仆人
> 过湘江，缘染溪，斫榛莽，焚茅茷，穷山之高而止。攀援而登，箕踞而
> 遨，则凡数州之土壤，皆在衽席之下。其高下之势，岈然洼然，若垤若
> 穴，尺寸千里，攒蹙累积，莫得遁隐。萦青缭白，外与天际，四望如一。
> 然后知是山之特立，不与培塿为类。悠悠乎与颢气俱，而莫得其涯；洋
> 洋乎与造物者游，而不知其所穷。引觞满酌，颓然就醉，不知日之入。（柳
> 宗元《始得西山宴游记》，《河东先生集》卷二十八）

以上所节选的两篇文字都是在写登高远望之所见。不难发现，两段文字
在形式上的区别是相当明显的：王勃的《滕王阁序》句式整齐，以四字句和
六字句为主；上句与下句之间构成严密的对仗关系，辅之以声律上的和谐对
称；同时，序文密集地使用了大量典故，辞藻也极尽华美富丽。在唐代，像《滕
王阁序》这样的文章被称为"时文"。这种文体发轫于汉代，魏晋南北朝以后
遂大行于世，在声律、对偶、辞藻方面也踵事增华，艺术性逐渐提高；但客
观来说，对形式技巧的过分追求也限制了文章在表情达意上的自由度，引起
了有识之士的不满。进入中唐以后，在儒学复兴运动的推动下，韩愈、柳宗
元等人号召人们抛开"时文"的种种束缚，转而取法先秦、两汉时期的著作，
用单行散体的"古文"来记录生活、表达观点。当然，这里的"古文"并不

是真正的先秦、两汉文章，而是中唐文人创造出来的一个与"时文"相对立的概念。柳宗元《始得西山宴游记》所表现出来的文体特征，几乎就是《滕王阁序》的"反义词"：句式参差错落，不追求整齐；句与句之间不构成对仗；不一味讲究辞藻的富丽；不刻意强调典故的应用。这也是所谓"古文"的基本特征。而所谓的"古文运动"，便是指发生在中唐到北宋时期的一场以提倡古文、反对骈文为特点的文体改革运动，唐代的代表人物是韩愈和柳宗元，北宋时期则以欧阳修及其门生曾巩、苏轼等人为代表。

这里另外对"时文"和"散文"两个概念做一下说明。顾名思义，强调时间因素的"古文"和"时文"是一组相对的概念，而与揭示文体特征的"骈文"对应的概念应该是"散文"。但考虑到语义的流变，"时文"在后来的明清时期普遍被用来指代科举应试所用的八股文；而"散文"在近现代常用于泛指与诗歌、小说、戏剧并行的文学体裁，如叙事散文、抒情散文、哲理散文等。因此，为了避免歧义，除非特殊说明，本书在行文中一般不使用"时文"和"散文"的概念，而用意义更明确的"骈文"和"古文"来指代古代的这两种书面文体。

还有一个需要辨析的概念是"文以载道"，这也是古文何以成为压倒其他的"正宗"的原因所在。儒家一向重视"文"与"道"的关系，而古文则被视为最适合表现"道"的文体。这一方面是因为古文单行散体的形式接近于先秦"圣人"所使用的文体，是为"古文"，韩愈在讲述自身学习古文的缘由时便强调："愈之为古文，岂独取其句读不类于今者耶？思古人而不得见，学古道则欲兼通其辞。通其辞者，本志乎古道者也。"（《题哀辞后》，《昌黎先生文集》卷二十二）在韩愈看来，"古文"的魅力便在于其能直通"古道"。另一方面，就实用层面而言，在骈体流行的时代，写文章被称为"缀文""属文"，在文字上精心构撰的功夫势必会影响对"道"的表现；而与骈文相比，古文少修饰，少用典，少套语，"随言短长，应变作制"（宋·柳开《应责》，《河东集》卷一），故表意更明晰，也更适合议论说理。唐宋古文运动本身便是伴随着儒学复兴展开的，韩愈、柳宗元在提倡古文的同时也都提出过"修其辞以明其道"（韩愈《谏臣论》，《昌黎先生文集》卷十四）、"文者以明道"（柳宗元《答韦中立论师道书》，《河东先生集》卷三十四）等观念。至宋代，伴随着士大夫精神的高涨，宋代士人对文道关系进行了反复的论述，理学兴起后尤甚。著名的"文以载道"之说便出自理学先驱周敦颐的《通书·文辞》，但这种说法强调"道"的第一性，"文"仅仅是一种负载的工具。这种观念被推向极端便是"作文害道"，完全否定文学的价值。不过对于以欧阳修为代表的多数文学家而言，在强调"道"的同时也并没有放松对于"文"的追求。"文""道"并重才是理想的状态。

二、为什么会有"古文运动"

理清了"古文"和"古文运动"的概念后，摆在我们面前的还有一个问题：为什么提倡古文需要通过一场"运动"呢？而且这场"运动"还旷日持久，用了两百余年才终于将书面语从骈偶句式中解放出来。一个显而易见的参照系是，魏晋南北朝时期，骈文取代单行散体文的过程并没有被称为"骈文运动"。那么，书面语体之由散入骈，与后来的由骈复归散，之间有什么区别呢？

"古文运动"一词，据朱刚先生考察，最早是出现于胡适笔下，后者将韩柳古文视为"散文白话化"的必经之途。胡适这一论断是为"文学革命"服务的，其潜在的预设是韩柳"古文"较骈文更为自由，也更为接近当时的口语，故可以视为白话文学的前身。如此一来，韩柳以及后来的欧苏提倡古文就与后来新文化运动提倡白话文的思路如出一辙，故而具有"革命"性的意义。这种观点虽然未必符合实际（详见下文讨论），但胡适所发明的"运动"一词形象地表达了韩柳、欧苏等人围绕"古文"所作所为的主动性、自觉性、持续性，并很好地传达出了古文复兴过程所挟带的声势，故长期通行于学界。

至于为何只有"古文运动"而没有"骈文运动"，还是要从文学史的发展规律说起。

如上文所言，书面语体从单行散体到骈偶至上的变化发生在魏晋时期。其之所以没有成为一种"运动"，主要是因为这一过程是自然而然地发生的，几乎没有受到多少阻力。其实这也不难理解，从质朴平易的单行散体文到精致繁复的骈体文，就如同诗歌从古体发展到近体，小说从话本发展到章回体一般，符合文学从简单到复杂的一般发展规律。本来，排偶就源于人们心理上对"平衡""对称"等审美快感的天然追求。朱光潜先生在《诗论》中对此有一段经典论述：

> 本来各种艺术都注重对称，几上的花瓶，门前的石兽，喜筵上的红蜡烛，以至于墓道旁的松柏都是成双成对，如果是奇零的，观者就不免觉得有些欠缺。图画、雕刻、笺注都是以对称为原则。音乐本来有纵而无横，但抑扬顿挫也往往寓排偶对仗的道理。美学家以为这种排偶对仗的要求像节奏一样，起于生理作用。人体各器官以及筋肉的构造都是左右对称。外物如果左右对称，则与身体左右两方面所费的力量也恰相平衡，所以易起快感。文字的排偶与这种生理的自然倾向也有关系。

尽管如此，也不是所有的文学都能发展出排偶的形式。这时就要归功于我们汉字本身的特性了，这使得我们书面语的词句天然可以整齐划一，稍有整饬加工即成排偶。同时中文的书面语文法具有非逻辑性，词句可以在一定程度上自由伸缩颠倒而不影响语意的表达，这在客观上也有利于排偶的生成。总之，中文独特的书写符号和相对自由的语法规则与人们对于"对称"的本能追求一拍即合，孕育了骈文这种极致排偶化的艺术美文。从这个角度来看，在骈文已经完全成熟的时代重新提倡单行散体的"古文"确实是一种逆潮流而行的做法，因而需要通过有意识的"运动"来实现。何况对于唐宋时期的读书人而言，古文未必要比骈文容易。

以现代人的眼光来看，骈文崇尚堆砌辞藻和典故，故而更为艰涩难懂，例如上节所列举的《滕王阁序》，在没有注释的情况下，今人阅读此类文章甚为困难。但需要澄清的是，这样的文章只是骈文中的一小部分，并非所有的骈文都要写得这样典重晦涩，尤其是现实中被广泛使用的各种应用文，大都流畅易读。中唐时期有一位著名的宰相名叫陆贽，以擅写制诰王言知名。在当时，这些公文都是用整饬的骈文写就的。陆贽的过人之处在于，他能够将这类排偶文字写得既条理精密又平顺通畅，且将诚挚的感情注入其中，读之动人心弦。唐德宗建中四年（783），朱泚谋逆，德宗君臣仓皇逃往奉天。由于家国动荡，人心不稳，陆贽遂建议德宗效仿前人，下诏罪己，德宗深以为然，诏书由时任翰林学生的陆贽草拟，文章很长，这里节选一段：

> 征师四方，转饷千里，赋车籍马，远近骚然，行赍居送，众庶劳止。或一日屡交锋刃，或连年不解甲胄，祀奠乏主，室家靡依，生死流离，怨气凝结，力役不息，田莱多荒。暴命峻于诛求，疲民空于杼轴，转死沟壑，离去乡闾，邑里邱墟，人烟断绝。天谴于上，而朕不悟，人怨于下，而朕不知，驯致乱阶，变兴都邑。贼臣乘衅，肆逆滔天，曾莫愧畏，敢行凌逼，万品失序，九庙震惊，上辱于祖宗，下负于黎庶。痛心靦貌，罪实在予，永言愧悼，若坠深谷。（陆贽《奉天改元大赦制》，《翰苑集》卷一）

这段文字体现了诏书的核心主题——罪己。陆贽先是渲染了战乱中军民百姓的流离之苦，接着从"天谴于上"开始，顺势以天子的口吻展开了自我检讨，表现出"万方有罪，罪在朕躬"（《论语·尧曰》）的检讨姿态。在这篇诏书中，整饬的句式和对仗的修辞非但没有对抒情构成障碍，反而使文章拥有了一种铿锵有力的节奏感，类似"天谴于上，人怨于下""上辱于祖宗，下负于黎庶"之类的复沓表达让那种愤恨怨悔之情更为强烈饱满。据史书记载，这份诏书宣读之后，"虽武夫悍卒，无不挥涕感激"（《旧唐书·陆贽传》）。连文化水平不高的武人士兵都被感动得落泪，可见其感染力。此外，这一事例也彰显了骈文"便于宣读"的优势。由于其句式整齐，音韵协美，故骈文在南北朝以后被广泛应用于制诰文书等需要当众宣读的应用文体；也因为其被广泛应用在各类应用文中，所以骈文在当时的民众中有很高的普及率。德宗时的"武夫悍卒"能够听懂诏书乃至于落泪，也和他们本来就熟悉这种文体有关。这里还可以补充一个有趣的例子。敦煌曾经出土过一批唐代的《放妻书》，亦即当时的离婚文书，下文是其中比较有名的一篇：

> 某专甲谨立放妻书。

> 盖说夫妇之缘，恩深义重；论谈共被之因，结誓幽远。凡为夫妇之因，前世三生结缘，始配今生夫妇，若结缘不合，比是怨家，故来相对。妻则一言数口，夫则贩（反）木（目）生嫌，似猫鼠相憎，如狼犬一处。既以二心不同，难归一意，快会及诸亲，各还本道。愿妻娘子相离之后，重梳蝉鬓，美扫娥眉，巧逞窈窕之姿，选聘高官之主。解怨释结，更莫相憎。一别两宽，各生欢喜。于时年月日谨立手书。

这是一份以丈夫的口吻写就的离婚声明，"放妻"大约可以对应"休妻"，本质上当然还是男权社会的产物；但与后世同类文书里的那些冷冰冰的"七出"罪状不同，这篇放妻书可谓温情脉脉，情深义重，也因而一度成了"网红"。文书开头先讲述了夫妇同心结缘的道理，然后引出"结缘不合"的种种表现，表示不幸的婚姻对双方都是折磨。这里将夫妻不和归咎于"结缘"，而不是一味地指责妻子，本身就已是难得；何况下文还对离异后的妻子表达了诚挚的祝福，希望妻子离开自己之后能够重理红装，再觅良人。这对怨偶从此放下怨恨，一别两宽，各自追寻新的幸福。除了相对开明的婚姻观念，这份文书的文体也值得关注。整体来看，这也是一篇相对标准的骈文，句式整齐，前后对仗；但显然，它极为浅显易懂，读来完全没有障碍。考虑到敦煌在唐代其实是一个相当偏远的所在，文书中的错别字也暴露了其抄写者文化不高的事实，而这样一个偏远边郡的普通平民日常所用的文书都是用骈文撰写的，那么当时骈文被应用的广泛程度可想而知。事实上，像《放妻书》这种通俗浅显的文书才是骈文存在的主流样态。

那么对于当时人来说，韩柳古文又是一种什么样的文字呢？与今人的预设恰恰相反，在唐宋时期，"古文"其实反而远比骈文更为难读难解。这里我们先来看一下韩愈的名作《师说》中的一段话：

> 爱其子，择师而教之；于其身也，则耻师焉，惑矣。彼童子之师，授之书而习其句读者，非吾所谓传其道解其惑者也。句读之不知，惑之不解，或师焉，或不焉，小学而大遗，吾未见其明也。

韩愈抨击当时的儒士仅把师生关系狭隘地局限在塾师与孩童之间，认为老师所能传授的不过是些识字断句之类的基础知识。这种观念自然是不对的，但也透露出一个重要的信息：对于古人来说，读书除了需要识字之外，掌握"句读（dòu）"也是一项必不可少的技能。所谓"句读"，便是指文辞的休止和停顿处。由于古书没有标点，所以句读是一项需要通过专人教授才能习得的能力。在这一点上，骈文的优越性就体现出来了。由于句式整齐，且大多以四字、六字成句，骈文对于唐宋时期的读书人而言要好读得多，阅读时只要根据习惯四字一顿或六字一顿即可，其之所以"便于宣读"，也与句式的整饬易断有关。而古文就不同了，单行散体的格式决定了其句子的长度不像骈文那样有规律，读者必须经过思索才能知晓在哪里做出停顿。尽管有"之""乎""者""也"等助词作为标记，句读还是构成了时人阅读古文的一大障碍。即以《师说》为例，古人看到的版本其实是这样的：

《昌黎先生文集》宋蜀本书影

韩愈还尤其喜欢用各种回环复沓的排比句来增强议论文的气势。但对于当时的读者而言，这种"古之学者必有师师者所以……"的句子几乎是"乱码"一般的存在，光理清句读就需要花费不少的功夫。在古文的发展史上，句读的问题一直都存在，直到北宋初期，文人间还流传着这样两则轶事：

> 穆修伯长在本朝为初好学古文者，始得韩、柳善本，大喜。自序云："天既餍我以韩，而又饫我以柳，谓天不予飨，过矣。"欲二家文集行于世，乃自镂板鬻于相国寺。性伉直不容物，有士人来，酬价不相当，辄语之曰："但读得成句，便以一部相赠。"或怪之，即正色曰："诚如此，修岂欺人者。"士人知其伯长也，皆引去。（宋・朱弁《曲洧旧闻》卷四）

> 后来有学韩愈氏为文者，往往失其旨，则汨没为人所鄙笑，今则尤甚。尝有人以文投陈尧佐，陈得之，竟月不能读，即召之，俾篇篇口说，然后识其句读。陈以书谢且戏曰："子之道，半在文，半在身。"以为其人在则其文行，盖谓既成文而须口说之也，是知身死则文随而没矣，于学古也何有哉！（宋・孙冲《重刊绛守居园池记序》）

穆修是北宋真宗朝的一个古文家（详见下节）。唐末五代以来，时局动乱，士风衰敝，浮华的骈偶之风卷土重来，古文创作趋于不振。在穆修生活的年代，韩柳古文并不易得。爱好古文的他偶然得到了韩柳文集的善本，大喜过望，遂以为底本，雕印出版，在当时最繁华的大相国寺摆摊出售。有潜在的顾客过来询问，如果出价达不到穆修的预期，他就板起面孔道："如果你能够把集中的文章完整地读一遍，断句不出错，我就分文不收，白送你一部。"尽管这种声明不乏哗众取宠的意味，但在一定程度上也说明，"读得成句"并不是一个容易实现的事情。

孙冲记载的这个故事更为有趣。陈尧佐是北宋前期的著名文人（其弟陈尧咨即欧阳修名作《卖油翁》的主人公），当时有些学写古文的人片面地学习韩愈文风中怪诞奇险的一面，以致所写文章佶屈聱牙，难以卒读。一次，陈尧佐就收到了这样一份文集，博学多才的他努力了一个月也没能读懂，只好把作者找来，让他本人一篇篇宣读讲解，陈尧佐才明白了其句读之所在。这么折腾了一番后，陈尧佐给这位作者写了一封信，揶揄道："您的大道，一半体现在文章，一半则系于您自身。"意思是他的文章必须有他本人讲解才能让人明白，一旦他人不在了，文章也就没人读得懂了，颇有几分"尔曹身与名俱灭"（杜甫《戏为六绝句》其二，《杜工部集》卷十一）的意味。由此可见，一直到北宋，句读都是横亘在古文于普通读者之间的一道门槛。

此外陈尧佐的故事还揭示了一点，韩柳古文本身就有刻意求奇的一面。为了与"时文"区别开来，早期的古文家都会刻意使用一些生僻晦涩的词语，以使文章显得古雅深奥。韩愈尤其喜欢且擅长写作这种奇绝险怪的文章，试看其《曹成王碑》：

> 王亲教之抟力勾卒嬴越之法。曹诛伍畀，舰步二万人，以与贼遌。嘬锋蔡山，踣之。刓蕲之黄梅，大鞣长平，铍广济，掀蕲春，撒蕲水，掇黄冈，笑汉阳，行趾汉川。还，大膊蕲水界中。披安三县，诛其州斩伪刺史，标光之北山。蹹随光化，梏其州。十抽一，椎救兵州东北厉乡，还，开军受降。大小之战三十有二，取五州十九县。民老幼妇女不惊，市买不变，田之果谷下无一迹。

这段文字记录的是曹成王李皋讨伐李希烈的战役。蔡山、黄梅、长平、广济、蕲春、蕲水、黄冈、汉阳、汉川、光化等都是地名，李皋凭借精湛的战术和无畏的勇气接连攻克了这些地方，最终取得了胜利。这里韩愈接连用了"嘬"（chuài，大口吞食）、"踣"（bó，使跌倒）、"刓"（wān，用刀挖）、"鞣"（róu，使皮革柔软）、"铍"（pō，芟除）、"掀"（推翻）、"撒"（反击）、"掇"（duō，拾取）、"笑"（jiá，钳制）、"趾"（cǐ，踏）、"披"（劈开）、"标"（通"摽"biào，击打）、"蹹"（tà，踏）、"梏"（gù，禁锢）等十几个动词，分别表现他在不同地方攻城略地所获得的胜利，生动磅礴，富有气势。但也不可否认的是，这样频繁地使用生僻字，其实大大增加了阅读的难度，也令对这种文体感兴趣的初学者望而生畏——相比之下，骈文的写作反而容易很多。当时其实有很多专门的类书把骈文写作需要的韵语、对句、典故按主题汇编分类，试看初唐的著名类书《初学记·武部·箭》所汇集的部分"事对"：

【青镞 赤茎】《魏志》曰：挹娄在夫余东北千余里，弓长四尺如弩，括长八寸，青石为镞。太公《六韬》曰：陷坚阵，败强敌，大黄参连弩，飞凫电景自副。注云：飞凫，矢名，赤茎白羽，以铁为首。

【象星 如雨】《周礼》曰：司弓矢掌八矢之法，枉矢系矢，利火射，用诸守城车战。郑玄注：枉矢者，取名飞星。飞行有光也。今之飞矛是也。或谓之兵矢，系矢象焉。二者可结火以射敌，守城车战。《汉书》曰：匈奴左贤王围李广，广为圆陈外向。矢下如雨，汉兵死者过半。

【青茎 朱羽】《太公六韬》曰：电景青茎赤羽，以钢为首。《国语》曰：吴晋会于黄池。吴王擐甲陈卒，赤旗赤羽之矰，望之如火。贾逵注曰：矢羽为矰。

【饮石 发铜】刘向《新序》曰：楚熊渠子夜行，见寝石似伏兽，射之饮羽。《韩子》曰：智伯将伐赵，赵襄子曰："奈无箭何？"张孟谈曰："董安于之治晋阳，公宫之堂，皆炼铜为柱。君发而用之，有余金矣。"

…………

可想而知，如果有人想写一篇描写战斗场景的骈文，写作时只需翻查这类类书，按图索骥、连缀成文即可。可要想写出《曹成王碑》这样的文字，则非如韩愈一般雄文博学不可。

综上，看似"平易""自然"的古文其实既不好读，也不好写。古文想要挑战骈文的统治地位，需要先后经历两次"运动"，用了将近三百年的时间才得以完成：

第一次古文运动发生在中唐时期，由韩愈、柳宗元领导，针对的是当时流行的骈体文，提倡单行散体的"古文"；

第二次古文运动发生在北宋中期，主要由欧阳修领导，针对的是当时在年轻士子中流行的西昆体时文和太学体时文，提倡明白晓畅、接近口语的散体文。

此外需要说明的是，古文运动并不是简单的东风压倒西风，古文和骈文从来都不曾完全取代对方。在韩柳之前，即便是骈文极盛的时代，议、记、经史等疏议驳奏、说理记事的文章很多也都是用散体写成的，我们熟悉的陶渊明的《桃花源记》《五柳先生传》都是散体文。刘勰《文心雕龙·总述篇》称："今之常言，有文有笔。以为无韵者笔也，有韵者文也。"这便揭示了当时散体文和骈文并存的状态，只不过当时骈文的应用范围更广，不仅可以代替散文的一切职能，还垄断了写景抒情的文学领域。在古文运动完成之后，骈体文从来没有退出历史舞台。南宋学者洪迈便指出："四六骈俪，于文章家为至浅，然上自朝廷命令、诏册，下而搢绅之间笺书、祝疏，无所不用。"（《容斋三笔》）由于句式整饬，声韵铿锵，一直到新文化运动、文学革命时期，骈体文都是制诏公文，以及歌咏、赞颂类应用文创作的主流文体。二十世纪"文学革命"要打倒的对象除了"桐城谬种"（即清代后期盛行的桐城派古文）之外，便还有"选学妖孽"（即骈文），亦可见骈文在当时的地位其实不亚于古文。换言之，古文运动的目的其实应该表达为骈散分途，各司其职，亦即将骈文的应用限制在制造王言、赞颂歌咏的范围内，而将抒情表意、议论说理的功能重新还给古文。不论是韩愈还是欧阳修，其实都是在为这一目标而努力。

第二节　欧阳修与第二次古文运动

一、宋初的"怪文"与"怪人"

宋仁宗庆历七年（1047），北宋前期著名古文家，同时也是欧阳修的好友尹洙病逝于南阳，年仅三十七岁。欧阳修在悲痛之余，应尹洙家人之托，为好友撰写了墓志铭。尹洙在文学上最突出的成绩是古文创作，对此，墓志当然不能忽略。经过审慎考虑，欧阳修写道："师鲁为文章，简而有法。博学强记，通知今古，长于《春秋》。其与人言，是是非非，务穷尽道理乃已，不为苟止而妄随，而人亦罕能过也。"这几句话非常精炼地总结了尹洙的古文风格和其中所蕴含的人格力量，不想，尹洙的家人却对此颇为不满。他们认为"简而有法"不足以概括尹洙的文学成就，并指责欧阳修没有强调尹洙在提倡古文方面的开创之功。对此，欧阳修十分愤慨，严正反驳道：

> 若作古文自师鲁始，则前有穆修、郑条辈，及有大宋先达甚多，不敢断自师鲁始也。（欧阳修《论尹师鲁墓志》）

这里欧阳修明确指出，早在尹洙和欧阳修之前，就有不少"大宋先达"在提倡古文了。韩愈、柳宗元的提倡虽然一度提高了古文的地位，但由于没有政治权力的加持，其影响基本局限在门生故旧群体。韩愈、柳宗元去世后，唐代也再没有出现成就足以继之的古文作家，骈文再度成了社会上最为流行的文体。不过韩柳领导的第一次古文运动毕竟在社会上埋下了古文的种子，此后不论世风如何变化，始终有一小部分人在坚持古文的创作。除了欧阳修列举的穆修、郑条（此人无考），北宋前期的古文家有名者还有柳开、王禹偁、石介等。其中柳开（947—1000）年代最早，被公认是宋代最早的古文提倡者；王禹偁（954—1001）与其为同辈，都主要生活在太宗朝；穆修（979—1032）年代稍晚，基本活跃于真宗朝；石介（1005—1045）则与欧阳修（1007—1072）、尹洙（1001—1047）为同辈，活跃在仁宗朝。这些人的共同点都是以复兴古道、述作经典自命，猛烈抨击五代以来的衰弊文风或西昆体时文。但除王禹偁外，这些人在文学上的创作实绩并不突出，为文都有险怪生涩之弊，例如南宋叶适就批评本朝前期柳开、穆修等人的古文"怪迂钝朴""腐败粗涩"（《习学记言序目》卷四十九）。

这种险怪的文风也是这些早期古文家刻意经营的结果。如上节所言，韩愈本人的文章就有怪诞奇险的一面，其后学樊宗师、皇甫湜便片面继承了这种怪奇的文风，唐末古文家孙樵甚至提出了"储思必深，摛辞必高；道人之所不道，到人之所不到；趋怪走奇，中病归正"（孙樵《与王霖秀才书》，《孙可之集》卷二）的口号。北宋初年的古文家继承的就是这种风气。这种风气的形成也有一定的现实原因。毕竟当时的风尚是"《文选》烂，秀才半"（宋·陆游《老学庵笔记》卷八）、"是时天下学者杨刘之作，号为时文，能者取科第、擅名声"（欧阳修《记旧本韩文后》），修习、提倡古文乃是与时代主流背道而驰的选择。因此，宋初的古文家大都是一些性格较为偏激放诞的人。再加上单凭写作古文很难在科场、仕途等领域取得世俗意义上的成功，他们更需要借助怪诞奇异的言行来标榜自我，为古文造势。我们在宋代的史传笔记中能找到许多关于早期古文家怪诞言行的记载，例如柳开在应举的时候有意以文章干谒主司（宋初科场仍保留着唐代的行卷①风气）。正常情况下士人都会从以往作品中精选部分私下交给考官，但柳开选择在考试的当天，自己推着一辆独轮车，装载着"凡千轴"的文章，当着所有考生的面投递到主考帘下，一时万众瞩目，柳开由此知名。（事见宋·沈括《梦溪笔谈》卷九）上节提到，穆修曾在大相国寺当众售卖韩柳文集，这一行为在性质上其实也与此无差。用今天的眼光看，这些做法都近乎"行为艺术"，目的就是通过异乎常人的言行来博取关注。这样的怪人在写作的时候，也会有意地选择一些生僻的辞藻和怪异的句法，使自己的文章看起来与众不同，尤其是要与华美圆转的时文划清界限。

　　另外需要指出的是，古文语言的发展也需要一定的时间积累。北宋中期的著名文人沈括曾在其名著《梦溪笔谈》中记载了这样一则有趣轶事：

> 往岁士人多尚对偶为文，穆修、张景辈始为平文，当时谓之"古文"。穆、张尝同造朝，待旦于东华门外，方论文次，适见有奔马，践死一犬，二人各记其事，以较工拙。穆修曰："马逸，有黄犬遇蹄而毙。"张景曰："有犬，死奔马之下。"时文体新变，二人之语皆拙涩，当时已谓之工，传之至今。（宋·沈括《梦溪笔谈》卷十四）

---

① 一种科举习俗，应试者于考前将自己的诗文写于卷轴内，呈给达官贵人冀求延誉介绍。

在沈括（1031—1095）生活的时代，第二次古文运动已经大体成功，欧阳修所倡导的平易文风业已深入人心，故沈括很轻松地将当时的现象描述为"有奔马，践死一犬"，流畅自然，毫无斧凿痕迹。但对于真宗朝的穆修和张景（970—1018）来说，要用散体书面语描述这一事件却是一个不小的挑战，穆修给出的版本中"马逸""遇蹄"等表述都有些不伦不类，且主语先马后犬，颇嫌繁累；张景的版本在措辞上平易了许多，但缺点是只交代了"犬死"这一静态的结果，而没有表现出马践黄犬这一画面的动感。二人的共同点是都很执着于"有犬……"的句式，坚持要把所写对象设为主语，故而整体显得笨拙生涩。如沈括所言，穆修和张景这样的文字在当时是被认为"工"的，可以想见其他人笔下文章的面貌。当时的士人如果想学习古文，可参考的范本也只有这种险怪晦涩的文风。

怪诞文风的登峰造极就是流行于仁宗朝的"太学体"。庆历六年（1046），时任同知贡举的张方平向仁宗上了一道奏疏，对当时年轻学子中流行的文风表达了强烈不满：

> 伏以礼部条例，定自先朝，考较升黜，悉有程序。自景祐元年有以变体而撰高第者，后进传效，因是以习。尔来文格日失其旧，各出新意，相胜为奇。至太学之建，直讲石介课诸生，试所业，因其好尚，而遂成风。以怪诞诋讪为高，以流荡猥烦为赡，逾越规矩，或误后学。朝廷恶其然也，故下诏书丁宁诫励，而学者乐于放逸，罕能自还。今贡院考试诸进士，太学新体，间复有之。其赋至八百字已上，而每句有十六、十八字者；论有一千二百字以上；策有置所问而妄肆胸臆，条陈他事者。以为不合格，则辞理粗通；如是而取之，则上违诏书之意，轻乱旧章，重亏雅俗，驱扇浮薄，忽上所令，岂国家取贤敛材以备治具之意耶？（宋·张方平《贡院请诫励天下举人文章奏》，《乐全集》卷二十）

据张方平调查，这种求奇求怪的不正之风起源于仁宗景祐元年（1034），由于写作者在科场上获取了实际利益（"高第"），故蔚然成风；而太学的建立和石介的任教更是为这种风气推波助澜，以至于当下应考的举子都受其影响，争相在应试文字中发表一些耸人听闻的奇谈怪论。其赋、论也都越写越长，乃至于严重超过了考试要求的字数；在语言上也刻意求奇，甚至能写出十六、十八字的长句（正常是四字、六字）。张方平认为，这不仅严重扰乱了正常的考试秩序，长此以往，还将滋生"驱扇浮薄"的风气，不利于国家的长治久安。

被张方平点名批评的石介本身也是一个"怪诞"型的古文家。石介，字守道，小字公操，兖州奉符人。天圣八年进士（1030，与欧阳修为同年），出任郓州观察推官，后调任南京留守推官兼提举应天府书院、御史台主簿，庆历二年（1042）出任国子监直讲，后历任太子中允、濮州通判。庆历五年去世，享年四十一岁。他曾猛烈地攻击杨亿的昆体诗文："今杨亿穷妍极态，缀风月，弄花草，淫巧侈丽，浮华纂组，刓锼圣人之经，破碎圣人之言，离析圣人之意，蠹伤圣人之道。"（《怪说》，《徂徕石先生文集》卷五）自己则以"道统"的继任者自居，对前辈柳开极为崇拜，在性格之怪僻偏激上比柳开还有过之而无不及，甚至到了连政治盟友都无法忍受的地步。石介在庆历年间是拥护新政的革新派。范仲淹提拔欧阳修、余靖、王素和蔡襄为谏官，时称"四谏"。"四谏"都极力引荐石介，然范仲淹坚决不从，理由是："介刚正，天下所闻，然性亦好异，使为谏官，必以难行之事责人君以必行。少拂其意，则引裾折槛，叩头流血，无所不为。主上富春秋，无失德，朝廷政事亦自修举，安用如此谏官也！"（宋·魏泰《东轩笔录》卷十三）范仲淹看出石介此人性格过于偏激，如果他当上谏官，一定会对君主求全责备，一旦君主达不到他的要求，他没准会上演一出"死谏"戏码，让君主无法下台。范仲淹的担心不无道理，不久之后，石介就为新政招来了麻烦。为了给新政造势，石介仿效韩愈的《元和盛德颂》写了一篇《庆历盛德颂》，极力歌颂朝廷退奸进贤，将范仲淹、富弼比作"一夔一契"，不指名地斥权臣夏竦为"大奸"。此作甫一问世便引发了轩然大波，正愁找不到攻击借口的政敌纷纷抓住机会大做文章，范仲淹和富弼很快都被排挤出了朝廷。据说，范仲淹曾经痛心疾首地对韩琦说，新政的失败都是"为此怪鬼辈坏之也"（宋·袁褧《枫窗小牍》卷上）。但也不得不承认，在一个锐意求变的时代，石介这样的人是很有煽动性的。在当时也只有范仲淹这样的老练政治家才能意识到石介的这种性格缺陷，年轻一辈如欧阳修等"四谏"就一致认为石介刚正不阿，坚守原则，是不可多得的人才。更年轻的太学生们自然更容易受其影响。结果就是，自石介担任太学直讲以来，他的极端和偏执与这些血气方刚的年轻人一拍即合，后者遂模仿乃师风范，在文章中肆意论政，褒贬人物，以偏激和乖谬来标榜自己的与众不同。最终"以怪诞诋讪为高，以流荡猥烦为赡"的太学体应运而生，统领科场多年，且有愈演愈烈之势。

略有遗憾的是，由于被取缔得过于彻底，"太学体"并没有完整的文章流传下来，我们只能通过当时文献所载的零星片语来推测其大致面貌。材料之一是欧阳修之子欧阳发在《先公事迹》中所记的两则："僻涩如'狼子豹孙，林林逐逐'之语，怪诞如'周公伻图，禹操畚插，傅说负版筑，来筑太平之基石'之说。"第二则材料为沈括《梦溪笔谈》卷九所录刘几之作："天地轧，万物苗，圣人发。"从这些文字来看，"太学体"的确是在刻意使用一些古奥生僻的字词，营造佶屈聱牙的效果。用正常的语言来表达的话，"狼子豹孙，林林逐逐"其实可以表述为"虎狼之徒，纷纷竞竞"；"天地轧"云云，也完全可以表述成"天地开，万物生，圣人出"。之所以要写得这么生涩险怪，一方面自然是出于复古派标新立异的传统；另一方面，也不乏炫才之意。毕竟这种文体主要流行于科举场屋之中，在儒学复兴的大背景下，考生大量使用这些冷僻的词语和古拙的句法，其实也是在向考官展示自己对古代文献的熟悉程度。两种驱动力殊途同归，故虽有张方平等有识之士的痛加裁抑，宋代科场上的这种险怪文风始终绵延不绝。

仁宗朝中期，当欧阳修通过"登瀛抱椠"的晋升渠道最终成为文坛领袖的时候，他所面对的就是这样一个棘手的局面。

二、欧阳修学习古文的经过与古文理念的成熟

本书第一章叙述欧阳修生平的时候曾经提到，欧阳修对古文的学习始于

少年时偶然在邻居家找到的一部《昌黎先生文集》。后来，欧阳修曾经得到过一部蜀刻本的《昌黎先生集》，刻画精美，藏之甚宝，三十余年都不忍丢弃。晚年的欧阳修专门写了一篇《记旧本韩文后》，详细地回顾了自己接触、学习古文的始末。兹不避繁，全文引录如下：

予少家汉东，汉东僻陋无学者，吾家又贫无藏书。州南有大姓李氏者，其子尧辅颇好学。予为儿童时，多游其家，见有弊筐贮故书在壁间，发而视之，得唐《昌黎先生文集》六卷，脱落颠倒无次序，因乞李氏以归。读之，见其言深厚而雄博，然予犹少，未能悉究其义，徒见其浩然无涯，若可爱。

是时天下学者杨、刘之作，号为时文，能者取科第，擅名声，以夸荣当世，未尝有道韩文者。予亦方举进士，以礼部诗赋为事。年十有七试于州，为有司所黜。因取所藏韩氏之文复阅之，则喟然叹曰：学者当至于是而止尔！因怪时人之不道，而顾己亦未暇学，徒时时独念于予心，以谓方从进士干禄以养亲，苟得禄矣，当尽力于斯文，以偿其素志。

后七年，举进士及第，官于洛阳。而尹师鲁之徒皆在，遂相与作为古文。因出所藏《昌黎集》而补缀之，求人家所有旧本而校定之。其后天下学者亦渐趋于古，而韩文遂行于世，至于今盖三十余年矣，学者非韩不学也，可谓盛矣。

呜呼！道固有行于远而止于近，有忽于往而贵于今者，非惟世俗好恶之使然，亦其理有当然者。而孔、孟皇皇于一时，而师法于千万世。韩氏之文没而不见者二百年，而后大施于今，此又非特好恶之所上下，盖其久而愈明，不可磨灭，虽蔽于暂而终耀于无穷者，其道当然也。

予之始得于韩也，当其沈没弃废之时，予固知其不足以追时好而取势利，于是就而学之，则予之所为者，岂所以急名誉而干势利之用哉？亦志乎久而已矣。故予之仕，于进不为喜、退不为惧者，盖其志先定而所学者宜然也。

集本出于蜀，文字刻画颇精于今世俗本，而脱缪尤多。凡三十年间，闻人有善本者，必求而改正之。其最后卷帙不足，今不复补者，重增其故也。予家藏书万卷，独《昌黎先生集》为旧物也。呜呼！韩氏之文、之道，万世所共尊，天下所共传而有也。予于此本，特以其旧物而尤惜之。

与上一小节里北宋古文的发展历程对照来看，欧阳修成长在一个昆体时文大行其道，但古文的传承亦不绝如缕的时代。其少年时在随州李氏家中偶得《昌黎先生文集》和十七岁州试落第后发愤研读韩文的故事我们在第一章第二节已经讲过了，结合时代背景，欧阳修的少年岁月是在真宗朝后期，十七岁初次应举是仁宗天圣元年（1023，其实是仁宗即位的次年），也就是穆修活跃的时期。但显然，当时古文的影响尚小，远在汉东的欧阳修无缘接触柳开、穆修等人的主张，其对古文的兴趣仅能靠自学来维持。不过这也有一个好处，那就是欧阳修对古文的学习直接就是从韩愈这种"最佳典范"开始的，并没有受到宋初古文家们怪诞风尚的影响。另外，欧阳修在经历了科场的打击后并没有愤世嫉俗地放弃仕进，也从未利用"好古"之类的标签自我标榜，而是选择暂时压抑自己对韩柳古文的向往，勉强练习时文以"从进士干禄以养亲"，可见其性格相对温和，没有早期古文家们普遍具有的偏执狂躁。

等到进士及第后，欧阳修终于可以告别浮华空洞的应试时文，自由地投入自己倾慕已久的古文写作了。幸运的是，初入宦海的他还遇到了一位文采风流的上司，并结识了一群志同道合的文学诤友。关于欧阳修的洛阳岁月，本书在之前的章节中业已有过详细介绍，这里仅述其中与古文相关的部分。众所周知，当时的西京留守、欧阳修的顶头上司钱惟演其实是西昆体的代表作家，他本人也更擅长骈文的写作，其传世文集中年代可考、作于洛阳时期的《梦草集序》（天圣二年，1024）《通惠大师影堂记》（亦作于天圣二年）《宁海县新建衙楼记》（景祐元年，1034）等作品都是骈体。但难能可贵的是，钱惟演在文学上并没有狭隘的门户之见，尤其是在与欧阳修、梅尧臣、尹洙等年轻后辈的交往中，他从来都没有试图将个人好尚强加给他人。出于对这些后进青年的关爱，他甚至允许后者因为文学创作而耽误公务，对于后辈中才华最为卓绝的欧阳修尤其如是，"未尝责以吏职"（欧阳修《河南府司录张君墓表》）。这不仅表现在送遣美食歌妓以为欧阳修等游嵩山助兴这样的轶事中（详见上文第二章第二节），据欧阳修自述，他当时还可以拒绝从事公文撰写之类的本职工作："自及第，遂弃不复作（四六文）。在西京佐三相（钱惟演、王曙、王曾）幕府，于职当作，亦不为作，此师鲁所见。"（欧阳修《答陕西安抚使范龙图辞辟命书》）与此同时，如欧阳修在《记旧本韩文后》中所言，西京岁月对其古文创作影响最大的是结识了尹洙等人。

尹洙，字师鲁，年长欧阳修六岁，于天圣二年（1024）进士及第，时任山南东道掌书记，知伊阳县等职。与欧阳修的"自学"不同，尹洙对古文的学习可谓渊源有自，他曾师从穆修，对古文有着一以贯之的热爱。欧阳修在洛阳期间开始学习写作古文并着手校勘韩集，应该都是受到了尹洙的影响。除尹洙外，对欧阳修影响较大的还有谢绛。谢绛（944—1039），字希深，他是诗人梅尧臣的妻兄，年长欧阳修十二岁，时任河南府通判，在西京幕府中为仅次于钱惟演的长官。不论是年龄还是资历，谢绛都是欧阳修、尹洙等人的前辈。不过他与钱惟演一样，对这些文学后进颇为关爱，在他们面前也从不摆上司的架子，时常与他们共同切磋诗文创作。据欧阳修晚年回忆，谢绛善于品评文章，而尹洙则胜在"辨论精博"。每次欧阳修有了新的作品，他们都会"申纸疾读"，且每每都能够领会欧阳修的"深意"，故被欧阳修引以为知音。（欧阳修《集古录目序题记》）关于这一小集团的古文创作，最有名的是这则轶事：

　　钱思公镇洛，所辟僚属尽一时俊彦。时河南以陪都之要，驿舍常阙，公大创一馆，榜曰临辕。既成，命谢希深、尹师鲁、欧阳公三人者各撰一记，曰："奉诸君三日期，后日攀请水榭小饮，希示及。"三子相掎角以成其文，文就出之相较。希深之文仅五百字，欧公之文五百余字，独师鲁止用三百八十余字而成，语简事备，复典重有法。欧、谢二公缩袖曰："止以师鲁之作纳丞相可也，吾二人者当匿之。"丞相果召，独师鲁献文，二公辞以他事。思公曰："何见忽之深，已砻三石奉候。"不得已俱纳之。然欧公终未伏在师鲁之下，独载酒往之，通夕讲摩。师鲁曰："大抵文字所忌者，格弱字冗。诸君文格诚高，然少未至者，格弱字冗尔。"永叔奋然持此说别作一记，更减师鲁文廿字而成之，尤完粹有法。师鲁谓人曰："欧九真一日千里也。"（宋·释文莹《湘山野录》卷中）

钱惟演建临辕馆成，命谢绛、尹洙、欧阳修作记文，三人所作皆古文，而没有为了迎合上司的趣味而选择骈体，这也从侧面体现出钱惟演治下西京文学氛围的宽容轻松。钱惟演虽然没有明说，但这次同题共作显然带有一定的竞赛性质，"三子相掎角以成其文"也体现了这一点。三人此次创作的作品原文都没能保存下来，就《湘山野录》的记载来看，尹洙的文章胜在文字精简，用更少的篇幅表达了同样的信息量，且条理清晰，典重有法。欧阳修后来在墓志铭中称赞尹洙的文章"简而有法"，不为空谈。但欧阳修始终不甘心屈服于尹洙之下，遂私下向其请教，尹洙也毫无保留地传授了他的创作经验。要之，即尽量避免"格弱字冗"。欧阳修回去后发愤努力，重写的《临辕馆记》只用了三百六十余字，比尹洙的还要精炼完粹，尹洙本人也对此心悦诚服。正是在这种良性的友好竞争中，欧阳修的古文写作水平日渐进步。受尹洙的影响，这一时期欧阳修的古文创作也主要是在"语简事备"方面着力。他在洛阳期间所作的文章流传至今者有三十多篇，大都篇幅短小，文字洗练，如《养鱼记》：

折檐之前有隙地，方四五丈，直对非非堂，修竹环绕荫映，未尝植物，因洼以为池。不方不圆，任其地形；不甃不筑，全其自然。纵锸以浚之，汲井以盈之。湛乎汪洋，晶乎清明，微风而波，无波而平，若星若月，精彩下入。予偃息其上，潜形于毫芒；循漪沿岸，渺然有江湖千里之想。斯足以舒忧隘而娱穷独也。

乃求渔者之罟，市数十鱼，童子养之乎其中。童子以为斗斛之水不能广其容，盖活其小者而弃其大者。怪而问之，且以是对。嗟乎！其童子无乃嚚昏而无识矣乎！予观巨鱼枯涸在旁不得其所，而群小鱼游戏乎浅狭之间，有若自足焉，感之而作养鱼记。

是文才两百余字，第一段写鱼池环境之幽美，已初步体现出欧阳修不凡的语言功力；第二段写令童子买鱼养鱼的经过，无知的童子以为池塘窄小，养不了大鱼，于是把从渔夫那里买来的大鱼都扔到一旁，只留下了一些小鱼放入池塘。看到大鱼被弃于枯涸，小鱼反而自得其乐，欧阳修想必是生出了类似《庄子》"材与不材"①的思考，但他并没有明确点明自己的思考，而是用一句"感之"结束了文章，启发读者自己去思考。所谓"格高字简"，指的便是这种风格。

不过欧阳修并没有一直亦步亦趋地追随尹洙。自景祐元年（1034）离开洛阳后，随着年龄和阅历的增长，欧阳修的文风、文论都走向了成熟，对于尹洙所坚持的简古风格有了新的认识。一方面，他仍然高度评价尹洙的文章，在《论尹师鲁墓志》中声称"简而有法"是只有《春秋》才当得起的评价；但另一方面，他逐渐意识到简练不应该是作文的唯一追求。在写给后学徐宰（字无党）的书信中，他教导对方应该"精择"著述以求"峻洁"，但"不必勉强，勉强简节之，则不流畅，须待自然之至，其如常宜在心也"（《与渑池徐宰〈无党〉六通》其五）。在欧阳修看来，"自然"应该是比"峻洁"更高一层的追求，在保持文章自然流畅的前提下，当简则简，当繁则繁，没有必要一味地追求简练。他本人的创作亦是如此。在《尹师鲁墓志》等碑志文的撰写中，他仍然秉持着"其事不可遍举，故举其要者一两事以取信"（《论尹师鲁墓志》）的原则，行文简约洗练；但同一时期写作的《醉翁亭记》《丰乐亭记》《菱溪石记》《真州东园记》《送杨寘序》《苏氏文集序》等作品显然并没有延续这种简古风

---

① 《庄子·外篇·山木》：庄子行于山中，见大木，枝叶茂盛。伐木者止其旁而不取也。问其故，曰："无所可用。"庄子曰："此木以不材得终其天年。"夫子出于山，舍于故人之家。故人喜，命竖子杀雁而享之。竖子请曰："其一能鸣，其一不能鸣，请奚杀？"主人曰："杀不能鸣者。"明日，弟子问于庄子曰："昨日山中之木，以不材得终其天年；今主人之雁，以不材死。先生将何处？"庄子笑曰："周将处乎材与不材之间。"

格，而是纡余曲折，甚至反复铺陈，尽显深情宛转的六一本色。以大家最为熟悉的《醉翁亭记》为例，南宋学者洪迈指出，"野花发而幽香，佳木秀而繁阴""临溪而渔，溪深而鱼肥；酿泉为酒，泉香而酒冽。山肴野蔌，杂然而前陈"数语，其实是化用了韩愈《送李愿归盘谷序》中的"坐茂树以终日，濯清泉以自洁。采于山，美可茹，钓于水，鲜可食"，但二者"烦简工夫，则有不侔矣"。（《容斋三笔》卷一"韩欧文语"）显然，欧阳修的文字更为繁复，他有意将韩文中点到为止的概述扩充成了长联，不仅让韩愈笔下概念化的"美可茹""鲜可食"变得具体可感、活色生香，音节的增加也为文章赋予了一层悠长的情韵，这都是一味追求简古所不能获取的效果。

其次，欧阳修对于骈文也有了更通达的认识。欧阳修对于四六骈文固然是不甚喜欢的，但这种反感在很大程度上也是出于对科举应试的叛逆心理，故而在进士及第后与提倡古文的尹洙一拍即合，迅速抛弃了四六时文的写作，乃至于连日常的骈体公文都不屑写作。但随着年龄的增长，这种叛逆心理逐渐淡化后，欧阳修对于骈文也不再全然排斥。在《论尹师鲁墓志》中，他解释自己之所以没有在墓志中特别强调尹洙之于古文的首倡之功（尹洙的家人对此极为不满），一方面是因为这不符合事实，另一方面也是因为考虑到骈体文也不是一无是处，没有必要过于拔高古文的地位："偶俪之文苟合于理，未必为非，故不是此而非彼也。"在离开洛阳后，欧阳修先后担任了馆阁校勘、知制诰、翰林学士等职务，在这些"词臣"任上，不可避免地要承担很多撰写制诰公文的任务。对此，欧阳修也不再抵触，而是潜心钻研，逐渐探索出了一条"以文体为对属"（宋·陈师道《后山诗话》）的写作门径。具体而言就是以散句为对，打破四六的固定句式，加入"之""而"等语气虚词，让骈文也像散文一般平易流畅。典型如其《亳州第二表》："盖由两汉而来，虽处三公之贵，每上还于印绶，多自驾于车辕，朝去朝廷，暮归田里，一辞高爵，遂列编民。岂如至治之朝，深笃爱贤之意，每示隆恩之典，以劝知止之人。故虽有还政之名，而仍享终身之禄。"虽句句相对，读来却如散体古文一般一气呵成。这种风格后来被三苏父子进一步发扬光大，骈文史上遂有"欧苏四六"一派。同时，欧阳修在古文写作中也有意识地吸纳骈偶句法，让整饬的句式和铿锵的声韵为文章增色，使文章呈现出一种亦骈亦散的特征。同样以著名的《醉翁亭记》为例，其中不少我们耳熟能详的名句都是骈句，如"日出而林霏开，云归而岩穴暝"便是上下单句相对，"临溪而渔，溪深而鱼肥。酿泉为酒，泉香而酒洌"是双句相对，"夕阳在山，人影散乱，太守归而宾客从也。树林阴翳，鸣声上下，游人去而禽鸟乐也"是三句相对。欧阳修用古文的章法笔势来调动、组织这些骈偶句式，骈散句法水乳交融，使文章既有古文的灵动自由，又兼具了骈文的词彩丰赡，令人拍案叫绝。

此外，在与门生后学的切磋中，欧阳修也对文道关系等本源性问题有了更为成熟的思考。"文以载道"是唐宋古文运动的理论基石，欧阳修也不例外。在写给后学张耒的《与张秀才第二书》中，欧阳修明确指出："君子之于学也务为道，为道必求知古，知古明道，而后履之以身，施之于事，而又见于文章而发之，以信后世。"即认为"道"是"文"的根本。但与道学家空谈性理不同，欧阳修理解的"道"是实践性的，必须"切于事实"，所谓"孔子之后，惟孟轲最知道，然其言不过于教人树桑麻，畜鸡豚，以谓养生送死为王道之本。"相应地，为了更好地传达这样的"道"，所用的语言应该是平易通畅的，"其道易知而可法，其言易明而可行"，不能为了追求所谓的"古意"而故弄玄虚，"以混蒙虚无为道，洪荒广略为古"。（《与张秀才第二书》）在这一核心思想的指引下，欧阳修进一步提出"道"需要和现实生活中的"百事"相联系，为文者不能溺于文辞，"弃百事不关于心"（《答吴充秀才书》）；理想的文章应该是"中于时病而不为空言"（《与黄校书论文章书》）。同时，作者自己也要勤于修身，文章是作者道德修养的自然流溢，故"道纯则充于中者实，中充实则发为文者辉光"（《答祖择之书》）。总之，欧阳修理想的文道关系是一种近乎"文质彬彬"的境界，既强调"道"在"文"先，但也认为出彩的"文"可以促进"道"的传布，所谓"文以饰言，事信言文"，二者相得益彰，"表见后世"（《代人上王枢密求先集序》）。

但在欧阳修本人的古文理念渐趋成熟、古文创作也日臻化境的时候，社会的主流文风却走上了另一个极端，以险怪著称的太学体声势愈来愈大。欧阳修看在眼里，急在心上，上文所引文论大都出自欧阳修教导后学的书信，从中颇能看出他对于后辈士子的关心，生怕对方误入歧途。可惜这种"一对一"式的教诲终究影响面有限，太学体依然凭借科举优势占据着文坛的主流。终于，嘉祐二年，欧阳修受命知贡举，获得了期待已久的整顿文坛的机会。

三、"忽焉若潦水之归壑"：嘉祐二年贡举的文学史意义

如本书第一章所言，利用执掌贡举的机会打击太学体并不是欧阳修的一时兴起，而是在深思熟虑基础上的有意为之。首先，关于科场程文之于天下文风的引领作用，欧阳修早已有所领略。他本人就亲眼见证过西昆体时文在科举的推动下风行天下的盛况，"能者取科第，擅名声，以夸荣当世"（《记旧本韩文后》），也曾经迫于应试的压力不得不暂时搁置了对古文的热爱。在景祐三年（1036）所作的《与高司谏书》中，欧阳修还特别提到了自己少时对天圣二年（1024）进士的歆羡，"但闻今宋舍人兄弟（即宋庠、宋祁），与叶道卿（叶清臣）、郑天休（郑戬）数人者，以文学大有名，号称得人"（《与高司谏书》）则想必也对是年知贡举刘筠"以策论升降天下士"的事迹有所耳闻。仅仅是对录取标准的稍作修正，便能在士林中引发如此强烈的反响，科举的重要性不言自明。不过，对于改革的方式，欧阳修有自己的看法。刘筠那样"立而不破"的方式虽然能够规避风险，但其示范效应也有限，一直到六年后欧阳修应举，科场上还是昆体时文的天下，策论的地位并没有革命性的提高。此外，对于欧阳修而言，更近的教训还有庆历六年（1046）张方平改革科举文风的失败。前文已述，景祐以来愈演愈烈的怪诞文风在庆历年间就引发了有识之士的警惕。庆历六年，张方平同知贡举，上《贡院请诫励天下举人文章奏》，对"以怪诞诋讪为高，以流荡猥烦为赡，逾越规矩，或误后学"的太学体发起了猛烈抨击。这篇奏议虽然收入张方平文集，但题目中的主语为"贡院"，按照当时官员上书的通例，应该是当年贡院考官们的联名上书，最后由张方平领衔而已。故排抑"太学新体"其实是其时考官的共识。奏疏的后半

部分也提出了整顿科场的具体方案："其举人程试，有擅习新体而尤诞漫不合程试者，已准格考落外，窃虑远人未尽详之，伏乞朝廷申明前诏，更于贡院前榜示，使天下之士知循常道。"（宋·张方平《贡院请诚励天下举人文章奏》，《乐全集》卷二十）将不合程试的"太学新体"黜落并在贡院前张榜公示，平心而论，这种惩戒不可谓不严厉。但结果显然不尽如人意，一直到十几年后的嘉祐二年，太学体依旧是科举考场上最受欢迎的文学风尚。欧阳修如果希望做出根本性的改变，就需要另下一番功夫。

尽管前文已经不止一次地讲述过欧阳修在嘉祐二年贡举中力挽狂澜的事迹，但为了更好地理解其行为性质，这里还是不避重复，将两条重要的记载引录如下：

> 嘉祐二年，先公知贡举。时学者为文以新奇相尚，文体大坏。（僻涩如"狼子豹孙，林林逐逐"之语；怪诞如"周公伻图，禹操畚锸，傅说负版筑，来筑太平之基"之说。）公深革其弊，一时以怪僻知名在高等者，黜落几尽。二苏出于西川，人无知者，一旦拔在高等，榜出，士人纷然，惊怒怨谤。其后，稍稍信服。而五六年间，文格遂变而复古，公之力也。（宋·欧阳发《先公事迹》）

> 嘉祐中，士人刘幾，累为国学第一人。骤为怪崄之语，学者翕然效之，遂成风俗。欧阳公深恶之。会公主文，决意痛惩，凡为新文者一切弃黜。时体为之一变，欧阳之功也。有一举人论曰："天地轧，万物茁，圣人发。"公曰："此必刘幾也。"戏续之曰："秀才剌，试官刷。"乃以大朱笔横抹之，自首至尾，谓之"红勒帛"，判大纰缪字榜之。即而果幾也。（宋·沈括《梦溪笔谈》卷九）

表面上看，欧阳修所采取的方式与张方平如出一辙，都是将不合己意的举子黜落，并将反面教材张榜公示。但细究之下，二人的做法还是有一定的差异的。张方平虽然在录取结果上对"太学新体"有所排抑，但黜落的对象"有擅习新体而尤诞漫不合程试者"，也就是说，他只选了新体中的部分过于怪诞以至于违背了科考程式的试卷作为打击对象。这其实大大削减了整顿的力度。在考生们看来，这些试卷被黜落可能只是因为出韵、超字等，未必能体会到考官改革文风的良苦用心。而欧阳修则不同，首先他的打击面更广，"一时以怪僻知名在高等者，黜落几尽""凡为新文者一切弃黜"，在当时引发的震动肯定更大。其次，对于"反面教材"，欧阳修不仅予以张榜公示，还用其风格"戏续之"，等于是就其被黜落的原因做出了解释，让考生们知道，以刘幾为代表的考生之所以被黜落，就是因为文章风格险怪僻涩。如此一来，主考官整肃文风之意，天下尽知，最后的结果自然要比庆历六年张方平的改革成功得多。

除了在"破"的方面更彻底之外，欧阳修相对于张方平的进步还表现在对"立"的重视。如前所示，在庆历六年的科考中，张方平只是从试卷中挑出了部分怪诞出位的文章加以贬抑，而并没有拣出符合新标准的优秀试卷作为典范。换言之，他只告诉了应举士子不要做什么（太学新体），却没有为其未来的发展指明方向。而欧阳修则不同，在将太学诸生一并黜落后，欧阳修也选出了符合其审美趣味的优秀范文，亦即后来成为其得意门生的苏轼的应试作品。关于欧阳修对三苏父子的知遇之恩，本书第五章将有具体叙述，此处暂且按下不表，且看让欧阳修赞叹不已、"欲以冠多士"（苏辙《亡兄子瞻端明墓志铭》，《栾城后集》卷二二）的那篇《刑赏忠厚之至论》：

尧、舜、禹、汤、文、武、成、康之际，何其爱民之深，忧民之切，而待天下之以君子长者之道也。有一善，从而赏之，又从而咏歌嗟叹之，所以乐其始而勉其终。有一不善，从而罚之，又从而哀矜惩创之，所以弃其旧而开其新。故其吁俞之声，欢休惨戚，见于虞、夏、商、周之书。成、康既没，穆王立，而周道始衰。然犹命其臣吕侯，而告之以祥刑。其言忧而不伤，威而不怒，慈爱而能断，恻然有哀怜无辜之心，故孔子犹取焉。

《传》曰："赏疑从与，所以广恩也。罚疑从去，所以慎刑也。"当尧之时，皋陶为士，将杀人，皋陶曰"杀之三"，尧曰"宥之三"，故天下畏皋陶执法之坚，而乐尧用刑之宽。四岳曰"鲧可用"，尧曰"不可，鲧方命圮族"，既而曰"试之"。何尧之不听皋陶之杀人，而从四岳之用鲧也？然则圣人之意，盖亦可见矣。

《书》曰："罪疑惟轻，功疑惟重，与其杀不辜，宁失不经。"呜呼，尽之矣。可以赏，可以无赏，赏之过乎仁。可以罚，可以无罚，罚之过乎义。过乎仁，不失为君子；过乎义，则流而入于忍人。故仁可过也，义不可过也。古者赏不以爵禄，刑不以刀锯。赏以爵禄，是赏之道，行于爵禄之所加，而不行于爵禄之所不加也。刑之以刀锯，是刑之威，施于刀锯之所及，而不施于刀锯之所不及也。先王知天下之善不胜赏，而爵禄不足以劝也，知天下之恶不胜刑，而刀锯不足以裁也，是故疑则举而归之于仁，以君子长者之道待天下，使天下相率而归于君子长者之道，故曰忠厚之至也。

《诗》曰："君子如祉，乱庶遄已。君子如怒，乱庶遄沮。"夫君子之已乱，岂有异术哉？时其喜怒，而无失乎仁而已矣。《春秋》之义，立法贵严，而责人贵宽。因其褒贬之义以制赏罚，亦忠厚之至也。

不难发现，同样是写上古三代圣王事迹，苏轼这篇文章却显得"正常"得多，除了对《诗》《书》原文的引用外，全文几乎没有一个生僻字，句法也自然流畅，与"天地轧，万物茁，圣人发"式的标新立异迥异其趣。欧阳修所欣赏的，就是这种用"易明之言"表述"易知之道"的文章。据叶梦得《石林燕语》记载，此年省试，苏轼之赋原本已经被其他考官黜落，按照常例，其最终及第的可能性已经微乎其微；但负责策论部分阅卷的梅尧臣在读到《刑赏忠厚之至论》后拍案叫绝，认为这是可以媲美《孟子》的好文章，于是上呈给了主考官欧阳修。欧阳修得之大喜过望，不仅破格录用，还予以极高的名次——苏轼在此科以第二名中选，因为考校过程中试卷是糊名的，欧阳修担心这是自己的门生曾巩所作，出于避嫌才没有列为第一——事后还宣称自己要"避路""放他出一头地也"（《与梅圣俞》）。与此同时，他又用"红勒帛"

的极端方式将刘几的文章公开贬斥，一升一降，两相对比，足以向世人昭示考官的意图了。

需要补充的是，如果只有苏轼一个典范，欧阳修的革新恐怕也未必能够收获立竿见影的效果。道理很简单，参考天圣二年刘筠对叶清臣的破格拔擢，个案的影响力原本就是有限的，更何况欧阳修当时所面对的是"讪公者所在成市"的舆论压力，仅凭一个苏轼其实很难服众，被黜落的太学生们还会指控欧阳修破坏规则以为少数人的前程铺路。但欧阳修的厉害之处就在于，除了苏氏兄弟外，他还发掘了一批名副其实的优秀人才，嘉祐二年贡举成了著名的"龙虎榜"，在知名度上远远超过了他曾歆羡不已的天圣二年榜。据《长编》等文献记载，是年赐 262 人进士及第，126 人同进士出身，合计共录取388 人。结合地方志等材料，其中姓名籍贯可考者大约有两百人，几乎网罗了影响后来北宋政治、思想、文学的诸多杰出人物。例如文学之士有曾巩和苏轼、苏辙兄弟，"唐宋八大家"之宋六家占了一半；思想家则有"关中三杰"程颢、张载、朱光庭同榜登科，程颢之"洛学"、张载之"关学"后来都成了北宋显学；政坛人物则有吕惠卿、曾布、王韶等，这些人后来都成了熙丰新党或元祐旧党的中坚人物。与太学生多出身于京师权贵子弟不同，这些新进士大多来自外地（尤以东南、西蜀为多），在朝中并无根基，全凭真才实学而得到重视。也正是因为及第者人才济济，欧阳修的考校结果才最终服众，那些毁谤的声浪也日渐衰歇。欧阳修自己回顾这场风波时也说：

> 某昨被差入省，便知不静。缘累举科场极弊，既痛革之，而上位不主，权贵人家与浮薄子弟多在京师，易为摇动，一旦喧然，初不能遏。然所得颇当实材，既而稍稍遂定。（欧阳修《与王懿敏公十七通》其三）

此外欧阳修对于太学诸生的排斥也是就事论事，在这些人迷途知返后也给予了同样的提携。如刘几，沈括《梦溪笔谈》在"红勒帛"的典故后还补充了其后续：

复数年，公为御试考官，而幾在庭，公曰："除恶务力，今必痛斥轻薄子，以除文章之害。"有一士人论曰："主上收精藏明于冕疏之下。"公曰："吾已得刘幾矣。"既黜，乃吴人萧稷也。是时试"尧舜性仁赋"，有曰："故得静而延年，独高五帝之寿；动而有勇，形为四罪之诛。"公大称赏，擢为第一人，及唱名乃刘辉，人有识之者曰："此刘幾也，易名矣。"公愕然久之。因欲成就其名，小赋有"内积安行之德，盖禀于天"，公以谓"积"近于学，改为"蕴"，人莫不以公为知言。（宋·沈括《梦溪笔谈》卷九）

若干年后，欧阳修又担任了殿试的主考官，听说刘幾也参加了这次考试。对后者心怀成见的欧阳修决心斩草除根，对"轻薄子"痛斥到底。不过这次阅卷同样是糊名的，故他只能根据文章风格来猜测作者身份。出乎意料的是，这次他的判断却出现了严重失误，被黜落的险怪文章之作者是来自东南的萧稷，被擢为第一的反而是业已改名换姓的刘幾。对此，欧阳修先是"愕然久之"，但随即承认了自己的错误，对"改邪归正"的刘幾报以关爱和赏识，还专门帮其修改文字以"成就其名"。可想而知，在这一榜发放之后，天下人见刘幾荣登榜首，不论此前对欧阳修有多少不满，此时也只会佩服欧公之公正无私。

综上，通过与天圣二年、庆历六年两次科举改革的对比，我们会发现欧阳修在嘉祐二年知贡举任上的所作所为不论是在"破"还是"立"上都技高一筹，故而取得了前所未有的成功。不仅一举荡涤了太学体的不正之风，还发掘了曾巩、苏轼、苏辙等一大批优秀的人才，将古文运动引领到一条正确的道路上来，使平易自然、流畅易晓成了宋代散文的基本风格。

第三节 "六一风神"：欧阳修的古文名篇导读

作为第二次古文运动的领袖，欧阳修本人的古文创作也硕果累累，自成一家。吴充在《欧阳文忠公行状》中称赞欧阳修："文备众体，变化开阖，因物命意,各极其工。其得意处,虽退之未能过。"的确,欧阳修的古文内容丰富,体裁多样,在文体的运用上继承了唐代古文运动的传统,同时又有新的创造,无论是论辩、记叙、赠序、书简、序跋、笔记、文赋,还是墓志、祭文都有突出的成就。由于篇幅有限,本节谨以《与高司谏书》《丰乐亭记》《泷冈阡表》《祭石曼卿文》《秋声赋》《六一居士传》等六篇文章为例①,管窥欧阳修的古文成就。

《与高司谏书》

修顿首再拜白司谏②足下。某年十七时,家随州,见天圣二年进士及第榜,始识足下姓名。是时予年少,未与人接③,又居远方,但闻今宋舍人兄弟与叶道卿、郑天休数人者④,以文学大有名,号称得人⑤。而足下厕⑥其间,独无卓卓可道说者,予固疑足下不知何如人也。其后更十一年,予再至京师,足下已为御史里行⑦,然犹未暇一识足下之面,但时时于予友尹师鲁⑧问足下之贤否,而师鲁说足下正直有学问,君子人也,予犹疑之。夫正直者不可屈曲,有学问者必能辨是非,以不可屈之节,有能辨是非之明,又为言事之官,而俯仰默默⑨,无异众人,是果贤者邪?此

---

① 《醉翁亭记》因被选入中学教材而久为人所熟知,故这里不再加以特别讲解。

② 司谏:高若讷,字敏之,天圣二年进士,时官左司谏。《宋史·职官志》:"左散骑常侍、左谏议大夫、左司谏、左正言:同掌规谏讽谕。凡朝政阙失,大臣至百官任非其人,三省至百司事有违失,皆得谏正。"

③ 未与人接:不曾与别人交往。

④ 宋舍人兄弟:指宋庠、宋祁兄弟,天圣二年进士及第。初,礼部奏祁第一,庠第三。章献太后不欲以弟先兄,乃擢庠第一,而置祁第十。人呼曰"二宋",以大小别之。二人后来皆曾担任知制诰,相当于过去的中书舍人,故称。叶道卿:叶清臣,字道清,天圣二年榜眼,后官至翰林学士、权三司使。郑天休:郑戬,字天休,天圣二年进士,亦有文名,后官至枢密副使。

⑤ 得人:获得人才。

⑥ 厕:杂列。

⑦ 御史里行:里行,犹今言代理之意也,宋代任官多根据其资历及考绩,若资历浅而朝廷特欲用者,则以"里行"之资暂行其职事。

⑧ 尹师鲁:尹洙,字师鲁,欧阳修好友,当时著名的古文家。

⑨ 俯仰默默:与时俯仰,默默无言。

不得使予之不疑也。自足下为谏官来，始得相识，侃然①正色，论前世事，历历可听，褒贬是非，无一谬说。噫！持此辩以示人，孰不爱之？虽予亦疑足下真君子也。是予自闻足下之名及相识，凡十有四年，而三疑之。今者推其实迹而较之，然后决知足下非君子也。

前日范希文②贬官后，与足下相见于安道③家，足下诋诮④希文为人。予始闻之，疑是戏言；及见师鲁，亦说足下深非希文所为，然后其疑遂决。希文平生刚正，好学通古今，其立朝有本末⑤，天下所共知，今又以言事触宰相⑥得罪。足下既不能为辨其非辜⑦，又畏有识者之责己，遂随而诋之，以为当黜。是可怪也。夫人之性，刚果懦软，禀之于天，不可勉强，虽圣人亦不以不能责人之必能⑧。今足下家有老母，身惜官位，惧饥寒而顾利禄，不敢一忤宰相以近刑祸，此乃庸人之常情，不过作一不才谏官尔。虽朝廷君子，亦将闵足下之不能，而不责以必能也。今乃不然，反昂然自得，了无愧畏，便毁⑨其贤，以为当黜，庶乎饰己不言之过⑩。夫力所不敢为，乃愚者之不逮⑪；以智文其过，此君子之贼也。⑫

且希文果不贤邪？自三四年来，从大理寺丞至前行员外郎，作待制

---

① 侃然：耿直刚正的样子。
② 范希文：范仲淹，字希文。
③ 安道：余靖，字安道。《宋史·卷三一九·本传》曰："余靖字安道，韶州曲江人。范仲淹贬饶州，谏官、御史莫敢言。靖言：'仲淹以刺讥大臣重加谴谪，倘其言未合圣虑，在陛下听与不听耳，安可以为罪乎？……陛下自亲政以来，屡逐言事者，恐钳天下口，不可。'疏入，落职监筠州酒税。尹洙、欧阳修亦以仲淹故，相继贬逐，靖繇是益知名。"
④ 诋诮（qiào）：诋毁责备。
⑤ 有本末：形容立身处世有原则，有始有终。
⑥ 宰相：指吕夷简。
⑦ 非辜：无辜，无罪。
⑧ "虽圣人"句：即使是圣人，也不能要求别人做他不可能做到的事情。
⑨ 便（pián）毁：巧言诋毁。
⑩ 庶：希望。饰：掩盖。
⑪ 不逮：不如。
⑫ "以智"句：用小聪明掩饰自己的过错，则是君子中的败类。

日，日备顾问，今班行中无与比者。^①是天子骤用不贤之人？夫使天子待不贤以为贤，是聪明有所未尽。足下身为司谏，乃耳目之官^②，当其骤用时，何不一为天子辨其不贤，反默默无一语，待其自败，然后随而非之？若果贤邪，则今日天子与宰相以忤意^③逐贤人，足下不得不言。是则足下以希文为贤，亦不免责；以为不贤，亦不免责。大抵罪在默默尔。

昔汉杀萧望之与王章^④，计其当时之议，必不肯明言杀贤者也，必以石显、王凤为忠臣，望之与章为不贤而被罪也。今足下视石显、王凤果忠邪，望之与章果不贤邪？当时亦有谏臣，必不肯自言畏祸而不谏，亦必曰当诛而不足谏也。今足下视之，果当诛邪？是直可欺当时之人，而不可欺后世也。今足下又欲欺今人，而不惧后世之不可欺邪？况今之人未可欺也。

伏以今皇帝即位已来，进用谏臣，容纳言论。如曹修古、刘越^⑤，虽殁犹被褒称，今希文与孔道辅^⑥，皆自谏诤擢用。足下幸生此时，遇纳谏之圣主如此，犹不敢一言，何也？前日又闻御史台榜^⑦朝堂，戒百官不

---

① "自三四年来"句：谓近年来，范仲淹得皇帝信任，官职升迁的速度在朝中无人能比。天圣七年（1029），范仲淹任大理寺丞；景祐二年（1035），除天章阁待制、吏部员外郎。前行员外郎：指吏部员外郎。宋代尚书六部分为三行，吏、兵为前行，户、刑为中行，礼、工为后行。待制：宋代于各殿阁设待制之官，备顾问之用。班行（háng）：指同僚，朝中同辈。

② 耳目之官：谓司谏负责纠察朝政，有如皇帝耳目。

③ 忤意：违背意志。

④ 萧望之：字长倩，汉宣帝时任太子太傅，宣帝寝疾，受诏辅佐元帝。后因事被宦官弘恭、石显诬陷，被迫饮鸩自杀。王章：字仲卿，汉元帝时任左曹中郎将，先是因反对石显而遭罢官。成帝时，迁京兆尹，又因上书反对外戚王凤专权而下狱，最终死于狱中。

⑤ 曹修古：字述之，建州建安人，曾任殿中侍御史。《宋史》本传称："当（章献）太后临朝，权幸用事，人人顾望畏忌，而修古遇事辄言，无所回挠。既没，人多惜之。"仁宗亲政，修古已死，"帝思修古忠，赠右谏议大夫"。刘越：字子长，大名人，曾任秘书丞。章献太后临朝时，曾与滕宗谅一同上书请太后还政，亦未及仁宗亲政而死。太后去世后，仁宗赠其为右司谏。

⑥ 孔道辅：字原鲁，性耿直，以敢直谏著称。明道二年（1033），擢为谏议大夫、权监察御史。仁宗欲废郭后，宰相吕夷简成之，道辅率谏官范仲淹等十人上书谏止，与吕夷简论驳，因而见黜外任。

⑦ 榜：贴榜，布告。

得越职言事，是可言者惟谏臣尔。若足下又遂不言，是天下无得言者也。足下在其位而不言，便当去之，无妨他人之堪其任者也。昨日安道贬官，师鲁待罪，①足下犹能以面目见士大夫，出入朝中称谏官，是足下不复知人间有羞耻事尔！所可惜者，圣朝有事，谏官不言，而使他人言之。书在史册，他日为朝廷羞者，足下也。

《春秋》之法，责贤者备。②今某区区③犹望足下之能一言者，不忍便绝④足下，而不以贤者责也。若犹以谓希文不贤而当逐，则予今所言如此，乃是朋邪⑤之人尔。愿足下直携此书于朝，使正予罪而诛之，使天下皆释然知希文之当逐，亦谏臣之一效也。

前日足下在安道家，召予往论希文之事，时坐有他客，不能尽所怀，故辄布区区⑥，伏惟幸察。不宣⑦。修再拜。

【解析】

这篇文章作于景祐三年（1036），也是欧阳修被贬夷陵的导火索。事情的具体经过在本书第一章已经有所交待，概言之，时任知开封府的范仲淹上《百官图》，抨击吏治之腐败，遂得罪了以吕夷简为首的旧派官僚。最终，范仲淹被贬知饶州，时议多为不平。为压制舆论，当时朝廷禁止百官越职言事，唯有余靖、尹洙上书论救，亦先后被贬出京，欧阳修为此愤懑不已。适逢频繁听闻左司谏高若讷非议范仲淹，欧阳修一腔怒火终于找到了一个发泄口，遂作此书痛斥高若讷之所为，为范仲淹鸣不平。

因是愤激之下所作，故这封书信在言辞表达上异常尖锐。书信从与高若

---

① 安道贬官，师鲁待罪：余靖和尹洙都曾因上书论救范仲淹而获罪，余靖被贬为监筠州酒税，尹洙则被贬为监郢州商税。作者写这封信时，尹洙尚未接到处置的诏令，故称"待罪"。

② 责贤者备：对贤者的要求更高，批评从严。

③ 区区：谦称自己。

④ 绝：断绝关系。

⑤ 朋邪：与邪恶为朋。

⑥ 区区：内心的想法，与上文的"区区"不同。

⑦ 不宣：言犹未尽，书信结束的套语。

讹的相识叙起，先历数了自己对高若讷的"三疑"，用欲擒故纵的手法，层层剥去高若讷的伪装，最后一锤定音，断定对方"非君子也"。接下来抓住其诋毁范仲淹的卑劣行径，云范仲淹之贤天下皆知，高若讷如果是畏祸避言还情有可原，不过是"不才谏官耳"；如今对方不仅不为范仲淹鸣冤，还颠倒黑白、落井下石，堪称"君子之贼"。下文作者更深入一层，从范仲淹之贤与不贤论起，如果范仲淹为不贤，则此前他被仁宗破格提拔的时候，身为谏官的高若讷就应该及时谏止；如果范仲淹为贤，那么高若讷更不应该在其被贬的时候横加非议。总之，不论范仲淹的人品如何，高若讷的言行逻辑都无法自洽，其最核心的问题就是身为谏官而"默默"无为。在范仲淹被贬的风口浪尖之际，朝廷戒百官不得越职言事，能够名正言顺地进言者唯有高若讷这样的谏官，然而他却一言不发，眼睁睁看着尹洙、余靖这样的正直官员因直言进谏而被贬，在欧阳修看来，这简直是"不复知人间有羞耻事尔"。在书信的结尾部分，欧阳修也预料到了自己写这封信可能招来的麻烦，但他毫无畏惧，甚至直截了当地建议对方把这封书信提交朝廷，让更多的人知晓范仲淹之冤，至于自己是贬是诛则不足挂齿。事情后来的走向也确如欧阳修之所料，高若讷收到此信后恼羞成怒，随即将书信进上，欧阳修也因此被贬夷陵。一时间一众忠正贤臣被诬为"朋党"，纷纷遭到贬斥，当时年仅二十五岁的蔡襄心中不平，作《四贤一不肖》诗，称赞范仲淹、余靖、尹洙、欧阳修四人为贤人，痛责高若讷为不肖之徒。诗成后京城内外士民争相传抄，大有洛阳纸贵之势，甚至一度传至契丹，可见此事影响之大。

在欧文和蔡诗的双重加持下，"高若讷"的名字几乎被钉死在了文学史的耻辱柱上。但事实上，高若讷在史书中的形象并不如此负面，《宋史》本传记载了不少其直言进谏的事迹；此外与吕夷简矛盾颇深的宋祁曾经举荐高若讷代自己出任翰林学士，荐状中称他"资性谨厚，文词淹敏"（宋·宋祁《授翰林学士举高若讷自代状》，《宋景文集》卷三十）。可见其为人并不像欧阳修和蔡襄所言的那么不堪。其非议范仲淹之所为，应该也只是出于政见不合；检举欧阳修的做法虽然不够磊落，但也是突遭痛责后的愤激之举，其本人后来也时常追悔，连范仲淹都表示理解。（宋·范仲淹《举欧阳修充经略掌书记状》，《范文正公集》卷十八）感到追悔的也不只是高若讷，欧阳修晚年自编《居士集》，亦削去《与高司谏书》不载（此文被收录于《居士外集》，为后人裒辑）；其为蔡襄所作的《端明殿学士蔡公墓志铭》中，也绝口不提他与自己共同攻击高若讷时作《四贤一不肖诗》之事。而且，宋人所见蔡襄《端明集》中，也不收《四贤一不肖诗》。平心而论，这次冲突中的双方的确都有不够理智的地方，作为主动攻击的一方，欧阳修和蔡襄之偏激或许更甚。此时的他们在政坛都尚属初出茅庐，在对政治问题的认知上不免过于理想主义。据范仲淹回忆，不只是高若讷，连他本人和杜衍都曾经被欧阳修指责"缄默无执"（宋·范仲淹《举欧阳修充经略掌书记状》，《范文正公集》卷十八）。乾隆皇帝便评价《与高司谏书》的写作是因为欧阳修初次在京城任职，"未熟中朝大官老于事之情态语言大抵如此，千古一辙，于是少所见多所怪，而有是书"（乾隆御选《唐宋文醇》卷二十三）。是故在其阅历加深、政治上更为成熟之后，欧、蔡都有悔其少作之意。

政治上的是非虽然难下定论，但这并不影响本文的价值。或者说，也正是欧阳修当时在政治上的不成熟，才为这篇文章赋予了一份难得的"少年感"，成为欧集中几乎独一无二的存在。作者将一腔激愤付诸笔端，发言犀利，鞭辟入里而不留余地。用黄庭坚的话说，其"语气可折冲万里"（宋·黄庭坚《跋欧阳公红梨花诗》，《豫章黄先生文集》卷三十）。后来风格成熟的欧文以纡徐曲折见长，似这样直白刻露的文章甚少再出现在其集中。除了风格的独特，欧阳修在这篇文章中所提倡的发奋有为精神也深深影响了宋代士风。如苏轼所言："宋兴七十余年，民不知兵，富而教之，至天圣、景祐极矣，而斯文终有愧于古。士亦因陋守旧，论卑气弱。自欧阳子出，天下争自濯磨，以通经学古为高，以救时行道为贤，以犯颜纳说为忠。长育成就，至嘉祐末，号称多士。欧阳子之功为多。"（苏轼《六一居士集叙》，《苏轼文集》卷十）因此，对于今天的读者而言，高若讷是奸是贤已不复重要，重要的是我们应该从这篇文章中体会到庆历一代士大夫曾经具有的那种饱满的政治热情，正是这种元气淋漓的少年意气，造就了有宋一代独特的士大夫文化。

《丰乐亭记》

　　修既治滁之明年①夏，始饮滁水而甘。问诸滁人，得于州南百步之近。其上丰山耸然而特立；下则幽谷窈然②而深藏，中有清泉滃然③而仰出。俯仰左右，顾而乐之。于是疏泉凿石，辟地以为亭，而与滁人往游于其间。

　　滁于五代干戈之际，用武之地也。昔太祖皇帝尝以周师破李景兵十五万于清流山下，生擒其将皇甫晖、姚凤于滁东门之外，遂以平滁。④修尝考其山川，按其图记，升高以望清流之关⑤，欲求晖、凤就擒之所。而故老皆无在者。盖天下之平久矣。自唐失其政，海内分裂，豪杰并起而争，所在为敌国者，何可胜数！及宋受天命，圣人出而四海一。向之凭恃险阻，铲削消磨，⑥百年之间，漠然徒见山高而水清。欲问其事，而遗老尽矣！

　　今滁介于江、淮之间，舟车商贾、四方宾客之所不至，民生不见外事，而安于畎亩衣食，以乐生送死。而孰知上之功德，休养生息，涵煦⑦百年之深也。修之来此，乐其地僻而事简，又爱其俗之安闲。既得斯泉于山谷之间，乃日与滁人仰而望山，俯而听泉。掇幽芳而荫乔木，风霜冰雪，刻露清秀，⑧四时之景，无不可爱。又幸其民乐其岁物之丰成，而喜与予游也。因为本其山川，道其风俗之美，使民知所以安此丰年之乐者，

---

① 明年：指欧阳修被贬滁州的第二年，亦即庆历六年（1046）。

② 窈然：深远貌。

③ 滃（wěng）然：云气腾涌、烟雾弥漫貌。

④ "昔太祖"句：公元956年，宋太祖赵匡胤为后周大将，与南唐中主李璟的部将皇甫晖、姚凤会战于滁州清流山下，南唐部队败于滁州城。随后赵匡胤亲手刺伤皇甫晖，生擒皇甫晖、姚凤，夺下滁州城。

⑤ 清流之关：在滁州西北清流山上，是宋太祖大破南唐兵的地方。

⑥ "向之凭恃险阻"二句：如先前那些凭借险阻称霸的人，有的被诛杀，有的被征服。

⑦ 涵煦：滋润教化。

⑧ "风霜"二句：秋天刮风下霜，冬天结冰下雪，经风霜冰雪后草木凋零，山岩裸露，更加清爽秀丽。刻露，清楚地显露出来。

幸生无事之时也。

夫宣上恩德，以与民共乐，刺史之事也，遂书以名其亭焉。

庆历丙戌六月日，右正言、知制诰、知滁州军州事欧阳修记。

【解析】

《丰乐亭记》作于庆历六年滁州任所，与更为著名的《醉翁亭记》大约同时。就文体而言，《丰乐亭记》也属于"杂记文"下的台阁名胜记。古人在修筑亭台、楼观，以及观览某处名胜古迹时，常常撰写记文，以记录其建造修葺的过程、历史沿革，以及作者伤今悼古的感慨等等。这类记文一般是要刻石的。但与旨在纪德颂功的碑志文不同，台阁名胜记的写作重点在于发挥议论，抒写个人怀抱，行文也更为随便，文学性也更强。在擅长"破体"为文的宋代作家笔下，记体文的写作蔚为大观，"尽其变态"（宋·叶适《习学记言序目》卷四十七"皇朝文鉴"）。《丰乐亭记》即是其中的杰出代表。

此文第一段先是交代自己修建丰乐亭的始末，尚属台阁名胜记写作的惯例，末句"与滁人往游其间"含蓄地点出了"与民同乐"的主题。从第二段起，作者的思路开始发散。欧阳修作有《新五代史》，对五代历史（对宋人而言属于"近代史"）颇为熟稔，这里调动自己的知识储备，细数作为"用武之地"的滁州在五代时曾经经历的战乱。作为历史学家，欧阳修在来滁之初还希望能做一番实地考察，但遗憾的是，由于年代久远，亲历过战乱的"故老"都已经不在人世了。其实不只是滁州，由于承平已久，现在天下已经没有多少人还对那个动乱的年代留有印象了。今天的滁州地处江淮之间，交通便利，商贾云集，百姓安居乐业，身为地方官的作者也深感欣慰，于是寻得山水秀美之处营建亭台，与滁州百姓游宴其间，共享丰年之乐——至此，作者方回到了"丰乐"的主题，呼应了开头的命名。不过对读之下不难发现，作者其实已经在将"丰乐"的内涵由开头的"丰山之乐"转化为"丰年之乐"，而之所以发生这样的变化，起因便是由滁州的地理位置所触发的关于战争与和平的联想。故而第二至第四段的内容看似偏离主题，其实暗中在为最后的曲终奏雅作张本，细品之下，有草灰蛇线之妙。晚清诗人陈衍便极为赞赏《丰乐亭记》的章法处理，尤其是"滁于五代干戈之际"以下部分，"由乱到治与由治回想到乱，一波三折，将实事于虚空中摩荡盘旋。此欧公平生擅长之技，所谓风神也"（清·陈衍《石遗室论文》卷五）。

除章法之迂回曲折外，这篇文章的动人之处还表现在作者情感之深沉婉转。欧阳修擅长用虚字来传达感情，本篇亦不例外，"故老皆无在也""盖天下之平久矣""而遗老尽矣"诸句，以及宛如神来之笔的"漠然徒见山高水清"之"漠然"，都隐隐带有一种怅惜之情。作为一位历史学家，他有些遗憾不能通过走访遗老来获取历史知识，也从"遗老尽矣"感受到了时间的无情；但转念一想，百姓们对历史的遗忘是因为太平日久，生活幸福。作为地方官，他也真心为滁州的现状感到欣慰。这两种矛盾的感情在作者的心中来回激荡，但他都没有明确地表现出来，而是借助虚词的使用和对滁州现状的描绘间接暗示给读者。这种隐晦曲折而又诚挚殷切的感情表达堪称欧阳修的拿手好戏，更是后人津津乐道的"六一风神"的重要内涵。

《秋声赋》

欧阳子方夜读书，闻有声自西南来者，悚然①而听之，曰：异哉！初淅沥以②萧飒，忽奔腾而砰湃，如波涛夜惊，风雨骤至。其触于物也，鏦鏦铮铮③，金铁皆鸣。又如赴敌之兵，衔枚④疾走，不闻号令，但闻人马之行声。余谓童子："此何声也？汝出视之。"童子曰："星月皎洁，明河在天，四无人声，声在树间。"

余曰："噫嘻悲哉！此秋声也。胡为而来哉？盖夫秋之为状也：其

---

① 悚（sǒng）然：惊惧的样子。

② 以：而。

③ 鏦（cōng）鏦铮铮：金属互相撞击的声音。

④ 衔枚：古代行军时，令士兵在口中衔一木棍，防止说话出声。枚：小木棍。

色惨淡，烟霏云敛①；其容清明，天高日晶②；其气栗冽③，砭④人肌骨；其意萧条，山川寂寥。故其为声也，凄凄切切，呼号愤发。丰草绿缛⑤而争茂，佳木葱茏而可悦，草拂之⑥而色变，木遭之而叶脱。其所以摧败零落者，乃其一气之余烈⑦。夫秋，刑官也，于时为阴；又兵象也，于行为金。⑧是谓天地之义气，常以肃杀而为心。⑨天之于物，春生秋实。故其在乐也，商声主西方之音，夷则为七月之律。⑩商，伤也，物既老而悲伤；夷，戮也，物过盛而当杀⑪。"

"嗟乎！草木无情，有时飘零。人为动物，惟物之灵，百忧感其心，万事劳其形，有动于中，必摇其精⑫。而况思其力之所不及，忧其智之所不能，宜其渥然丹者⑬为槁木，黟然黑者⑭为星星⑮。奈何以非金石之质，欲与草木而争荣？念谁为之戕贼⑯，亦何恨乎秋声！"

---

① 烟霏云敛：烟气飘散，云雾消失。

② 日晶：日光明亮。

③ 栗冽：凛冽，形容寒冷。

④ 砭（biān）：刺。

⑤ 缛：稠密。

⑥ 之：与下句的"之"都代指秋气。

⑦ 余烈：剩余的威力。

⑧ "夫秋"句：《周礼》将官职按天、地、春、夏、秋、冬分为六类，因为秋有肃杀之气，所以将执掌刑法的官员隶属于秋。又，古人以阴阳配四时，春夏分属于阳，秋冬分属于阴。又因战争为肃杀之事，且古代常于秋季练兵，故称秋为"兵象"。此外古人以五行配合四时，秋属于金。

⑨ 天地之义气：《礼记·乡饮酒义》："天地严凝之气，始西南而盛西北，此天地之尊严气也，此天地之义气也。"孔颖达疏："西南，象秋始。"古人以秋天为诀狱讼、征不义、诛暴慢的时节，所以张扬"义"之重要。

⑩ 《礼记·月令》："孟秋之月，其音商，律中夷则。"

⑪ 《太平御览》卷二四引《释名》："七月谓之夷则何？夷者，伤也；则者，法也。言万物始伤，被刑法也。"杀：削减。

⑫ 精：精神。

⑬ 渥（wò）然丹者：红润的容貌。《诗经·秦风·终南》："颜如渥丹。"

⑭ 黟然黑者：乌黑的头发。

⑮ 星星：形容须发花白。

⑯ 戕贼：摧残。

童子莫对，垂头而睡。但闻四壁虫声唧唧，如助余之叹息。

【解析】

《秋声赋》在文体上属于"文赋"，这是一种受唐宋古文运动的影响而产生的新型文体。它的主要特点是一反俳赋、律赋在骈偶、用韵方面的限制，而接近于古文，也就是说趋向于散文化。其句式以四言、六言为主，但也往往掺用大量的长句。除连接词外，还多使用"之""也""乎""哉""邪""矣""焉"等虚词；哉谋篇布局上也多吸收当时古文的章法、气势。内容上也不再局限于"劝百讽一"的颂美主题，而是长于说理。换言之，"文赋"代表了作为强势文体的"古文"对辞赋的"入侵"，故其并不属于"古文"的范畴，却是古文运动的重要成果。

《秋声赋》作于嘉祐四年（1059），是宋代文赋的开山之作。文章采用对话方式，通过与童子问答来展开行文，这也是汉代以来赋体写作的惯例。以赋体写秋或秋声并非欧阳修的独创，较早者有曹丕《感离赋》、潘岳《秋兴赋》等，唐代更是有李德裕的《秋声赋》、刘禹锡的《秋声赋》等同题之作，后二者皆是律赋。这里以李德裕之作为例，试看同样的题材在传统赋作中的表现：

露华肃，天气晶。碧空无氛，霁海清明。当其时也，草木阴虫，皆有秋声。自虚无而响作，由寂莫而音生。始萧瑟于林野，终混合于太清。出哀壑而愤起，临悲谷而怨盈。朔雁听而增逝，孤猿闻而自惊。此声也，异桐竹之韵，非金石之鸣。足以动羁人之魄，感君子之情。况乎临淄藻思，薛县英名。遽兴华屋之叹，预想曲池之平。岂待琴而魂散，固闻笛以涕零。亦有毁家蔡女，降北李卿。听朔吹之夜动，见霜鸿之晓征。既慷慨而谁诉，独丸澜而流缨。虽复苏门傲世，秦青送行。讵能写自然之天籁，究吹万之清泠。客有贞词浏浣，逸气纵横。赋掩漏卮之妙，文同蟠木之精。聊染翰以写意，期报之以瑶琼。

从"自虚无而响作"开始，李德裕也用了相当长的篇幅描述所听到的秋声，但细读之下便会发现，"朔雁听而增逝，孤猿闻而自惊""足以动羁人之魄，感君子之情"云云，其实都是侧面描写，用接受者的反应衬托秋声之萧飒；"异桐竹之韵，非金石之鸣"则都是否定句，秋声具体为何，只能留给读者去想象，全文几乎没有对秋声的正面描写。这也是赋体的通病，虽然极尽铺陈之能事，却很难给读者带来直观的感性体验。

显然，欧阳修此赋要自然生动得多。"异哉"以下一段，用一连串的比喻描摹风声，且区分了微风、劲风及静风三种状态。这种写法很像唐代韩愈、白居易、李贺诗歌中的音乐描写，读来感到秋声仿佛在纸上有节奏地流动着，有一种真切感。听到异声后的作者让童子出外探寻，然而童子的反应很像李清照《如梦令·昨夜雨疏风骤》中的那位不解风情的"卷帘人"，只能看到一些很浅层的现象，"迫使"作者亲自出面，解释异声的本质为"秋声"。接下来欧阳修从色、气、意、声四个方面描绘出一幅"绚烂"的秋图。他引经据典地表示，秋天原本就是一个衰飒的季节，秋色惨淡，秋气寒冷，秋意萧条，唯有秋声饱含情感，"凄凄切切，呼号愤发"。如是的秋声，不再是简单的微风、劲风及静风，而是暴烈而残酷，充满世人哀戚悲愤的情感。接下来作者笔锋一转，从草木凋零引申到了人生苦短。欧阳修其实一直饱受衰病之苦。在同为嘉祐四年所作的《乞洪州第四札子》中，欧阳修称："臣年虽五十三岁，鬓须皓然，两目昏暗。自丁忧服阕，便患脚膝。近又风气攻注，左臂疼痛，举动艰难。一身四肢，不病者有几？"《病告中怀子华原父》又云："世味惟存诗淡泊，生涯半为病侵陵。"故而《秋声赋》中所言"奈何以非金石之质，欲与草木而争荣"，正是深切的生命之痛。作者劝人"何恨乎秋声"，不是说秋声所代表的自然让人会从生到死，而是说人自身的"戕贼"伤害更大。"戕贼"的内涵是复杂的，概言之可以理解为对名利功业的贪婪，对生命缺少足够的认知。而看穿了这一切的作者自然不愿再计较那些世俗功利，知道了自己生命的归宿之所在。因此，他的《秋声赋》与其说是悲秋，不如说是在为人生注入清凉剂，告诫人们莫以非金石之质而与草木争荣，而应顺其自然，同归大化。

作为一篇文赋，《秋声赋》也讲究排比、铺张，注重音韵效果，但与传统的赋作相比，其章法、语言都更为灵活流畅，摆脱了一般赋体文的板重堆砌的毛病，强化了赋的抒情说理的色彩。通过这些变动，欧阳修成功地创造出了清新活泼的文赋，为赋的发展开辟了新路。

《祭石曼卿文》

维治平四年七月日，具官①欧阳修谨遣尚书都省令史李敭至于太清②，以清酌庶羞③之奠，致祭于亡友曼卿之墓下，而吊之以文曰：

呜呼曼卿！生而为英，死而为灵。其同乎万物生死而复归于无物者，暂聚之形；不与万物俱尽而卓然其不朽者，后世之名。此自古圣贤，莫不皆然，而著在简册④者，昭如日星。

呜呼曼卿！吾不见子久矣，犹能仿佛⑤子之平生。其轩昂磊落，突兀峥嵘⑥，而埋藏于地下者，意其不化为朽壤，而为金玉之精。不然生长松之千尺，产灵芝而九茎。奈何荒烟野蔓，荆棘纵横，风凄露下，走磷飞萤。但见牧童樵叟，歌吟而上下，与夫惊禽骇兽，悲鸣踯躅而咿嘤⑦。今固如此，更千秋而万岁兮，安知其不穴藏狐貉与鼯鼪⑧？此自古圣贤亦皆然兮，独不见夫累累乎旷野与荒城？

呜呼曼卿！盛衰之理，吾固知其如此，而感念畴昔，悲凉凄怆，不觉临风而陨涕者，有愧乎太上之忘情⑨。尚飨！

---

① 具官：文章底稿或收入文集时官职的省写，这是唐宋公牍文常见的套语。

② 太清：地名，在今河南商丘东南，为石延年祖坟所在地。

③ 清酌：祭奠所用的酒。庶羞：多种菜肴。

④ 简册：史书。

⑤ 仿佛：依稀想象。

⑥ 突兀峥嵘：本来是形容山势高耸，这里比喻才具突出，卓尔不群。

⑦ 咿嘤：形容鸟兽啼叫之声。

⑧ 貉（hé）：狸类是兽，皮可为裘。鼯鼪（wúshēng）：鼠类的小动物。

⑨ 太上之忘情：化自《世说新语·伤逝》"圣人忘情，最下不及情，情之所钟，正在我辈"。

【解析】

石曼卿（994—1041），本名延年，曼卿是其字。他是南京应天府（今河南省商丘市睢阳区）人，与欧阳修为好友。早年屡试不中，宋真宗推恩，凡是曾应举三次以上者，皆可授官。石延年原本耻于通过这种方式入仕，但迫于养亲的压力，得授右班殿直，改太常寺太祝，累迁大理寺丞，官至秘阁校理、太子中允。石延年性格落拓不羁，喜酒自豪，市井间甚至流传着其为"酒仙"的传说：

> 石曼卿磊落奇才，知名当世，气貌雄伟，饮酒过人。有刘潜者，亦志义之士也，常与曼卿为酒敌。闻京师沙行王氏新开酒楼，遂往造焉，对饮终日，不交一言，王氏怪其所饮过多，非常人之量，以为异人，稍献肴果，益取好酒，奉之甚谨。二人饮啗自若，傲然不顾，至夕殊无酒色，相揖而去。明日都下喧传：王氏酒楼有二酒仙来饮，久之乃知刘、石也。

其诗、文、书皆有所成，而以诗歌最为有名，石介曾将石延年之诗、欧阳修之文、杜默之歌称为"三豪"。

祭文是古代祭奠时宣读的表示哀悼的文章。与需要刻石的墓碑、墓志不同，后者一般是死者家属请人代笔，内容以记述死者生平、歌功颂德为主；祭文则多为关系密切之亲友所作，重点是寄托哀思，感情色彩较为浓厚。因为主要用于宣读，祭文的写作有其专门的格式，如开头云："维……年、月、日……以……奠祭于……"结尾则曰："呜呼哀哉，尚飨！"语言可韵可散，以韵语为常。中唐以后祭文也有用散体者，如韩愈的名作《祭十二郎文》。本文也是一篇用散体写就的祭文。

本文作于治平四年（1067），这时距离石曼卿去世已经过去了二十六年。这时欧阳修的生活也不太平。经历了濮议风波后，欧阳修不安于朝，自请外任，出知亳州，在离京赴任途中经过了石延年墓地，心情悲戚，故到任后不久便遣人致祭。祭文正文分为三段，每段皆以"呜呼曼卿"的呼唤开头，每次呼唤的含义各不相同。第一声呼唤是赞颂，石曼卿虽死，但立言不朽，昭如日星，这正是千古文人的理想。从这一角度而言，石曼卿的人生可谓圆满。第二声"呜呼曼卿"的呼唤则带有叹息之意。不知不觉间，好友已经离世多年了。在欧阳修的想象里，像石曼卿这样的俊杰奇才，其英灵应该凝聚了天地之精华，故其下葬后也理应化作长松、灵芝这样的美好之物。不想途经石曼卿的墓地，发现满目荒凉，令人心惊。再放眼未来，千秋万岁后，这里甚至连坟茔都不会有了。和那些古代的圣贤一样，石曼卿留存在这世间的，也将只有累累的"旷野与荒城"了。最后一声"呜呼曼卿"的呼唤则寄寓了作者自己与石曼卿的深厚友谊。作者也深知这都是自然规律，但还是压抑不住内心的情感，为友人的逝去悲痛不已，自觉有愧于古人"太上忘情"的教诲。但也唯有如此，才显示出二人情谊的深厚。这篇祭文篇幅虽短，内在理路却一波三折。作者徘徊在"情""理"两端，反复踟躇，最终理不胜情，伤感不置，如金圣叹所言，其"胸中自有透顶解脱，意中却是透骨相思，于是一笔已自透顶写出去，不觉一笔又自透骨写入来"（金圣叹《评注才子古文》）。这种游移往复、一唱三叹的感情表达，正是欧阳修之所长，也是古文之"六一风神"的精髓。

此外，这篇文章的独特之处还在于文体之"似骚似赋"（清·张伯行《唐宋八大家文抄》卷六）。不难发现，这篇文章在句式上呈现出亦骈亦散的特征，其联语如"其同乎万物生死而复归于无物者，暂聚之形；不与万物俱尽而卓然其不朽者，后世之名"，似对非对，既有骈语的节奏感，又不失散文之流畅，足见欧阳修驾驭文体的能力。

《泷冈阡表》①

呜呼！惟我皇考崇公卜吉于泷冈之六十年②，其子修始克③表于其阡，

---

① 泷（shuāng）冈：地名，在今江西省永丰县双溪镇南凤凰山上。阡表：墓表，墓道上的石碑文字。阡，墓道。

② 皇考：对亡父的尊称。崇公：欧阳修父欧阳观死后得追封为崇国公，故称。卜吉：通过占卜找到风水好的墓地。

③ 克：能够。

非敢缓也，盖有待也①。

修不幸，生四岁而孤。太夫人守节自誓，居穷，自力于衣食，以长以教，俾至于成人。太夫人告之曰："汝父为吏廉，而好施与，喜宾客。其俸禄虽薄，常不使有余，曰：'毋以是为我累'。故其亡也，无一瓦之覆，一垄之植，②以庇而为生。吾何恃而能自守邪？吾于汝父，知其一二，以有待于汝也。自吾为汝家妇，不及事吾姑③，然知汝父之能养④也。汝孤而幼，吾不能知汝之必有立，然知汝父之必将有后也。吾之始归⑤也，汝父免于母丧方逾年，岁时祭祀，则必涕泣曰：'祭而丰不如养之薄也⑥。'间御⑦酒食，则又涕泣曰：'昔常不足而今有余，其何及也！⑧'吾始一二见之，以为新免于丧适然耳。既而其后常然，至其终身未尝不然。吾虽不及事姑，而以此知汝父之能养也。汝父为吏，尝夜烛治官书⑨，屡废⑩而叹。吾问之，则曰：'此死狱也，我求其生不得尔。'吾曰：'生可求乎？'曰：'求其生而不得，则死者与我皆无恨也，矧⑪求而有得邪？以其有得，则知不求而死者有恨也。夫常求其生犹失之死，而世常求其死也。'回顾乳者剑⑫汝而立于旁，因指而叹曰：'术者谓我岁行在戌⑬将死，使其言然，吾不及见儿之立也，后当以我语告之。'其平居教他子弟，常用此语，吾耳熟焉，故能详也。其施于外事，吾不能知；其居于家无

---

① 盖有待也：谓在等待自己功名有成后皇帝寄予封赠。

② 无一瓦之覆，一垄之植：谓家境贫寒，没有留下房产和田地。

③ 姑：指婆母。

④ 养：奉养长辈，恪守孝道。

⑤ 归：女子出嫁。

⑥ 祭而丰不如养之薄也：谓死后的祭品再丰厚，也不如生前以简陋的条件多奉养几年。

⑦ 间：偶尔。御：进用。

⑧ "昔常不足"句：谓过去因贫穷而未能好好奉养母亲，如今生活宽裕了，却再也来不及弥补了。

⑨ 烛：这里用作动词，点烛。治官书：处理官府的文书。

⑩ 屡废：多次停下来。

⑪ 矧：况且。

⑫ 剑：挟。

⑬ 术者：算命的人。岁行在戌：干支纪年中的戌（狗）年。

所矜饰^①，而所为如此，是真发于中者邪。呜呼！其心厚于仁者邪，此吾知汝父之必将有后也。汝其勉之！夫养不必丰，要于孝；利虽不得博于物，要其心之厚于仁。^②吾不能教汝，此汝父之志也。"修泣而志^③之，不敢忘。

先公少孤力学，咸平三年^④进士及第，为道州判官，泗、绵二州推官，又为泰州判官。^⑤享年五十有九，葬沙溪之泷冈。太夫人姓郑氏，考讳德仪，世为江南名族。太夫人恭俭仁爱而有礼，初封福昌县太君，进封乐安、安康、彭城三郡太君。自其家少微时，治其家以俭约，其后常不使过之，曰："吾儿不能苟合于世，俭薄所以居患难也。"其后修贬夷陵，太夫人言笑自若，曰："汝家故贫贱也，吾处之有素矣，汝能安之，吾亦安矣。"

自先公之亡二十年，修始得禄而养^⑥。又十有二年，列官于朝，始得赠封其亲^⑦。又十年，修为龙图阁直学士、尚书吏部郎中，留守南京，太夫人以疾终于官舍，享年七十有二。又八年，修以非才入副枢密，遂参政事。又七年而罢。自登二府^⑧，天子推恩，褒其三世，盖自嘉祐^⑨以来，逢国大庆，必加宠锡。皇曾祖府君累赠金紫光禄大夫、太师、中书令。曾祖妣累封楚国太夫人。皇祖府君累赠金紫光禄大夫、太师、中书令兼尚书令。祖妣累封吴国太夫人。皇考崇公累赠金紫光禄大夫、太师、中

---

① 矜饰：矜持掩饰。

② "利虽"二句：谓为百姓谋利的事虽然不能广泛地施之于人，但重要的是要有深厚的爱人之心。

③ 志：记。

④ 咸平三年：公元 1000 年。咸平：宋真宗年号。

⑤ 道州：治所在今湖南道县。泗州：治所在今安徽泗县。绵州：治所在今四川绵阳。泰州：今属江苏。

⑥ 始得禄而养：指天圣八年，欧阳修中进士，得授西京留守推官，始得官禄。

⑦ "又十有二年"句：指庆历元年十一月，仁宗祀南郊，欧阳修摄太常博士，十二月加骑都尉，才符合封赠家属的规定。

⑧ 二府：中书门下和枢密院，分掌政事和军事，为北宋前期最高行政机关。登二府，指欧阳修曾担任枢密副使（枢密院）和参知政事（中书门下）。

⑨ 嘉祐：宋仁宗年号（1056—1063）。

书令兼尚书令。皇姑累封越国太夫人。今上初郊①，皇考赐爵为崇国公，太夫人进号魏国。

于是小子修泣而言曰："呜呼！为善无不报，而迟速有时，此理之常也。惟我祖考，积善成德，宜享其隆，虽不克有于其躬②，而赐爵受封，显荣褒大，实有三朝③之锡命。是足以表见于后世，而庇赖其子孙矣。"乃列其世谱④，具刻于碑，既又载我皇考崇公之遗训，太夫人之所以教而有待于修者，并揭于阡。俾知夫小子修之德薄能鲜，遭时窃位，⑤而幸全大节不辱其先者，其来有自。

熙宁三年岁次庚戌四月辛酉朔十有五日乙亥，男推诚保德崇仁翊戴功臣、观文殿学士、特进、行兵部尚书、知青州军州事、兼管内劝农使、充京东东路安抚使、上柱国、乐安郡开国公、食邑四千三百户食实封一千二百户修表。

【解析】

《泷冈阡表》是欧阳修为早逝的父亲司马观撰写的墓表。墓表，亦称神道碑铭，或称墓碣文。与埋于地下的墓志不同，墓表文在刻石后一般被树立在墓葬封土前正中央，大多南向正对神道，向世人展示墓主的身份、成就，故其"谀墓"色彩更为明显。也正因为如此，墓表的文章结构也呈现出鲜明的程式化倾向，首先，一般都是先介绍死者的姓名、籍贯、祖先世系与官职情况；其次，大致介绍一下墓主的生平履历，在其中穿插大量赞扬死者才能德行、事业功绩的颂词；再次，交代其卒年、葬地和家属情况；最后，附以五言、七言的韵文来歌颂死者，寄托哀思。

---

① 今上初郊：指熙宁元年（1068）十一月，神宗即位后第一次行郊祀礼。

② 不克有于其躬：没有能够亲身获得封爵。

③ 三朝：指仁、英、神宗三朝。

④ 世谱：家谱。

⑤ 德薄能鲜，遭时窃位：德行浅薄，能力平庸，只是因为生逢其时，窃取了高位。这是欧阳修的自谦之词。

在同时期的墓表文中，《泷冈阡表》是相当独特的一篇。这是欧阳修为去世了六十年的亡父欧阳观所作，清代评点家林云铭曾经总结过写作此文有"四难"：

> 且其文尤不易作，何也？幼孤不能通知父之行状，必借母平日所言为据，多一曲折，一难也。人生大节，莫过廉孝仁厚数端，而母以初归既不逮姑，且妇职中馈，外言不入于阃，恶从知之？二难也。母卒已十数年，纵有平日之言，亦不知今日用以表墓，错综引入，不成片段，三难也。赠封祖考，实己之显亲扬名，咏叹语稍不斟酌归美，便涉自矜，四难也。（清·林云铭《古文析义》卷十四）

因是写给至亲的，故欧阳修不可能像应付普通的应酬之作那样用套路化的程式来安排行文。但因为父亲去世过早，四岁而孤的欧阳修对他几乎没有记忆，只能借助母亲的回忆来再现父亲的生平点滴。可问题是母亲与父亲共同生活的时间也不长，对父亲的了解也仅限于内宅家务事，对其为官政绩等方面所知亦为有限，何况在欧阳修写作此文时，母亲本人也去世多年了。可以说，欧阳修此时所写，是对"回忆"的回忆——母亲为长大的欧阳修回忆其父亲的生前轶事，多年后欧阳修又回忆起母亲的回忆。时间的屏障非但没有让记忆褪色，反而令回忆所蕴含的情感更为强烈。但这也带来了另一个难题，过分地推扬自己的父母，很容易给人留下"自卖自夸"的印象，也就是林云铭所说的"自矜"。四项难处叠加起来，想将这样一篇应用文写好可谓难上加难。

对于这些难处，欧阳修在动笔前肯定也心知肚明，经过深思熟虑后，他在开篇便提出了全文的文眼："有待"。他解释道，自己之所以过了六十年才为父亲写作墓表，并不是懒惰，而是因为"有待"。至于所"待"为何，欧阳修接下来顺理成章地引出了母亲的追述以作解释。据欧母郑太夫人回忆，欧阳修的父亲为官清廉，且乐善好施，故其身后家徒四壁，她与一双儿女的生活几乎难以为继。但即便在这种情况下，她也坚持独立将儿女抚养成人，支撑她的信念便是对儿子欧阳修的"有待"——她相信丈夫这样仁厚有德的人，其后代一定会成才的。接下来，她历数了自己记忆中亡夫生前的种种往事，如其对母亲的纯孝，对公事的尽责，对死囚的怜悯，等等。再加上此前回忆的清正廉洁，这些琐碎的细节拼于一处，便勾勒出了一位宽仁善良的廉吏的形象。如前所述，这部分讲述其实都是"回忆的回忆"，太夫人的这些话未必是一时一地所发，是欧阳修凭借记忆，将母亲生前有关父亲的若干回忆加以剪裁，连缀成文。凭借出神入化的语言技巧，欧阳修所"再造"的母亲的口述琐琐曲尽，娓娓道来，毫无斧凿痕迹；其所选的事例，不仅全面地展现了父亲在诸多方面表现出的高尚品质，同样也间接揭示了母亲郑太夫人的胸怀与品德，其后关于母亲治家俭薄部分的叙述更印证了这一点。随后欧阳修开始讲述自己的仕宦履历，细大不捐地罗列了朝廷给予自己和家族的封赠荣衔——如果脱离了本文的语境，这样做很容易流于"自矜"，但联系上下文，这些荣耀其实都是父母对欧阳修之"有待"的证明。换言之，自己入仕以来的这些功名利禄，其实都是出于九泉之下父母的荫庇；而父母之所以能荫庇后人，是因为其本身品德高尚，却在现世遭受了太多苦难，故上天将其仁德之福报赐予子孙。层层因果丝丝入扣，在揄扬父母的同时保持了谦恭得体的写作姿态，非大手笔不能为此。

晚清著名古文家、翻译家林纾有言："欧文之多神韵，盖得一追字诀。追者，追怀前事也。……抚今追昔，俯仰沉吟，有令人涵泳不能自已者。"（《林纾选评古文辞类纂》卷八）《泷冈阡表》无疑是这种"追字诀"的代表作，全文都是围绕回忆展开，作者有意营造了一种家常闲话的氛围，将种种生活细节款款道出，不加藻饰，对父母的爱敬之意流溢在字里行间，读来感人肺腑。明人孙矿以为，在欧阳修生平所作的古文中，"当以此为第一"（《山晓阁选宋大家欧阳庐陵全集》评语卷四）。

《六一居士传》

六一居士初谪滁山，自号醉翁。既老而衰且病，将退休于颍水之上，则又更号六一居士。①

客有问曰："六一，何谓也？"

居士曰："吾家藏书一万卷，集录三代以来金石遗文一千卷，有琴一张，有棋一局，而常置酒一壶。"

客曰："是为五一尔，奈何？"

居士曰："以吾一翁，老于此五物之间，是岂不为六一乎？"

客笑曰："子欲逃名②者乎，而屡易其号，此庄生所诮畏影而走乎日中者也③。余将见子疾走大喘渴死，而名不得逃也。"

居士曰："吾固知名之不可逃，然亦知夫不必逃也。吾为此名，聊以志吾之乐尔。"

客曰："其乐如何？"

居士曰："吾之乐可胜道哉！方其得意于五物也，太山在前而不见，疾雷破柱而不惊。④虽响九奏于洞庭之野⑤，阅大战于涿鹿之原⑥，未足喻其乐且适也。然常患不得极吾乐于其间者，世事之为吾累者众也。其大者有二焉，轩裳珪组⑦劳吾形于外，忧患思虑劳吾心于内，使吾形不病

---

① 据今人考证，欧阳修最早自称"六一居士"是在治平三年（1066），见《集古录跋尾》卷五《隋泛爱寺碑》："治平丙午孟飨摄事斋宫书，南谯醉翁六一居士。"

② 逃名：逃避声名。

③ 《庄子·渔父》："人有畏影恶迹而去之走者，举足愈数而迹愈多，走愈疾而影不离身。自以为尚迟，疾走不休。绝力而死。不知处阴以休影，处静以息迹，愚亦甚矣。"

④ "太山"二句：语本《鹖冠子·天则》："一叶蔽目，不见泰山；两耳塞豆，不闻雷霆。"

⑤ 响九奏于洞庭之野：《庄子·至乐》："咸池九韶之乐，张之洞庭之野。"九奏，即九韶，虞舜时的音乐。

⑥ 阅大战于涿鹿之原：《史记·五帝本纪》记黄帝与蚩尤战于涿鹿之野，隧擒杀蚩尤事。

⑦ 轩裳珪组：分指古代大臣所乘车驾，所着服饰，所执玉板，所佩印绶，总指官场事物。

而已悴，心未老而先衰，^① 尚何暇于五物哉？虽然，吾自乞其身^② 于朝者三年矣。一日天子恻然哀之，赐其骸骨，使得与此五物皆返于田庐，庶几偿其夙愿焉。此吾之所以志也。"

客复笑曰："子知轩裳珪组之累其形，而不知五物之累其心乎？"

居士曰："不然。累于彼者已劳矣，又多忧；累于此者既佚^③ 矣，幸无患。吾其何择哉。"

于是与客俱起，握手大笑曰："置之，区区^④ 不足较也。"

已而叹曰："夫士少而仕，老而休，盖有不待七十者矣。吾素慕之，宜去一也。吾尝用于时矣，而讫无称^⑤ 焉，宜去二也。壮犹如此，今既老且病矣，乃以难强之筋骸贪过分之荣禄，是将违其素志而自食其言，宜去三也。吾负三宜去，虽无五物，其去宜矣，复何道哉"！熙宁三年九月七日，六一居士自传。

【解析】

本文作于熙宁三年（1070）。是年七月，欧阳修由青州知州改任蔡州知州，九月赴蔡州任职，途经颍州。这时已经到了欧阳修仕宦生涯的最后一个阶段，四十年的宦海浮沉已经令他身心俱疲，再加上与执政变法的王安石政见不合，欧阳修已决意退隐，眼前的颍州便是他心心念念的终老之乡。本文即是其淹留颍州期间所作，字里行间都流露出对退隐生活的向往。

题目"六一居士传"即告诉读者，这篇文章在体裁上属于传记文。就形式上看，"六一居士"的称号与"五柳先生""醉吟先生"如出一辙，都是一个虚拟的理想人物。但欧阳修显然没有兴致像前人那样在传主身份上大做文

---

① "其大者"下五句：可参《秋声赋》："人为动物，惟物之灵，百忧感其心，万事劳其形，有动于中，必摇其精。"

② 乞其身：与下文的"赐其骸骨"都是告老退休的意思。

③ 佚：安逸，安乐。

④ 区区：形容事小。

⑤ 无称：没有值得称道的建树。这是作者自谦的话。

章，放一些类似"先生不知何许人也，亦不详其姓字"的烟雾弹，而是在开篇便开门见山地将"六一居士"与自己画上了等号，篇末的"六一居士自传"更是重申了这一点。作为一篇传记，《六一居士传》却几乎没有花费笔墨交代传主的生平，反而是在反复纠结于"六一居士"这一名称的含义。作者采用了主客问答的形式，就什么是"六一""六一居士"之称号与自己的联系进行了深入辨析。日本汉学家川合康三对此有一番精彩的解读："五柳先生是以命名的无意义化，来标举否定世间秩序的隐逸者气概；六一居士则是以命名所具有的特别含义，来彰显隐逸者的个性。"（《中国的自传文学》第三章）

面对客的提问，欧阳修详细解释了"六一"的含义：藏书一万卷、金石遗文一千卷、琴一张、棋一局、酒一壶，以及"吾一翁"。这是一个非常有趣的答案。"五一"的共同之处在于，他们都是作者认为须臾不可分离的爱物，但在旁人看来，却不过是些可有可无的闲玩。如此一来，"吾一翁"的加入便显得耐人寻味了，一方面，这暗示"吾一翁"和藏书、金石遗文、琴、棋、酒一样，都是可有可无的无用之物，这显然是已无意仕进的作者的自嘲；另一方面，更重要的是，"六一"组合的形成实际上是将自己也置于了一个被赏玩的客体位置。在现实中，五物都是"吾一翁"的玩赏对象，而当"吾一翁"也成了玩赏对象一部分的时候，主体和客体便融为了一体，作者自身也成了隐逸生活的组成部分。即使作为隐士，欧阳修追求的也不是遗世独立、自我凸显，而是积极投身于物，同外在的客观世界达成和解乃至于融为一体。这种超脱平和也是北宋文人特有的精神境界。

接下来，欧阳修在与"客"的问答中展开了对"逃名""累心"问题的辩护。与汉赋一样，主客问答不过是作者内心挣扎的形象化表现，故这些辩护其实也都是作者内心焦虑的体现。他大方地承认自己屡更名号的事实，但辩解说这并不是"逃名"，只是为了及时记下自己的"所乐"而已。既然人生的不同阶段有不同的乐趣，也就该有不同的别号标记自己的所乐；眼下自己的所乐就是由五物组成的隐逸天地，故而改"醉翁"为"六一居士"，以志其乐。至于"累心"之讥，他虽然无法彻底反驳，但也辩解称累于五物还是比累于"轩裳珪组要轻松自由很多的，更不会招致祸患，故而自己"两害取其轻"，还是选择远离官场，而与五物为伴。最后曲终奏雅，作者罗列了自己选择致仕的三个理由，再次重申了自己归隐的决心，即便没有五物相伴，自己也无意在宦海继续浮沉下去了，何况还有那么美好的隐逸生活在等着自己呢。将此文与欧阳修青年时期所作的《与高司谏书》等作品对读，颇能看出欧阳修前后思想的变化。曾经他也是意气风发的政治新锐，一心以天下为己任，锐意革新，豪情满怀；然而随着年龄的增长，自己的政治理想一次次受挫，宦海的尔虞我诈更使他身心俱疲。再加上至交好友的零落，晚年的欧阳修逐渐转向了消沉。这固然也体现了其性格中的弱点，但这种宁可隐退田园也不与世俗同流合污的选择同时也是其坚守理想、始终不屈的体现。

由此可见，这是一篇别开生面的自传文。作者略去了生平经历，而是详细解释了"六一居士"别号的含义，以此来展示自己归隐的志趣和超脱的襟怀。文章别出心裁地采用了主客问答的形式，通过"客"的质询来逐层推进地阐述与"六一"相关的问题，使得行文跌宕起伏，在妙趣横生的对话中阐述深刻的人生体悟。这种曲折的复调同样也是"六一风神"的体现。

"六一风神"：欧阳修的古文特色

关于欧阳修的古文风格，苏洵有一段经典的论述：

> 执事之文章，天下之人莫不知之。然窃自以为洵之知之特深，愈于天下之人。何者？孟子之文，语约而意尽，不为巉刻斩绝之言，而其锋不可犯。韩子之文，如长江大河，浑浩流转，鱼鼋蛟龙，万怪惶惑，而抑遏蔽掩，不使自露，而人望见其渊然之光，苍然之色，亦自畏避，不敢迫视。执事之文，纡余委备，往复百折而条达疏畅，无所闲断，气尽语极，急言竭论，而容与闲易，无艰难劳苦之态。此三者，皆断然自为一家之文也。惟李翱之文，其味黯然而长，其光油然而幽，俯仰揖让，有执事之态。陆贽之文，遣言措意，切近的当，有执事之实。而执事之才，又自有过人者。盖执事之文，非孟子、韩子之文，而欧阳子之文也。（宋·苏

洵《上欧阳内翰第一书》,《嘉祐集》卷十一）

苏洵找到的参照系是孟子和韩愈，前者的风格是语约意尽，同时义正词严，"其锋不可犯"；后者则是滔滔莽莽，气势逼人。而欧阳修的文章则不同，首先，其并非《孟子》那样开门见山，简洁明朗，而是迂回曲折，委备动人。这一点在本节选取的《丰乐亭记》《祭石曼卿文》等作品中有充分的体现，作者在情与理之间徘徊游移，一波三折。所谓"文似看山不喜平"，这些游移波折为文章增添了层次和波澜，读者的情感也随之起伏盘旋，回味无穷。这种曲折能够动人的前提是作者内心情感的丰沛和真挚。欧阳修是一个相当深情的人，情感是其写作的最重要的驱动力。不论是议论、叙事还是抒情，他都以充沛的感情运笔，从其文章中，我们能体悟到其对百姓的真切关爱，对友人的诚挚思念，对父母的满怀敬意，还有对时间流逝的无奈感喟。这种百转千回的丰富情感是"六一风神"最重要的由来，其间种种抚今追昔、俯仰盛衰、沉吟哀乐的情韵意趣，更是"六一风神"的审美内核。其次，欧阳修的文字也不像韩愈那样"盛气凌人"，而是娓娓道来，评议自然，用平和舒缓的语调讲述自己的所见所感，读之倍感亲切。这一点在本节所选篇目中基本都有体现。这种舒缓的语气也与欧文善用虚字有关。在欧阳修文集中，"呜呼""矣""哉""邪""而已""抑""也"都是出现频率极高的字眼，这些虚字在舒缓语气的同时还为文章赋予了一种节奏感。总之,感情充沛、语言平易、善用虚字是欧阳修古文的最突出的特征，也是后人盛赞的"六一风神"的内涵所在。

"疏隽开子瞻，深婉开少游"：
欧阳修词体创作的新变

词无疑是宋代最具代表性的文学体裁。欧阳修在词体创作上的成就虽然不如诗歌、古文那样突出，但也为宋词的文人化做出了贡献。与当时流行的柳永慢词相比，欧阳修词作大多采用晚唐五代词常用的小令旧曲，在内容上侧重于展现士大夫的风度情怀和生活情调，融入了清雅的文人意趣，对后来苏轼和秦观等人的词体创作影响深远。本章将围绕欧阳修词作的写作氛围、路径选择和新变表现展开，总结欧阳修在宋词文人化进程中的贡献。

第一节 "一代之文学"：词的文体特质与发展历程

一、燕乐的兴起与词体的形成

从本质上看，词是一种音乐文学。它是隋唐时期伴随着燕乐的流行而兴起的一种新的文学样式，在唐五代一度被称为"曲词"或者"曲子词"，宋代以后亦称倚声、乐府、长短句、词子、曲词、乐章、琴趣、诗余等。

所谓"燕乐"，是隋唐时期兴起的一种新乐。北宋学者沈括在《梦溪笔谈》中总结了音乐发展的三个阶段：

> 外国之声，前世自别为四夷乐，自唐天宝十三载始诏法曲与胡部合奏，自此乐奏全失古法，以先王之乐为雅乐，前世新声为清乐，合胡部

者为宴乐。（宋·沈括《梦溪笔谈》卷五）

雅乐、清乐、燕（宴）乐，分别代表了历史上音乐发展的三个阶段。雅乐是先秦时期的古乐，《诗经》中的"雅""颂"部分，都是配合雅乐的歌词。《关雎》有"钟鼓乐之""琴瑟友之"之语，钟、鼓、琴、瑟，便是雅乐的主要演奏乐器。雅乐在战国时期便走向了衰落，汉魏六朝新兴的音乐被称为"清乐"。其时流行的乐府诗便是配合清乐的歌词。清乐的主要演奏乐器是丝竹，亦即筝、瑟、箫、竽之类，较庄重沉闷的雅乐要清丽悦耳许多。隋唐的大一统使得多民族的文化交流得以实现，在北朝时期便流入中原的西域胡乐与流行于南朝的清乐融合，由官方出面汇集整理，合为所谓的"唐十部乐"：

一曰燕乐，二曰清商，三曰西凉，四曰天竺，五曰高丽，六曰龟兹，七曰安国，八曰疏勒，九曰高昌，十曰康国，而总谓之燕乐。（宋·郭茂倩《乐府诗集》卷七十九"近代曲辞一"）

称为"燕（讌、宴）乐"，主要是取"燕享"之义。隋唐燕乐的应用范围其实已经不止朝廷公宴，而是扩大到了一半的公私宴集和娱乐场所。从十部乐的构成不难发现，除清商乐来自南朝、高丽乐来自东北外，其余诸乐都是来自西域和中亚（天竺乐是经过龟兹等西域地区中转而传入的）。与从容舒缓的本土清乐相比，这些西域胡乐繁声促节、热闹非凡，故迅速在世俗社会风行开来。完整的燕乐演奏用到的乐器很多，如琵琶、觱篥、笙、笛、羯鼓等。其中尤以音域宽广的琵琶最为突出。在唐人看来，琵琶是当代音乐的骄傲，这便难怪唐诗中会有如此多的描写琵琶的精彩绝伦的诗句："琵琶起舞换新声，总是关山旧别情"（王昌龄《从军行》），"葡萄美酒夜光杯，欲饮琵琶马上催"（王翰《凉州词》），"中军置酒饮归客，胡琴琵琶与羌笛"（岑参《白雪歌送武判官归京》）。至于白居易的《琵琶行》、元稹的《琵琶歌》，更是千古名篇。此外与前代音乐相比，燕乐还有一个独特之处便是对羯鼓、歌板等打击乐的强调，这是由其繁声促节的特点决定的。唐诗中对歌筵的描述也经常提到鼓板："新教邠娘羯鼓成，大酺初日最先呈。"（张祜《邠娘羯鼓》）"红脸初分翠黛愁，锦筵歌板拍清秋。"（崔珏《和人听歌》）及至宋代，用以提示节奏的牙板等打击乐器在演奏中的地位愈发突出，甚至出现了单纯"执板唱慢曲、曲破"的"小唱"形式（南宋·耐得翁《都城纪胜》）。令苏轼几乎绝倒的"柳郎中词，只好十七八女孩儿，执红牙拍板，唱'杨柳外、残风晓月'。学士词，须关东大汉，执铁板，唱'大江东去'"（宋·俞文豹《吹剑续录》），所涉及的歌唱形式正是这种仅用牙板伴奏的"小唱"。

随着音乐的更新迭代，原有的乐府声诗不再符合歌唱的需要，一种形式更为自由、与音乐结合得更为紧密的新型文体——曲子词——便被发明了出来。首先，这种新文体最突出的特征便是"依曲拍为句"，为与急管繁弦的音乐节拍相应，词的句式多为长短不齐的杂言，与近体诗的整齐划一判然两途。其次，因为要入乐演唱，词须有词牌，后者是燕乐中制式曲调的名称，有固定的格式与音律要求，决定着词的节奏和声律。再次，为了配合音乐的段落，多数词分片，即根据音律需要分为两段或三段，亦称"阕"。最后，因为与音乐结合得更加紧密，填词对声韵的规定更为严格，有些词调在平仄之外，还须分辨四声和阴阳。

曲子词究竟诞生于何时，恐怕很难有一个确切的答案。旧题李白所作的《菩萨蛮·平林漠漠烟如织》和《忆秦娥·萧声咽》已经基本可以确定是后人伪托，目前可靠的年代最早的曲子词当为敦煌出土的抄本曲辞。据任二北等学者考证，这些曲辞中年代最早者可能作于唐玄宗时期。与后世成熟期的词作相比，敦煌词保留了更多的民间本色，语言直白，多用衬字，显示出一种原始而朴质的美好：

> 枕前发尽千般愿。要休且待青山烂。水面上秤锤浮。直待黄河彻底枯。
> 白日参辰现。北斗回南面。休即未能休。且待三更见日头。（《菩萨蛮》）

> 叵奈灵鹊多瞒语。送喜何曾有凭据。几度飞来活捉取。锁上金笼休

共语。比拟好心来送喜。谁知锁我在金笼里。欲他征夫早归来。腾身却放我向青云里。(《鹊踏枝》)

《菩萨蛮》用一连串的不可能场景来表现恋人之间的海誓山盟，其源头或可追溯至汉乐府中的《上邪》，感情热烈奔放。《鹊踏枝》表现的是一场对话，上片是思妇口吻，埋怨灵鹊报喜无凭；下片为灵鹊口吻，怨恨思妇是非不分。这种对话体的格式表明敦煌词曲在当时不仅用于歌舞，还很有可能用于讲唱，甚至扮演，类似于后世的曲艺。这也是民间词特有的旁通众艺，后来的文人词大都偏于歌唱一隅，与民间曲艺渐行渐远。

文人填词大约起于中唐，传世较早的作品是白居易和刘禹锡的《忆江南》：

江南好，风景旧曾谙。日出江花红胜火，春来江水绿如蓝，能不忆江南。

江南忆，最忆是杭州。山寺月中寻桂子，郡亭枕上看潮头，何日更重游。

江南忆，其次忆吴宫。吴酒一杯春竹叶，吴娃双舞醉芙蓉，早晚复相逢。(白居易《忆江南》三首，《白氏长庆集》卷六十七)

春去也，多谢洛城人。弱柳从风疑举袂，丛兰裛露似沾巾，独坐亦含嚬。

春去也，共惜艳阳年。犹有桃花流水上，无辞竹叶醉尊前，惟待见青天。(刘禹锡《忆江南》二首，《刘梦得文集》外集卷四)

其中刘禹锡还特意加了一条自注，称自己的作品是"和乐天春词，依《忆江南》曲拍为句"。"依曲拍为句"点明了以文就声的写作原则，这一原则正是词体确立的开端。此后经晚唐五代一直到北宋，依谱填词的方式日趋复杂和完善，逐渐形成了一套与诗律不同的词律，词体也渐渐与诗歌分流，走上了一条独立发展的道路。

晚唐五代的文人词代表首先是五代后蜀人赵崇祚所编的《花间词》。唐末以来，中原地区战乱频仍，蜀地因相对封闭的地理环境而相对安定，前蜀、后蜀两代君主又都是耽于声色的享乐之辈。一时朝野上下皆溺于声色，词曲也因而一时称盛，《花间集》遂应运而生。欧阳炯在《花间集序》中形容当时的宴会场景是："绮筵公子，绣幌佳人，递叶叶之花笺，文抽丽锦；举纤纤之玉指，拍按香檀。不无清绝之辞，用助娇娆之态。"不难想象，在这样的环境中创作出的歌词会是什么样的风格。《花间集》共十卷，收录温庭筠等十八家"近来诗客曲子词"500首。其作者既有温庭筠、皇甫松等早已谢世的晚唐词人（《花间集》结集时，温庭筠已经去世了七十五年），也有和凝、孙光宪等西蜀以外的词人，当然，人数最多的还是韦庄、牛希济、欧阳炯等西蜀词人。其中，成就最高、影响最大的当属温庭筠和韦庄。温庭筠应该是第一个大力作词的文人（此前白居易、刘禹锡不过是偶一染指），其本人的诗歌成就亦足以留名青史，与李商隐并称"温、李"，都以才思艳丽著称。这种诗歌风格本身便与晚唐的词曲风格意趣相通，温庭筠其实是将这种绮丽华美的诗歌风格引入了词体创作。同时，温庭筠还精通音律，这也使得其作品便于歌唱，故而传唱极广。《花间集》收温庭筠词六十六首，其中《菩萨蛮》十四首，造语绮靡，情谊绵远，最能代表温词特色，例如其中最著名的一首：

> 小山重叠金明灭，鬓云欲度香腮雪。懒起画蛾眉，弄妆梳洗迟。照花前后镜，花面交相映。新帖绣罗襦，双双金鹧鸪。

词中的女主人公生活在一个富贵奢华的环境里，然而却慵懒而无聊。结尾处裙子上的"双双金鹧鸪"点明其忧愁的缘由多半是与爱人分离，亦即传统的闺怨主题。作者没有明确地表现美人的情思，而是巧妙地借助动作和衣物，传递出一种隐隐存在的空虚孤独之感，极尽细腻婉转之致。与抒情言志相比，温庭筠的这类作品更看重感官的刺激，他擅长用密集绮丽的辞藻拼接出一幅幅精致的仕女图，给人以直观的视觉美感。另一位著名的花间词人是韦庄，在年代上他稍晚于温庭筠，风格也有所不同。韦庄作诗学的是白居易一派，追求平易流畅，其词作也受到诗风影响，没有温庭筠那样绮怨密丽，而是用清疏的笔法表达显直的感情。韦庄长期流寓江南，受当地民歌影响，词风趋于清丽，语言也较为口语化。《花间集》收录其词作四十八首，其中较能代表其风格的如《浣溪沙》：

> 夜夜相思更漏残，伤心明月凭栏干，想君思我锦衾寒。咫尺画堂深似海，忆来惟把旧书看，几时携手入长安？

词写男女相思别离之苦，却全然没有温词中常见的珠玉锦绣，而是直接地抒发对恋人的思念。语言也明白如话，体现了文人词的另一种风格。韦庄的词风对于南唐和北宋的文人词创作影响深远。不过整体来看，《花间集》还是以温庭筠为主流，呈现出一种绮丽婉媚的风格，这种风格在后来被奉为词坛正宗，对后世影响深远。

在西蜀之外，五代词还有一个创作中心是在江南的南唐。南唐词人的活动时间稍晚于《花间集》，他们作词却能够自出机杼，在花间门径外别开新路。南唐君臣虽然也有沉溺声色的一面，但比起只知物质享受和感官刺激的西蜀王衍之流，他们的文化修养较高，而且往往还涉足书画、音律等多个艺术领域，故在精神方面有着更高的追求。南唐词虽然也多以闺情别怨为主，但胜在情致缠绵，吐属清华，有着超出一般歌词之上的诗性特质。例如中主李璟的名作《浣溪沙》：

> 菡萏香销翠叶残，西风愁起绿波间。还与韶光共憔悴，不堪看。细雨梦回鸡塞远，小楼吹彻玉笙寒。多少泪珠何限恨，倚阑干。

虽然亦是以男女情事为依托，抒发春感秋悲的愁绪，但融入了伤时悼乱的感慨，隐隐流露出飘摇乱世中的不安心境，寄托遥深。王国维《人间词话》便认为"菡萏"两句"大有'众芳芜秽，美人迟暮'之感"。后主李煜，原本也是一位爱好文艺的富贵闲人，然不幸生逢乱世，在当了不到十五年的"国主"之后便成了亡国之君。同时又由于"生于深宫之中，长于妇人之手"（王国维《人间词话》)，阅世不深而没有城府，故始终保持着较为纯真的性格，在词中一任情感自然倾泻，而少有理性的节制，这使得其词中的亡国之痛、血泪至情尤为动人。试看其最著名的作品《虞美人》：

> 春花秋月何时了，往事知多少。小楼昨夜又东风，故国不堪回首月明中。雕阑玉砌应犹在，只是朱颜改。问君能有几多愁，恰似一江春水向东流。

这首词之所以传诵千年而不衰，就在于其对故国之思的不加掩饰地宣泄。按说亡国之君在新朝处境尴尬，理应谨小慎微，而李煜却将故国之思不加掩饰地倾泻而出，"往事""朱颜"一去不返，亡国之痛与人事无常融为一体，滔滔无尽，最终汇成了无尽的"一江春水"。宋人传说李煜因作此词而为自己招来了杀身之祸，虽然未必为真，但足见这首作品的感染力。南唐词人的另一代表是冯延巳，他的词专心在思致上下功夫，着力表现人物的心境意绪，从而让词作不再为闺情或具体人事所限，可以表现更为复杂而深挚的心理情绪。冯延巳的作品对于北宋前期的文人词影响深远，欧阳修受其影响尤深。(详见下节)此外需要注意的是，温、韦还是"余事作词人"，创作重心仍然在诗上；而南唐二主和冯延巳都近乎是全力作词，诗歌反而湮没不彰，这表明词的专门化更进了一步。

总之，经过五代南唐的发展，词作为一种文体已经渐趋成熟，文士阶层也越来越多地参与词的创作，对发源于民间的词体进行了种种改造，逐步确立了以小令为主的文本体式和以男女欢爱为主的题材取向，在审美上也更推崇委婉含蓄的阴柔之美。直到北宋，这种词风都被奉为词坛正宗。

二、"一代有一代之文学"：宋词的文体定位

提到宋代文学，宋词是一座无法回避的高峰。其在后人心目中的地位远远超过了宋诗和宋文，而与唐诗、元曲并列，成了宋代文学的代表文体。于是乎，柳永、苏轼、李清照、辛弃疾等词人也理所当然地成了宋代文学的代

表作家；而不以词见长的作者，例如欧阳修，在这种情况下便显得有些尴尬。但实际上，推崇宋词的观念出现得很晚，至少在欧阳修那个时代的人看来，词并不是最重要的文体。

对宋词的推崇其实主要是受到所谓的"一代有一代之文学"观念的影响。直接提出这一说法的是王国维：

> 凡一代有一代之文学：楚之骚、汉之赋、六代之骈语、唐之诗、宋之词、元之曲，皆所谓一代之文学，而后世莫能继焉者也。(《宋元戏曲史·自序》)

王国维在这里提出了楚骚、汉赋、六朝骈文、唐诗、宋词、元曲的文学发展序列，代表了他一贯的文学发展观。不过这种以某种文体来代表一代文学之成就的做法其实也不是王国维的发明，大概自元代以来，类似的文学史梳理便屡见于各类文献：

> 世之共称唐诗、宋词、大元乐府，诚哉！(元·罗宗信《中原音韵序》)

> 夫一代之兴，必生一代之妙才。一代之才，必有一时之绝艺。春秋之词命，战国之纵横，以至汉之文，晋之字，唐之诗，宋之词，元之曲，是皆独擅其美而不得相兼，随之千古而不可泯灭者。(明·茅一相《题词：评〈曲藻〉后》)

> 后三百篇而有楚之骚也，后骚而有汉之五言也，后五言而有唐之律也，后律而有宋之词也，后词而有元之曲也，代擅其至也，亦代相降也。(明·王骥德《〈古杂剧〉序》)

> 三百篇后变而为诗，诗变而为词，词变而为曲。诗盛于唐，词盛于宋，曲盛于元之北。(名·沈宠绥《弦索辨讹》)

　　夫一代有一代之所胜，舍其所胜以就其不胜，皆寄人篱下者耳。余尝欲自楚骚以下至明八股，撰为一集。汉则专取其赋，魏晋六朝至隋则专录其五言诗，唐则专录其律诗，宋专录其词，元专录其曲，明专录其八股，一代还其一代之胜。（清·焦循《易馀籥录》）

　　梳理这些材料后不难发现，除焦循《易馀籥录》外，此类论述几乎都是出自关于戏曲的研究著作，王国维之说也是出自《宋元戏曲史》；而《易馀籥录》虽然不是曲论，但焦循本人也是乾嘉时期的著名曲论家，著有《花部农谭》《剧说》《曲考》等。可以说，"一代有一代之文学"的说法，其实是元明以来曲学家所提倡的一种线性的文学史观。这种文学史观的出发点是为了推尊以元曲为代表的戏曲。作为一种俗文学，戏曲在以诗文为主流的传统文学史叙述中天然地处于劣势；但如果是从文体学的角度着眼，把历朝历代最有代表性的文体串联起一套新的文学史叙事，作为元明两朝代表的戏曲便能够与前代的诗文平起平坐，进入主流文学的序列。进一步探讨的话，这种文学史叙述体现的是对于"新变"的推崇，每一个朝代都应该有一些与前代不一样的东西，而新的文体无疑是"新变"的最直观的表现。文学史就应该将这种最特别、最不一样的异质元素发掘出来，并将它们作为时代文学的最强音加以记录和评价。换言之，能进入这一序列的文体首先要"新"，其次才是"好"。当然，我们也并不否认元明戏曲的文学价值，一般情况下，文体的新兴阶段也往往是其艺术发展的上升阶段；对于词曲等发源于民间的俗文学而言，新兴阶段还意味着其尚未被文人改造异化，还保留着一些属于民间的质朴和本色。在推崇"本色""自然""不隔"的王国维看来，这一点尤为重要。

　　了解了"一代有一代之文学"说法的由来，我们或许便可以以一种更为通达的态度来看待宋词的文体定位。词毫无疑问是宋代最有"新变"异质的文体，而且这一时段正值词体发展的上升阶段，经过一代又一代词人的努力，宋词在艺术上已臻顶巅，几乎将这一文体的开拓性和创造性推到了极致，后来元明两代虽然也偶有名家，清代还有一度辉煌的词学中兴，但均未能超越宋词所达到的艺术成就。所以从文体发展的纵向视角来看，宋词的确可以和唐诗、汉赋并驾齐驱，具有里程碑般的意义。但同时我们也要意识到，如果横向比较的话，宋词的辉煌并不能遮掩同时代其他文体的光芒。首先，就数量上而言，宋词远远不是宋代最繁荣的文体。今人所编《全宋词》收词人1300 余家，词作近 2 万首;《全宋诗》收诗人 9000 余家，诗作 24 万余首;《全宋文》更是卷帙浩繁，收录了近万名作者的 10 万篇作品，总字数超过 1 亿。从单个作家的创作情况来看，《全宋词》统计的宋代词人中作品最多者为辛弃疾（629 首）、苏轼（362 首）和刘辰翁（354 首），由此可见，即便是顶级的大词人，也大多仅有两三百首作品传世。这在宋诗面前完全是小巫见大巫，陆游一人便作有 9000 余首诗，传说以词著名的晏殊也曾作有上万首诗，诗词双绝的苏轼则有 2700 余首诗歌传世。可以说，除了少数专心致力于词体创作的词人（如辛弃疾）之外，绝大多数宋代文人对诗歌的投入和专注远远超过了词体。就艺术成就而言，宋诗和宋文也绝不逊于宋词。尤其是宋文，如果我们看宋人自己对于本朝文学的论述，大多都对以古文为代表的"文章"赞不绝口：

> 宋兴百年之间，雄文硕儒比肩而出，独字学久而不振，未能比踪唐人，余每以为恨。（欧阳修《集古录跋尾·范文度摹本兰亭序二》）

> 我国朝四叶文章最盛，议者皆归功于仁祖文德之治，与大宗伯欧阳公救弊之力，沉浸至今，文益粹美，远出于贞观、元和之上，而近乎成周之郁郁矣。（王十朋《策问》）

> 吾宋之文抗汉唐而出其上分，震耀无穷。（陆游《尤延之尚书哀辞》）

这自然也是出于对"文以载道"的重视，但宋代古文作为古文运动的巅峰产物也是毋庸置疑的。明代人总结古文领域的"唐宋八大家"，宋人占了六席。至于宋诗，虽然与唐诗相比似乎总是差了口气，但也算是在唐诗的高峰后开拓出了一条富于个性的新路径，南宋后期的诗人刘克庄甚至公然提出："宋诗岂惟不愧于唐，盖过之矣。"（明·都穆《南濠诗话》转引）后世旷日持久的唐宋诗之争也说明，宋诗是唯一足以与唐诗抗衡的诗歌艺术体系。由此可见，宋词并不是宋代文学中唯一的精品。

最重要的是，如果我们还原历史现场的话，两宋三百年也并非铁板一块，宋词的发展也经历了一个由俗入雅的过程。而在北宋前期很长的一段时间里，宋词都还是一种酒筵歌席上用于娱宾遣兴的应歌乐章，并未受到士大夫阶层的重视，文人填词大多是兴致所到、偶一为之，像柳永那样的专业词人还会被主流社会排斥。词体的不受重视在很多方面都有体现。前文提到，欧阳修在洛阳幕府供职时的上司钱惟演发明了"三上"读书法："平生惟好读书，坐则读经史，卧则读小说，上厕则阅小词，盖未尝顷刻释卷也。"（宋·欧阳修《归田录》卷二）由此可见，在宋初士大夫心目中，词的文体地位甚至还低于小说，是仅供消遣用的"厕所读物"。这种情况要到苏轼"以诗为词"后才得到根本性的改观。因此，与诗、文相比，欧阳修并未在词体创作上下太多功夫也就可以理解了。不过，即便只是出于消遣的偶一为之，欧阳修卓越的才华和识见还是给这一成长中的文体带来了些许变化，为词体的雅化做出了不可磨灭的贡献。后人评价其词风"疏隽开子瞻，深婉开少游"（清·冯煦《蒿庵论词》），可见其对宋词发展的贡献。

第二节　雅俗并存的欧阳修词

一、因循求变：欧词路径的选择

上节已述，文人词的传统在晚唐便已形成，五代时期在西蜀和南唐两个创作中心都曾繁荣一时。但需要说明的是，此时的曲子词在本质上还是一种酒筵歌席上的应歌之曲，所谓"俾歌者倚丝竹而歌之，所以娱宾而遣兴也"（宋·陈世修《阳春集序》）。文人词的繁荣也与他们频繁参与贵族宴饮有关。

西蜀和南唐之所以能够成为文人词的创作中心，是因为二者都是南方的割据政权，君臣皆有一定的文化修养，又偏好游宴，故而佳作频出。然而赵宋王朝的统治者为北方武将出身，故在其立国之初，京城宴饮活动的参与主体由文采风流的门阀贵族转变为马背得天下的军功贵戚，筵席间的文艺活动也相应地走上了俚俗一路，文人词的创作则一度走向了沉寂。宋初五十年间，可考的词作者不超过十人，词作也仅存三十余首，成就尚不及五代，更没有形成新的时代风貌。对此，南宋士人王灼不无遗憾地表示："国初平一宇内，法度礼乐，寝复全盛。而士大夫乐章顿衰于前日，此尤可怪。"(《碧鸡漫志》卷二)这种情况直到仁宗朝才有所改观。

仁宗朝词坛的复兴一方面与社会经济的发展有关。经过半个世纪的太平陶冶，社会经济业已从战乱的破坏中恢复过来，其中城市经济的繁荣尤其引人瞩目，北方的都城汴梁，南方的杭州、成都等都是人口达到十万以上的大都市。政府还取消了城市中坊（住宅区）和市（商业区）的区隔，不禁夜市，为商业和娱乐业的发展创造了条件。更为重要的是，仁宗朝时期新型士大夫阶层业已成长起来，他们取代原本的军功贵戚成为国家的主人，自然也是公私宴饮的主体。朝廷在财政上也给予官员格外的优待，士大夫得以享受优裕的物质生活，并有一定的余暇投入世俗的享乐之中，广泛应用于酒筵歌席的曲子词也得到了他们的注意。在欧阳修之前，仁宗朝词坛大体存在着两种写作倾向：

一是以柳永为代表的新变派。柳永（约987—约1053），字耆卿，原名三变，字景庄，排行第七，又称柳七，崇安（今属福建）人。生卒年均不详，景祐元年（1034）进士，授睦州团练使推官。官至屯田员外郎。以乐章擅名，主要活动在宋真宗朝后期和宋仁宗朝，著有词集《乐章集》。柳永是宋词发展史上具有划时代意义的重要作家。传说他因写作艳词而为最高统治者所不喜，因而在科举考试中被黜，遂纵情冶游，自诩"奉旨填词柳三变"，他也因此成了北宋第一位致力于歌词创作的词人。

柳永对宋词发展的贡献首先表现在创制新声，在市井流行的新声基础上创制了新词调，发展了慢词体式。柳永在描写都市生活的词中便经常提到民间新声："风暖繁弦脆管，万家竞奏新声"（《木兰花慢》），"是处楼台，朱门院落，弦管新声腾沸"（《长寿乐》）。在自己的创作中，他也热衷于创制新声。《乐章集》存词二百一十多首，凡十六宫调，词牌达一百三十曲以上。这些词调除少数沿用唐五代旧曲外，有一百多个词牌都是首见于柳永词。在柳永创制的新词调中，长调慢词又占了很大的比例。此前流行于晚唐五代词坛的作品多是体制短小的小令，少则二三十字，多则五六十字。而柳永创作的慢词一般都在九十字以上，如柳永自制的慢词《戚氏》长达三叠二百一十二字。部分调名在前代的教坊曲、敦煌曲中本为小令，柳永也都衍为长调。如《长相思》本是双调三十六字，柳永改造后则为双调一百〇三字；《浪淘沙》本双调五十四字，柳永衍为三叠一百四十四字。篇幅的增长无疑会拓展词的表现容量，从而为词的表现能力的提高和表现范围的拓展提供了文体条件。

此外在词的题材、内容、抒情方式、语言风格等方面，柳永也都有新的开拓。花间词人笔下的女主人公都是娴雅温婉的富贵仕女，作为一个美丽的符号装点在文字所构建的闺阁空间之中；而柳永却将目光投向了平凡的市井女子，以浅显直白的语言书写着属于她们的相思离情，如这首《定风波》：

自春来、惨绿愁红，芳心是事可可。日上花梢，莺穿柳带，犹压香衾卧。暖酥消，腻云嚲。终日厌厌倦梳裹。无那。恨薄情一去，音书无个。

早知恁么。悔当初、不把雕鞍锁。向鸡窗、只与蛮笺象管，拘束教吟课。镇相随，莫抛躲。针线闲拈伴伊坐。和我，免使年少，光阴虚过。

这是一首为歌妓代言的作品。词中的女主人公显然不是传统文学中男性凝视下的仕女形象，她有血有肉、敢爱敢恨，言谈间不乏来自市井的泼辣和直率。在那个等级森严的时代，柳永能以一种平等的态度对待这些身份低微的普通女性，倾听她们的苦闷，书写她们的日常，这在词史上是一个重大突破。此外柳永还尝试以词的形式写都市繁华，如《望海潮》：

东南形胜，三吴都会，钱塘自古繁华。烟柳画桥，风帘翠幕，参差十万人家。云树绕堤沙，怒涛卷霜雪，天堑无涯。市列珠玑，户盈罗绮，竞豪奢。

重湖叠巘清嘉，有三秋桂子，十里荷花。羌管弄晴，菱歌泛夜，嬉嬉钓叟莲娃。千骑拥高牙，乘醉听箫鼓，吟赏烟霞。异日图将好景，归去凤池夸。

在柳永之前，诗词作品中对城市的关注都只限于帝都，着重强调皇家威仪和权贵豪奢，如唐代的《帝京篇》《长安古意》等。在这些作品中，普通市民是缺席的。而柳永则主动以市民眼光观照都市，带着市民情趣描写都市生活，多方面地展现了北宋繁华富裕的都市生活和丰富多彩的市井风情，在文学史上同样具有划时代的意义。尽管柳永也有不少书写士大夫生活、代表了文人趣味的羁旅行役作品，但整体而言，柳永代表了一种拥抱世俗的写作倾向，他积极地吸收民间流行的慢词新调，又将世俗化的题材内容和通俗化的审美风格引入创作，故而其作品在民间广受欢迎，至有"凡有井水处，即能歌柳词"（叶梦得《避暑录话》卷下）的说法。但与此相应，柳永在士大夫阶层内部却饱受诟病，不仅生前屡举不第，身后也始终伴随着"骪骳从俗"（宋·陈师道《后山诗话》）、"词语尘下"（宋·李清照《词论》）的讥讽。

二是以晏殊为代表的保守派。晏殊（991—1055），字同叔，抚州临川人（今属江西）。十四岁以神童召试，赐同进士出身，后官至枢密使、同中书门下平章事，卒谥元献。他在政治上地位显赫，热心发现并奖誉提拔人才。欧阳修、蔡襄、石介、张先等著名文人都出自他的门下，是当时公认的一代文坛宗师。晏殊诗词都著名于当时，平生作诗多达万余首，但大多已经失传，词集《珠玉词》幸得传世，诗名遂为词名所掩。由此可见，晏殊在写作态度上甚至更接近于晚唐的温、韦，主要精力还是用在了诗文创作上，只是余力作词而已。

晏殊在年龄上少于柳永，但神童出身使他入仕较早，再加上仕途顺遂，故而在柳永苦于应试之时，他已经位居宰辅了。或许也是出于上位者对下层文士的傲慢，晏殊对柳永的乐章新声表现出了明显的排斥。宋代流传着这样一则轶事：

> 柳三变既以词忤仁庙，吏部不放改官，三变不能堪，诣政府。晏公曰："贤俊作曲子么？"三变曰："祇如相公亦作曲子。"公曰："殊虽作曲子，不曾道'绿（当为"彩"）线慵拈伴伊坐'。"柳遂退。（宋·张舜民《画墁录》卷一）

事件的背景是柳永因作"忍把浮名，换了浅斟低唱"（《鹤冲天》）而为仁宗所黜，故后来虽得功名，吏部也不敢立即给他分派官职。无奈之下柳永前去谒见宰相晏殊，希望能得到对方的提携，摆脱当下的困境。没想到晏殊也主动提到了柳永的词体创作，曾因词获罪的柳永显然知道自己的作品并不受上层人士的欢迎，故而只是小心翼翼地回复说"亦作曲子"，还特意加上"祇如相公"，希望能借此和晏殊拉近距离。不想晏殊毫不客气地撇清了关系：我作的词和你的那些"彩线慵拈伴伊坐"不是一个层次的东西。的确，晏殊在填词方面选择的是和柳永完全不同的一条路。他对市井盛行的慢词新声不感兴趣，而是选择沿续晚唐五代小令词的创作路径，作品多写闺情别怨，风格追求柔美婉丽。但作为宋代成长起来的科举士大夫，才高识广的晏殊还是给词体创作带来了一些新的风尚。他写男女爱恋，大都会略去对女性容貌衣饰的具体描写，而是专注表现真挚美好的感情本身，语言上也脱去了晚唐五代词那种浓艳的脂粉气，转而将清雅的文人意趣融入其中。更重要的是，晏殊将词所承载的感情提升到了生命忧思的高度。晏殊虽然少年得志，仕途顺遂，但优游富贵的生活反而使他有更多的闲暇和精力思考生命的意义，多情善思的个性更促使他去关注人生的短暂、时间的无情等终极困境，在词中一再感叹"细算浮生千万绪，长于春梦几多时，散似秋云无觅处"（《木兰花》），"不向尊前同一醉，可奈光阴似水声。"（《破阵子》）。正是因为这份思绪的存在，晏殊的词作在深情之余往往还带有一层理性沉思的特质。例如其名作《踏莎行》：

小径红稀，芳郊绿遍，高台树色阴阴见。春风不解禁杨花，蒙蒙乱扑行人面。翠叶藏莺，朱帘隔燕，炉香静逐游丝转。一场愁梦酒醒时，斜阳却照深深院。

这首词写的是暮春初夏时分的景象，借由时序的变迁表达一种淡淡的伤春愁绪。词中提到的炉香和游丝都是极其微末而不易察觉的景象，词人能够发现且长时间地静观其变化，可以想见其安闲无事与百无聊赖的心境。这种"静观"是晏殊词中常见的观照方式，所谓的富贵气象，其实也便体现在这种从容闲适的生活态度上。这种观照方式也决定了晏殊作品中的情感表达往往相对理性、克制，与晚唐五代花间词中浓烈而炽热的男女欢爱大相径庭。理性的加入也会帮助晏殊找到排解愁绪的途径，试看这首《浣溪沙》：

一向年光有限身，等闲离别易销魂。酒筵歌席莫辞频。满目山河空念远，落花风雨更伤春。不如怜取眼前人。

从题材上看，本篇写的是酒筵歌席上的离情别绪，这原本也是最传统的词作主题，但晏殊写出了一种带有哲理性的独特韵致。离情固然是令人伤感的，但晏殊并没有一味地沉溺于悲伤的情绪里，而是及时地用一种圆融的哲学思辨消解了这种痛苦——怜取眼前，及时行乐。这也是晏殊词作的一贯态度，在其他作品中他也一再表达过"当歌对酒莫沉吟，人生有限情无限"(《踏莎行》)、"不如怜取眼前人，免更劳魂兼役梦"(《木兰花》)。"抒写愁绪——消解悲哀"成了晏殊词的一种常见写作模式，其悲哀是真诚而深挚的，消解悲哀的努力也同样诚恳而真切，两相结合便构成了大晏词的独特韵致，体现着新时代士大夫的胸襟与识度，也使得词逐渐从娱宾遣兴的应歌乐章转变为士大夫群体抒情表意的严肃文体。

和诗、文领域的开拓性进步一样，欧阳修填词同样始于洛阳时期（1030—1034）。这时柳永虽然潦倒半生，但凭借"奉旨填词"也已经名满京华；同时晏殊早已功成名就，富贵雍容的珠玉小词也传唱一时。因此，当欧阳修在洛阳初习填词时，摆在他面前的有两条可供学习的路径：一是像柳永那样拥抱世俗，用新兴的慢词曲调和通俗的语言书写繁华的市井和炽热的恋情；二是像晏殊那样谨守门户，继续用传统的小令短章记录内心深处的春感秋悲。欧阳修在诗、文、学术等诸多领域都是引领时代风尚的革新派，唯独在词的创作上，欧阳修选择的是一条因循保守的旧路。这其实也并不奇怪，从欧阳修的个人经历和当时所处的文化环境来看，晏殊词所代表的雍容闲雅风度几乎是他必然的选择。欧阳修早年家境贫寒，又忙于应举，应该没有什么机会前往秦楼楚馆听曲赏歌，也不会接触到这些市井新声。他集中接触词乐应该就是在洛阳时期。关于洛阳幕府的文化氛围，本书第二和第三章已经有了较为详细的介绍，这里补充一点，洛阳深厚的文化底蕴也影响到了其宴饮风尚。作为"衣冠之渊薮"（宋·周师厚《洛阳花木记》），洛阳在宋代以"风俗尚名教"（宋·邵伯温《邵氏闻见后录》卷十七）著称，其游宴的风气也不像开封那样崇尚富贵豪奢，而较多地保留了旧贵族时代衣冠风流的从容气度。《能改斋漫录》记载过钱惟演治下宴饮唱词的情景：

> 钱文僖公留守西洛，尝对竹思鹤，寄李和文公诗云："瘦玉萧萧伊水头，风宜清夜露宜秋。更教仙骥傍边立，尽是人间第一流。"其风致如此。淮宁府城上莎，犹是公所植。公在镇，每宴客，命厅籍分行划袜，步于莎上，传唱《踏莎行》。一时胜事，至今称之。

钱惟演是五代十国中的吴越王室之后，本身便保留着浓厚的旧时代贵族遗风，划袜踏莎而歌《踏莎行》的做法，也尽显风雅之致。在这样的宴会上歌唱的，显然也应该是前代流传下来的典雅精致的令曲。我们很难想象"镇相随，莫抛躲，针线闲拈伴伊坐"之类的市井新声会出现在这种高朋云集的场合。柳词所表现出的那种放浪形骸的价值取向也不会被这些名公巨卿所认可。身处这样的环境，欧阳修会选择令曲传统也就不意外了，何况晏殊还是他的座师。此外如上节所言，词在欧阳修生活的时代还远远不是能和诗文比肩的严肃文体，所以欧阳修在大部分时候都只是抱着一种娱乐遣兴的心态在填词，没有在这一领域开宗立派的主观驱动力，自然更倾向于沿袭传统的写作门径。总之，欧阳修在词体创作上表现出的因循性多于开创性，创作路径与其座师晏殊甚为相似，故有"晏欧词派"之称。

二、深婉与疏隽：欧词雅化的两个面向

关于晏殊、欧阳修的词风渊源，学界的共识是二人都受南唐冯延巳的影响较深。据宋人笔记记载，"晏元献尤喜江南冯延巳词，其所自作，亦不减延巳"（宋·刘攽《中山诗话》）。王国维在《人间词话》中认为："余谓冯正中（延巳）《玉楼春》词，'芳菲次第长相续，自是情多无处足。尊前百计得春归，莫为伤春眉黛促。'永叔一生似专学此种。"他甚至还具体指出欧阳修《浣溪沙》"绿杨楼外出秋千"一句是出自冯延巳《上行杯》中的"柳外秋千出画墙"。清代词评家还根据晏、欧各自的创作总结出了"冯延巳词，晏同叔得其俊，欧阳永叔得其深"（清·刘熙载《艺概》卷四）的结论。三人词风之相似，甚至于使作品的归属都常有相混，这是讨论欧阳修词作时不可忽略的一个问题。

如前文一再强调的那样，早期词的文体地位不彰，在五代、宋初文人心目中词并没有进入严肃的"文章"之列，最多只是一种边缘化的文学。直到南宋，著名学者胡寅在为朋友的词集作序时还提到，当时的"文章豪放之士，鲜不寄意于此者，随亦自扫其迹，曰谑浪游戏而已也"（《向芗林〈酒边集〉后序》）。所谓的"自扫其迹"，其实就是随写随扔。文人大多在酒筵歌席上即兴填词，旋即交予歌伎传唱，此后便不复留意。既然作者不自爱惜，一般的接受者也不甚注意收集，导致早期词作的文本、署名都长期处于一种"约定俗成"的流动状态。等到词的文体地位得到比较普遍的认同（大约要到南宋以后），后人开始为前代名公编纂词集时，由于没有可靠的文献依据，也只能将当时坊间传唱的相关作品裒辑成编。因此，五代、北宋的词作常有署名上的争议，著名词学家唐圭璋先生著有《宋词互见考》，对此有详细的梳理分析。冯延巳、晏殊、欧阳修的词集都是在本人逝去多年后由后人所编，故都不同程度地存在着误收的现象。今存欧阳修的词作中，与晏殊互见者有九首，与

冯延巳互见者则有十六首之多，且其中不乏名作，如常见于各种词选的《蝶恋花》四首：

> 庭院深深深几许。杨柳堆烟，帘幕无重数。玉勒雕鞍游冶处，楼高不见章台路。雨横风狂三月暮。门掩黄昏，无计留春住。泪眼问花花不语，乱红飞过秋千去。

> 谁道闲情抛弃久。每到春来，惆怅还依旧。日日花前常病酒，不辞镜内朱颜瘦。河畔青芜堤上柳。为问新愁，何事年年有。独立小楼风满袖，平林新月人归后。

> 几日行云何处去。忘了归来，不道春将暮。百草千花寒食路，香车系在谁家树？泪眼倚楼频独语。双燕来时，陌上相逢否。撩乱春愁如柳絮，依依梦里无寻处。

> 六曲阑干偎碧树，杨柳风轻，展尽黄金缕。谁抱钿筝移玉柱，穿帘海燕双飞去。满眼游丝兼落絮，红杏开时，一处清明雨。浓睡觉来莺乱语，惊残好梦无寻处。

即如前引王国维《人间词话》所提到的冯延巳名作《玉楼春》，其实也出现在欧阳修的词集中：

> 雪云乍变春云簇，渐觉年华堪送目。北枝梅蕊犯寒开，南浦波纹如酒绿。芳菲次第还相续，不奈情多无处足。尊前百计得春归，莫为伤春眉黛蹙。

对于这些重出作品的确切归属，学界意见不一，为审慎起见，在没有其他确证的情况下，这些作品只能暂且存疑。文献上的争议为研读这些作品带来了一定的困难，但这一现象也从侧面提醒我们，关于欧阳修的词体创作，我们应该首先关注其作为群体共性的一面——至少在同时代人看来，欧阳修是可以与冯延巳、晏殊"共享"很多作品的署名权的。三人的词作都以短章小令为主，风格柔婉，时见清雅的文人意趣。尤为重要的是，他们将词作的主题从单纯的男女情爱中跳脱出来，借用春感秋悲的闺怨题材来表达一种深挚的忧患意识。具体而言，是指个体生命在面对永恒宇宙时所体会到的自我有限的悲慨，尤其是对时光流逝的无可奈何之感。上节分析过的晏殊的《踏莎行》《浣溪沙》都是典型的时光感伤型作品。本节所提到的这些冯延巳和欧阳修的重出作品也属于这一主题，例如《蝶恋花·谁道闲情抛弃久》一首，作者反复提及"闲情""惆怅""新愁"，却并没有明确这份愁思的具体所指。词中抒情主人公的性别也是不确定的，花前病酒、对镜消瘦、独立小楼的可以是盼望恋人归来的多情少女，也可以是对景伤怀的文人墨客。这种不确定性其实拓展了作品的表现范围和抒情深度，这份萦绕不解的愁绪不仅属于热恋中的年轻男女，还可以属于茫茫人海中对宇宙和生命有感有思的每一个个体。晚清词论家况周颐在其词学名著《蕙风词话》中，对这种无端无涯的愁绪有一段精彩的描摹：

> 吾苍茫独立于寂寞无人之区，忽有匪夷所思之一念，自沉冥杳霭中来，吾于是乎有词。洎吾词成，则于顷者之一念若相属若不相属也。而此一念，方绵邈引演于吾词之外，而吾词不能殚陈，斯为不尽之妙。非有意为是不尽，如书家所云无垂不缩，无往不复也。

这种根植于宇宙生命意识的"若相属若不相属"的深挚情思，使得词体在娱宾遣兴的实用功能之外，拥有了一份动人心魄的情感力量。而这正是冯延巳、晏殊、欧阳修之于词体的最大的贡献。很难说他们在多大程度上是有意为之，更可能的情况是，不论是五代时的前辈冯延巳，还是宋代成长起来的晏殊和欧阳修，都并没有革新词体的主体自觉，但因为他们的学问、道德、功业达到了一定的境界，在创作时也自然地流溢于笔端，无意中赋予了词体更高的品格。

除了共性的一面外，不同的性格思想和生活阅历还是赋予了晏欧词作一定的个性色彩。正如刘熙载所总结的那样，"晏同叔得其俊，欧阳永叔得其深"。身为太平宰相的晏殊纯以富贵优游的心态作词，往往以圆融的观照消解人生有限的遗憾，与从容不迫间现出清俊的才情；相比之下，欧阳修一生坎坷，多次经历仕途的起落，亦将对于世道人生的深刻洞察带入词体创作，更多地流露出悲慨、沉着的意兴，词境更为深沉。试看这阕《玉楼春》：

> 樽前拟把归期说，未语春容先惨咽。人生自是有情痴，此恨不关风与月。离歌且莫翻新阕，一曲能教肠寸结。直须看尽洛城花，始共春风容易别。

这首词大约作于洛阳离任之时。三月的洛阳春光骀荡，牡丹正好，如此乐景，反衬得离情更哀。王国维在《人间词话》中评论此词："永叔'人间（当作"生"）自是有情痴，此恨不关风与月'，'直须看尽洛城花，始与（当作"共"）东（当作"春"）风容易别'，于豪放之中有沉着之致，所以尤高。"离情本来也是词作的传统主题，然而欧阳修由普通的离别之苦联想到了"人生"与"情"，将花间酒旁的缱绻欢爱上升为了对人生空漠之感的深沉体悟。王国维所谓的"沉着之致"，正在于此。此外欧阳修的独特之处还在于将现实中的政治感慨和人生感慨带入了词体，从中能感觉到其思想心态的微妙变化。试看下面几首与洛阳生活相关的作品：

> 春山敛黛低歌扇。暂解吴钩登祖宴。画楼钟动已魂销，何况马嘶芳草岸。青门柳色随人远。望欲断时肠已断。洛城春色待君来，莫到落花飞似霰。（《玉楼春》）

> 忆昔西都欢纵。自别后有谁能共。伊川山水洛川花，细寻思旧游如梦。今日相逢情愈重。愁闻唱画楼钟动。白发天涯逢此景，倒金尊殢谁相送。（《夜行船》）

画楼钟动君休唱，往事无踪。聚散匆匆，今日欢娱几客同。去年绿
鬓今年白，不觉衰容。明月清风，把酒何人忆谢公。（《采桑子》）

《采桑子》中的"谢公"指的是谢绛，洛阳幕府的副长官（河南府通判），
欧阳修的前辈兼好友。词中的"画楼钟动"指的是谢绛的一首《夜行船》："昨
夜佳期初共。鬓云低、翠翘金凤。尊前和笑不成歌，意偷转、眼波微送。草
草不容成楚梦。渐寒深、翠帘霜重。相看送到断肠时，月西斜、画楼钟动。"
（《唐宋诸贤绝妙词选》卷二）谢绛这首词想必在西京流行一时，故而给欧阳
修留下了深刻的印象。据学者考证，《玉楼春》作于景祐元年（1034）送谢绛
离任之时，故有"马嘶芳草岸""柳色随人远"之语，并殷殷期盼着谢绛有朝
一日能重返洛城，共赏春色。《夜行船》作于宝元二年（1039）与梅尧臣相会
襄城之际，此时谢绛刚去世不久，洛城的重逢再无可能，故词中充满了伤悼
情绪。《采桑子》的写作时间更晚，从同组另一首作品的"俯仰流年二十春"
来看，可能作于熙宁年间欧阳修退居颍州时（1071以后）。在经历了更多的
宦海沉浮之后，浓烈的情感激荡已趋于淡漠，流露出了寄情风月的退居心态。
三首词并非作于一时一地，是故友"画楼钟动"的旧曲将它们串联到了一起，
成为相互呼应的一组作品。此前晏殊等人的词作虽然也包含了真诚的生命体
验，但如上文所述，那种留恋光景的感伤情绪是"若相属若不相属"的，其
作为歌词能被广泛传唱的前提也在于情感的类型化和抒情主体的不确定性，
故任何人都可以将自己带入其中，实现共情。而欧阳修的这一组作品则不然，
在人生的不同阶段，他自觉地借助故友的歌词勾连今昔时空，对洛阳旧游的
追忆、对同道故友的怀念和对当下遭际的感慨在词中反复盘旋，不仅使得词
体写作突破了即席应歌的时空局限，也让类型化的时光感伤转变为个人化的
情绪抒发。这种来源于作者真实生命阅历的情感无疑拥有更强大的感发力量，
也为后来苏轼的"以诗为词"打开了门路。

深挚的情感表达代表了欧阳修词作的"深婉"，如冯煦所言，欧词还有
"疏隽"的一面。这主要表现在欧阳修对词境的开拓。例如同样是写闺情题材，

欧阳修格外偏爱采莲女的形象。这一身份设置让他笔下的女主人公得以走出狭窄封闭的闺阁庭院，在大自然的广阔天地中自由歌唱，洋溢着青春明朗的健康美：

> 越女采莲秋水畔。窄袖轻罗，暗露双金钏。照影摘花花似面，芳心只共丝争乱。鹭鹚滩头风浪晚。雾重烟轻，不见来时伴。隐隐歌声归棹远，离愁引著江南岸。（《蝶恋花》）

> 花底忽闻敲两桨，逡巡女伴来寻访。酒盏旋将荷叶当，莲舟荡，时时盏里生红浪。花气酒香清厮酿，花腮酒面红相向。醉倚绿阴眠一晌。惊起望，船头阁在沙滩上。（《渔家傲》）

> 昨日采花花欲尽，隔花闻道潮来近。风猎紫荷声又紧，低难奔，莲茎刺惹香腮损。一缕艳痕红隐隐，新霞点破秋蟾晕。罗袖抱残心不稳，羞人问，归来剩把胭脂衬。（《渔家傲》）

> 一夜越溪秋水满，荷花开过溪南岸。贪采嫩香星眼慢，疏回晒，郎船不觉来身畔。罢采金英收玉腕，回身急打船头转。荷叶又浓波又浅，无方便，教人只得抬娇面。（《渔家傲》）

据现代学者研究，在唐宋时期，"采莲"已经是一种常见的歌舞主题。唐人路德延《小儿诗》中便有"合调歌杨柳，齐声踏采莲"之句。宋代《东京梦华录》卷九"宰执亲王宗室百官入内上寿"条记载了北宋天宁节宫廷宴会（徽宗寿辰赐宴）的一段乐舞表演："勾女童队入场。女童皆选两军妙龄容艳过人者四百余人。……或舞采莲。则殿前皆列莲花。槛曲亦进队名。参军色作语问队。杖子头者进口号。且舞且唱。乐部断送《采莲》讫曲终。复群舞唱中腔毕。"依此推测，欧阳修所见的很有可能是这种乐舞表演中的采莲情景，而未必是现实生活中的采莲姑娘。但在欧阳修的笔下，我们看不到任何"表演"痕迹。这些天然去雕饰的姑娘们自由地泛舟湖上，呼朋引伴，嬉笑游戏，甚至于以荷叶为杯盏，开怀畅饮，以至船头搁浅。在劳作中不小心伤及脸颊，隐隐的红痕甚至比胭脂妆容更美。她们的爱情也大胆直率，偶遇情郎后躲闪不及，便大方地抬头面对。这些采莲女与花间传统所塑造的慵懒幽怨的贵族仕女形象迥然不同，欧阳修以饱满的笔触记录下她们活泼的身影和细腻的心思，热情地讴歌其鲜活的个性和昂扬的生命力。同时，风清水明的莲塘也将传统闺情题材中的幽怨情绪一扫而空，词境变得开阔而清新。在采莲以外的其他题材词作中，欧阳修也尤其喜欢书写这种空水澄鲜的清明世界。欧阳修词集中描摹山水风光、歌咏游赏之乐的作品有将近六十首，占词作总数的约四分之一。著名的《采桑子》组词写颍州西湖之美出神入化，尤精彩者如以下两首：

> 画船载酒西湖好，急管繁弦。玉盏催传，稳泛平波任醉眠。行云却在行舟下，空水澄鲜。俯仰留连，疑是湖中别有天。（《采桑子》其三）

> 天容水色西湖好，云物俱鲜。鸥鹭闲眠，应惯寻常听管弦。风清月白偏宜夜，一片琼田。谁羡骖鸾，人在舟中便是仙。（《采桑子》其八）

这两首词写景清新疏淡，自然工致。词人沉浸在水天一色的澄明境界里，感到身心都得到了长足的净化，生发出一种飘飘欲仙的满足感。我们在讲述欧阳修诗文的时候一再强调过他的深情，这里对于自然的热爱其实也是一种深情的表现。他对于大自然，对于世间的一切美好都有着深沉的热爱，并尝试通过欣赏这些美好事物来获得积极的精神寄托。这种博大的襟怀也让其笔下的词境开阔清旷，晚唐五代以来笼罩在词体上的那股浓重的忧伤情绪为之一散。此外欧阳修还有一些用于送别、抒怀的作品，气象豪迈，情怀潇洒，直开后世"豪放词"之先河：

> 平山阑槛倚晴空，山色有无中。手种堂前垂柳，别来几度春风。文

章太守,挥毫万字,一饮千钟。行乐直须年少,尊前看取衰翁。(《朝中措·送刘仲原甫出守维扬》)

世路风波险,十年一别须臾。人生聚散长如此,相见且欢娱。好酒能消光景,春风不染髭须。为公一醉花前倒,红袖莫来扶。(《圣无忧》)

后来苏轼作《水调歌头·黄州快哉亭赠张偓佺》,满怀敬意地提及"长记平山堂上,敧枕江南烟雨,渺渺没孤鸿。认得醉翁语,山色有无中";另外辛弃疾的名作《鹧鸪天·有客慨然谈功名因追忆少年时事戏作》中也有"追往事,叹今吾,春风不染白髭须"之句,显然化用了欧阳修的《圣无忧》。苏、辛都是所谓豪放词的代表人物,其对欧词的借鉴其实也意味着风格上的认同。欧阳修的这类"豪放"词虽然数量不多（大约十余首）,但在词史上具有不可忽视的开创性意义,甚至直接影响了后来苏轼对于词风的革新,冯煦称欧词"疏隽开子瞻",可谓独具慧眼。

综上,欧阳修的文人词创作存在着"深婉"和"疏隽"两个面向。一方面,他沿着冯延巳、晏殊开创的道路继续前进,笔下的词作主题跳出了男欢女爱的套路,转而表现一种关于时间和生命的忧患意识,并进一步尝试将具体的政治感慨和人生感慨寄寓其中,使词逐渐摆脱了娱宾遣兴的实用功能,成了可以抒情言志的严肃文学；另一方面,欧阳修不俗的襟怀使得其部分词作摆脱了晚唐五代以来的忧伤传统,写景清新明净,写情爽朗畅快,开后世豪放派词风之先河。这两方面的成就在词史上都具有承上启下的意义,也让欧阳修成了宋词发展史上不可忽视的存在。

三、民歌与艳情：欧词中的"从俗"

上节总结了欧词"深婉"和"疏隽"两方面的成就,但需要说明的是,这些作品基本上都属于"雅词"。在这些或优美和婉,或清旷明快的令词中,欧阳修寄寓了自己人格中稳重而潇洒的一面,体现了一代文宗不凡的气度。

然而这并不是欧词的全部，在深婉疏隽之外，欧阳修的词作还有从俗的一面，部分作品的大胆奔放与其崇高的政治地位和道德人品颇不相侔，千年来引发争议无数。因此，要想了解欧阳修的词作全貌，这些"俗词"也是不可忽视的存在。

欧阳修一生作词超过两百首，名篇佳作俯拾即是，但即便如此，他对于词体创作其实一直抱有一种不甚严肃的态度。其《玉楼春》曾述其填词的情景是"青春才子有新词，红粉佳人重劝酒"；直到晚年为《采桑子》西湖组词作序，他也将自己的做法形容为"因翻旧阕之辞，写以新声之调，敢陈薄伎，聊佐清欢"——在他看来，小词不过是"劝酒""佐欢"的薄伎而已，只是美好的闲暇时光的点缀。他自己虽然也尝试开拓词境，但目光也仅限于清明澄澈的湖光山色。同时期的范仲淹开创性地用词来叙述边塞之劳苦，欧阳修却不无讥讽地将《渔家傲·塞下秋来风景异》称为"穷塞主之词"（宋·魏泰《东轩笔录》卷十一）。在欧阳修看来，用以点缀生活的小词不宜承担这样沉重的题材。在这样的观念影响下，欧阳修的词作也表现出了显著的通俗化倾向。

首先，欧阳修曾长期担任地方官，与平民联系较为密切；他本人又有着"与民同乐"的胸怀（见《醉翁亭记》《丰乐亭记》），因此，他对于民间流行的词曲小调颇有兴趣，例如他第一次被贬夷陵时，在写给友人的诗歌中便常常提到当地的民歌："月出行歌闻《调笑》，花开啼鸟乱钩辀"（《夷陵书事寄谢三舍人》），"游女髻鬟风俗古，野巫歌舞岁年丰"（《夷陵岁暮书事呈元珍表臣》）。在其名作《晚泊岳阳》中，他也饶有兴致地书写了"水上人歌月下归"的情景，对舟子吟唱的清歌陶醉不已。在环境的熏陶下，欧阳修笔下的词亦常常带有鲜明的民歌风味，与晏殊等人的贵族气息浓厚的作品有所不同。试看其两首《长相思》：

> 花似伊，柳似伊，花柳青春人别离。低头双泪垂。长江东，长江西，两岸鸳鸯两处飞。相逢知几时。
>
> 深花枝，浅花枝，深浅花枝相并时。花枝难似伊。玉如肌，柳如眉，

爱著鹅黄金缕衣。啼妆更为谁。

两首词都使用了民歌中常见的复沓手法，语言浅俗平直，与温婉闲雅的花间传统风格殊异。后来的明清词评家甚至贬之为"丑拙不可耐"（清·金圣叹《批欧阳永叔词十二首》）、"鄙俚极矣"（清·陈廷焯《白雨斋词话》卷五）。此外，欧阳修集中模仿民歌最为明显的作品是两套分咏十二节气的《渔家傲》组词。其中一套内容如下：

> 正月新阳生翠琯，花苞柳线春犹浅。帘幕千重方半卷，池水泮，东风吹水琉璃软。渐好凭栏醒醉眼，陇梅暗落芳英断。初日已知长一线，清宵短，梦魂怎奈珠宫远。

> 二月春期看已半，江边春色青犹短。天气养花红日暖，深深院，真珠帘额初飞燕。渐觉衔杯心绪懒，酒侵花脸娇波慢。一捻闲愁无处遣，牵不断，游丝百尺随风远。

> 三月芳菲看欲暮，胭脂泪洒梨花雨。宝马绣轩南陌路，笙歌举，踏青斗草人无数。强欲留春春不住，东皇肯信韶容故。安得此身如柳絮，随风去，穿帘透幕寻朱户。

> 四月芳林何悄悄，绿阴满地青梅小。南陌采桑何窈窕，争语笑，乱丝满腹吴蚕老。宿酒半醒新睡觉，雏莺相语匆匆晓。惹得此情萦寸抱，休临眺，楼头一望皆芳草。

> 五月薰风才一信，初荷出水清香嫩。乳燕学飞帘额峻，谁借问，东邻期约尝佳酝。漏短日长人乍困，裙腰减尽柔肌损。一撮眉尖千叠恨，慵整顿，黄梅雨细多闲闷。

> 六月炎蒸何太盛，海榴灼灼红相映。天外奇峰千掌迥，风影定，汉宫圆扇初成咏。珠箔初褰深院静，绛绡衣窄冰肤莹。睡起日高堆酒兴，厌厌病，宿醒和梦何时醒。

> 七月芙蓉生翠水，明霞拂脸新妆媚。疑是楚宫歌舞妓，争宠丽，临风起舞夸腰细。乌鹊桥边新雨霁，长河清水冰无地。此夕有人千里外，

经年岁，犹嗟不及牵牛会。

八月微凉生枕簟，金盘露洗秋光淡。池上月华开宝鉴，波潋滟，故人千里应凭槛。蝉树无情风苒苒，燕归碧海珠帘掩。沈臂冒霜潘鬓减，愁黯黯，年年此夕多悲感。

九月重阳还又到，东篱菊放金钱小。月下风前愁不少，谁语笑，吴娘捣练腰肢袅。槁叶半轩慵更扫，凭栏岂是闲临眺。欲向南云新雁道，休草草，来时觅取伊消耗。

十月轻寒生晚暮，霜华暗卷楼南树。十二阑干堪倚处，聊一顾，乱山衰草还家路。悔别情怀多感慕，胡笳不管离心苦。犹喜清宵长数鼓，双绣户，梦魂尽远还须去。

律应黄钟寒气苦，冰生玉水云如絮。千里乡关空倚慕，无尺素，双鱼不食南鸿渡。把酒遣愁愁已去，风摧酒力愁还聚。却忆兽炉追旧处，头懒举，炉灰剔尽痕无数。

腊月年光如激浪，冻云欲折寒根向。谢女雪诗真绝唱，无比况，长堤柳絮飞来往。便好开尊夸酒量，酒阑莫遣笙歌放。此去青春都一饷，休怅望，瑶林即日堪寻访。

宋人杨绘的《时贤本事曲子集》后集称欧阳修的这两套作品为"鼓子词"。鼓子词是宋代说唱艺术的一种，时代稍晚于欧阳修的赵令畤有《商调蝶恋花》十二首，咏唐传奇《莺莺传》的故事，其体制唱说兼备，用散文说白叙述故事情节，以十二首《蝶恋花》作为插曲，以为抒情。欧阳修的这套作品仅有唱词而无说白，或许是传写遗漏所致。此外魏晋南北朝时的民歌中就有《子夜四时歌》这种题咏四季的作品，敦煌出土的民间曲辞中也有诸如《十二时歌》《五更转》之类的组词，可见在民歌传统中，以"定格联章"的形式分咏时令早已是一个成熟的题材。欧阳修的这两套《渔家傲》，显然就是学习民歌俗曲又加以雅化的产物。对欧阳修而言，这样做或许只是一时猎奇，但着实为以香艳浓丽为基调的词体写作注入了一股新风。后来苏轼用联章组词的形式来抒情纪事（如《浣溪沙·徐门石潭谢雨道上作五首》），或许就是受到欧阳修此类作品的启发。

学习民歌或许还可以归因于"与民同乐"的士大夫情怀，欧阳修词作中最令后人不解的是一些通俗的艳情作品，后者还牵涉了欧词的版本真伪问题。上节曾经提到，欧阳修词集中的部分作品与冯延巳、晏殊重出互见，阅读时需要加以甄别。这其实只是欧词版本问题的一翼，此外欧阳修词集中为数不少的艳情词的真伪也同样困扰着研究者。欧阳修词集今存两种宋刻本：其一为《欧阳文忠公近体乐府》，收词一百九十四首；其二为《醉翁琴趣外篇》，收词二〇三首。将两个版本比勘，重复互见者有一百三十首。其中，《近体乐府》所收大多为雅驯的令曲，与冯延巳、晏殊相混的作品也基本上都出于此本；《醉翁琴趣外篇》则较为特殊，其中除了与《近体乐府》重合的一百三十首雅词外，还有七十多首风格侧艳的通俗作品。这在这位一代鸿儒的文集中显得格外刺目，例如这首《醉蓬莱》：

> 见羞容敛翠，嫩脸匀红，素腰袅娜。红药阑边，恼不教伊过。半掩娇羞，语声低颤，问道有人知么。强整罗裙，偷回波眼，佯行佯坐。更问假如，事还成后，乱了云鬟，被娘猜破。我且归家，你而今休呵。更为娘行，有些针线，诮未曾收啰。却待更阑，庭花影下，重来则个。

这首词的内容是写一对男女在花园幽会，女子娇羞不已，一直担心被人知晓，下阕二人还商量如何瞒过女子的母亲。不论是从格调还是内容，这首词都与欧阳修一贯的持重典雅风格相去甚远。又如曾在张甥案中给他带来无穷麻烦的《望江南》：

> 江南柳，叶小未成阴。人为丝轻那忍折，莺嫌枝嫩不胜吟。留著待春深。十四五，闲抱琵琶寻。阶上簸钱阶下走，恁时相见早留心。何况到如今。

词写一位天真少女的娇憨可爱之态，隐隐流露出了爱慕之意。本书第一章在介绍欧阳修生平时曾提到，欧阳修的妹妹在丧夫后带着年幼的继女张氏回归本家，欧阳修出于亲情予以收留。庆历新政失败后，欧阳修受到牵连，政敌借机诬陷其与这位没有血缘关系的外甥女有私情，这首词便成了所谓的"证据"。欧阳修上书自辩："丧厥夫而无托，携孤女以来归。张氏此时，年方七岁。"而在别有用心的人看来："年七岁，正是学簸钱时也。"（宋·钱世昭《钱氏私志》）他们声称张氏即这首《望江南》的女主人公，欧阳修此词就是在表达对甥女的爱慕之情。这自然是子虚乌有之辞，但也颇能体现这首词的香艳敏感。

鉴于这类作品鲜明的"异质"属性，《醉翁琴趣外篇》的真伪问题在宋代便引发了极大的争议。出于对欧阳修的维护，很多人都坚持认为，这些艳词都是那些无耻小人出于构陷而捏造的伪作，动机与轰动一时的"张甥案""长媳案"如出一辙，亦即玷辱欧阳修的清名。甚至有人言之凿凿地宣称，作伪者就是嘉祐二年贡举中被欧阳修黜落的刘几等人，蔡绦的《西清诗话》、朱熹的《三朝名臣言行录》、俞文豹的《吹剑续录》等均持这种观点。南宋曾慥编《乐府雅词》，罗泌编《近体乐府》，都选择将这类言语俚俗、内容亵艳的作品删削殆尽。但这种说法其实不甚可靠，最显著的破绽是，张甥案发生在庆历五年，而欧阳修与太学生们结怨则是在十二年后的嘉祐二年（1057），与《望江南》有关的是非，自然不可能是刘几等人的构陷。在没有明确文献证据的情况下，我们一般还是选择将这些作品归于欧阳修名下。曾慥等之所以执着于将这些艳词剔除出欧集，其实与南宋以来的理学思潮、崇雅风尚不无关系。在他们看来，词已经是一种与诗文相类的严肃作品，词品与人品直接相关。欧阳修作为一代大儒，不应该写作如此俗艳的文字。事实上，北宋时词体尚未被提升到如此高的地位，社会对于艳冶之作整体都抱有一种较为宽容的态度。直到北宋后期，徽宗赐予高丽的七十阕乐章中还有这样一篇《解佩令》："脸儿端正。心儿峭俊。眉儿长、眼儿入鬓。鼻儿隆隆，口儿小、舌儿香软。耳朵儿、就中红润。项如琼玉，发如云鬓。眉如削、手如春笋。奶儿甘甜，腰儿细、脚儿去紧。那些儿、更休要问。"如此媚俗的作品竟然堂而皇之地出现在宫廷乐章之中，当时社会的一般风气可想而知。如近代词学家夏承焘先生所言："北宋士夫如范仲淹、司马光亦为艳词，不必为欧阳修讳。……词人绮语，攻击之者乃资为口实；《醉翁琴趣》中艳体若'江南柳'者尚多，吾人读欧词，固不致信以为真也。"（夏承焘《四库全书词籍提要校议》）换一种角度来看，我们还可以透过这些艳词窥见一个更为有血有肉的词人形象。欧阳修回忆自己年轻时"尚好文华，嗜酒歌呼，知以为乐而不知其非也"（《答孙正之侔第二书》），可见其性格中亦有狂放不羁、风流放任的一面。宋人笔记还记载了他在洛阳与歌妓交往的轶事：

> 欧文忠任河南推官，亲一妓。时先文僖罢政为西京留守，梅圣俞、谢希深、尹师鲁同在幕下，惜欧有才无行，共白于公，屡微讽而不之恤。一日，宴于后园，客集而欧与妓俱不至，移时方来，在坐相视以目。公责妓云："末至何也？"妓云："中暑往凉堂睡着，觉失金钗，犹未见。"公曰："若得欧推官一词，当为偿汝。"欧即席云："柳外轻雷池上雨，雨声滴碎荷声。小楼西角断虹明，阑干倚遍，待得月华生。燕子飞来栖画栋，玉钩垂下帘旌。凉波不动簟纹平，水精双枕，倚有堕钗横。"坐皆称善，遂命妓满酌赏欧，而令公库偿钗，戒欧当少戢。（宋·钱世昭《钱氏私志》）

虽然这只是一场私人宴会，但毕竟有长官和同僚出席，欧阳修竟然为了与相好的歌妓私会而公然迟到，的确令人大跌眼镜。但随着年龄的增长和地位的提高，这种风流任诞逐渐为礼教所压抑，诗文的写作也较多地受到了"言志""载道"的束缚，唯有词体写作为他提供了难得的释放机会。因此，这些作品尽管在艺术上价值不高，却可以帮助我们看到一个更加真实、放松的词人形象，也有助于我们了解北宋时期真实的词坛生态。

总之，欧词在深婉疏隽之余，还呈现出"从俗"的一面。他一生历经宦海浮沉，在此期间的心境变化使其词作的情感表达更为深挚；同时丰富的地方官经历也让他将地方风情和民间俗曲引入了词的创作，使其部分作品带有活泼的民歌风味。那些反映艳情冶游的作品虽然格调不高，但也难得为读者展示了欧阳修人格中风流放诞的一面，这些作品在不同时代的遭际也反映了词学观念的变化。从这两方面的成就可以看出，欧词已经初具了多元化的发展趋向，在词史上具有承上启下的意义。

第三节　欧阳修词名篇欣赏

《采桑子》

【西湖念语①】：昔者王子猷之爱竹②，造门不问于主人；陶渊明之卧舆③，遇酒便留于道上。况西湖之胜概，擅东颍之佳名。虽美景良辰，固多于高会；而清风明月，幸属于闲人。并游结于良朋，乘兴有时而独往。鸣蛙暂听，安问属官而属私④；曲水临流，自可一觞而一咏。⑤至欢然而会意，亦傍若于无人。乃知偶来常胜于特来⑥，前言可信；所有虽非于己有，其得已多。因翻旧阕之辞，写以新声之调，敢陈薄伎，聊佐清欢。

其一

轻舟短棹⑦西湖好，绿水逶迤⑧，芳草长堤，隐隐笙歌处处随。无风水面琉璃滑，不觉船移。微动涟漪，惊起沙禽掠岸飞。

---

① 西湖：这里指颍州西湖。念语：又名"乐语""致语"，乐工在表演前的开场道白。

② 王徽之，字子猷，王羲之之子。性爱竹，著名的"安可一日无此君"即出自他口。

③ 卧舆：可以躺卧的轿子。

④ "鸣蛙"二句：谓游宴时不必操心公私之事。《晋书·惠帝纪》："帝（晋惠帝）又尝在华林园，闻虾蟆声，谓左右曰：'此鸣者为官乎，私乎？'或对曰：'在官地为官，在私地为私。'"

⑤ "曲水"二句：曲水：弯曲回环的水流。古人以三月上巳日至水滨洗濯以袚除不祥，又引水环曲成渠，流觞取饮，称为曲水流觞，王羲之《兰亭集序》："又有清流激湍，映带左右，引以为流觞曲水。"

⑥ 特来：特意前来。

⑦ 短棹（zhào）：小桨。

⑧ 逶迤（wēiyí）：形容水流曲折绵长。

其二

春深雨过西湖好，百卉争妍。蝶乱蜂喧，晴日催花暖欲然①。兰桡画舸②悠悠去，疑是神仙。返照波间，水阔风高飏③管弦。

其三

画船载酒西湖好，急管繁弦。玉盏④催传，稳泛平波任醉眠。行云却在行舟下，空水澄鲜。俯仰流连，疑是湖中别有天。

其四

群芳过后西湖好，狼藉⑤残红，飞絮濛濛，垂柳阑干⑥尽日风。笙歌散尽游人去，始觉春空。垂下帘栊⑦，双燕归来细雨中。

其五

何人解⑧赏西湖好，佳景无时。飞盖相追，贪向花间醉玉卮⑨。谁知闲凭阑干处，芳草斜晖。水远烟微，一点沧洲⑩白鹭飞。

其六

清明上巳西湖好，满目繁华。争道谁家，绿柳朱轮走钿车。游人日

---

① 然：同"燃"，这里指花开得极为繁茂，远看有如燃烧的火焰。
② 兰桡（ráo）：华美的船桨。画舸（gě）：装饰着彩绘的船只。
③ 飏（yáng）：声音高扬。
④ 玉盏：酒杯，玉是美称。
⑤ 狼藉：纵横散乱貌。
⑥ 阑干：纵横散乱的样子。
⑦ 帘栊：亦作"帘笼"。窗帘和窗牖。也泛指门窗的帘子。
⑧ 解：懂得。
⑨ 卮（zhī）：古代盛酒的器皿。
⑩ 沧洲：滨水的地方。

暮相将^①去，醒醉喧哗。路转堤斜，直到城头总是花。

其七

荷花开后西湖好，载酒来时。不用旌旗，前后红幢绿盖^②随。画船撑入花深处，香泛金卮。烟雨微微。一片笙歌醉里归。

其八

天容水色西湖好，云物俱鲜。鸥鹭闲眠，应惯寻常听管弦。风清月白偏宜夜，一片琼田^③。谁羡骖鸾^④，人在舟中便是仙。

其九

残霞夕照西湖好，花坞蘋汀^⑤。十顷波平，野岸无人舟自横^⑥。西南月上浮云散，轩槛凉生。莲芰^⑦香清，水面风来酒面醒。

其十

平生为爱西湖好，来拥朱轮^⑧。富贵浮云，俯仰流年二十春^⑨。归来恰似辽东鹤^⑩，城郭人民。触目皆新，谁识当年旧主人。

---

① 相将：前后相随。

② 幢（chuáng）：车子上的帐幔。盖：车上的伞。红幢绿盖，指花如帐，叶如伞。

③ 琼田：传说中的种玉之田。这里形容水面晶莹如碧玉。

④ 骖（cān）鸾：仙人乘坐鸾鸟升天。《文选》卷一六江淹《别赋》："驾鹤上汉，骖鸾腾天。"

⑤ 花坞（wù）：四周高起、中间凹下的种植花木的地方。蘋汀（píntīng）：长满蘋草的水中小洲。

⑥ 野岸无人舟自横：化用自韦应物《滁州西涧》："春潮带雨晚来急，野渡无人舟自横。"

⑦ 芰（jì）：菱，俗称菱角。

⑧ 朱轮：红漆的车轮。古代太守乘坐的车子以朱红漆轮，此处代指知州的身份。

⑨ 俯仰流年二十春：欧阳修皇祐元年（1049）至二年时曾任颍州知州，至此时大约过去了二十年。

⑩ 辽东鹤：旧题陶潜《搜神后记》卷一："丁令威，本辽东人，学道于灵虚山。后化鹤归辽，集城门华表柱。时有少年，举弓欲射之。鹤乃飞，徘徊空中而言曰：'有鸟有鸟丁令威，去家千年今始归。城郭如故人民非，何不学仙冢累累。'遂高上冲天。"

【解析】

这十首词皆以"采桑子"为调，而以"西湖好"起句，亦属联章体鼓子词。组词第一首前有一段"西湖念语"，以"闲人"自称，则当作于宋神宗四年六月致仕、七月归颍州之后；又云"因翻旧阕之辞，写以新声之调"，则这十首词中有不少为往日旧作，如今是借鉴鼓子词的格式重新整理成篇。

词中所咏的西湖是颍州西湖，欧阳修于仁宗皇祐元年由扬州移知颍州，第一次见到西湖便被其美景打动，作《西湖戏作示同游者》："菡萏香清画舸浮，使君宁复忆扬州。都将二十四桥月，换得西湖十顷秋。"认为西湖之美甚至远胜于天下闻名的扬州。上节曾提到，欧词擅写自然风光，这组《采桑子》便是最富代表性的例证。词人用活泼轻快的笔触，从多个侧面、多层次地描绘了西湖的旖旎风光和游宴情怀，"无风水面琉璃滑""晴日催花暖欲然""贪向花间醉玉卮"云云，美不胜收，令人心神驰往。不过尤为注意的是，词人并没有一味地沉溺于热闹欢腾的游宴，组词中的不少作品都有意用"冷笔"收煞，着意表现笙歌散去后的清净独往，隐隐流露出怅然若失之感，尤以其四、其九最为明显。这其实也是一种士大夫钟情的富贵风范，欧阳修在《归田录》中回忆，晏殊极为欣赏白居易《宴散》中的"笙歌归院落，灯火下楼台"一联，称其为"善言富贵者也"，指的就是这种于繁华喧闹之际依然保持从容不迫的优游气度，以及时刻不忘反省自我生命的宇宙意识，类似于一种"众人皆醉我独醒"的自觉。联系欧阳修晚年的心境，这种"始觉春空"的寂寥感也未尝不是历经风波后的清淡平和。词人以安闲的心态欣赏着群芳过后的暮春，游人散去的狼藉，平淡中蕴含着安闲静谧的人生乐趣，也给词作增添了一份余音袅袅的清空神韵。

《采桑子》

十年前是樽前客，月白风清。忧患凋零^①，老去光阴速可惊。鬓华虽改心无改，试把金觥^②。旧曲重听，犹似当年醉里声。

【解析】

这首词的具体写作年代不详，所怀念的"樽前客"生涯当是指在洛阳的生活。据考，欧阳修于仁宗景祐元年（1034）离开洛阳，庆历四年（1044）曾短暂地因公务经过洛阳，据上次离开恰好十年，这首词可能正是作于此时，欧阳修时年三十八岁。关于欧阳修等在洛阳生活的风流惬意，本书的第二、第三章所述已多；但美好的时光也总是短暂的，人世的无常更是出人意料。就在这十年间，幕主钱惟演和通判谢绛已分别于景祐元年和宝元二年（1039）去世，旧日的朋友也大都飘零四方，风流云散。欧阳修自己也已经经历了夷陵之贬，正在进行中的庆历新政亦备受攻讦，词人不禁生出了一种身心俱疲之感。再过洛阳，更是有感于物是人非，其《再至西都》诗亦云："伊川不到十年间，鱼鸟今应怪我还。浪得浮名销壮节，羞将白发见青山。野花向客开如笑，芳草留人意自闲。却到谢公题壁处，向风清泪独潺潺。"诗意颇能与此词上阕相呼应。但词作分片的体制构成使其拥有了更多的表现可能，换头处词人便突然从深沉的悲哀中幡然惊醒，年华的逝去并不意味着心境也随之老去，两鬓斑白的同时，内心依然是当年那个诗酒高会上的激昂少年。不信的话把盏重听旧曲，依稀还能感受到当年的豪气。如前所述，用词来表现真实的政治际遇和人生感慨在欧阳修的时代尚属少见，这首词在寄寓感慨的同时也并没有牺牲词体委婉含蓄的特质，并巧妙地利用词牌分片的设置来表现情感的转折，词风情况，意兴豪迈，是欧词中的名作。

---

① 凋零：本意为花草树木凋落。此处比喻为人事衰败。

② 金觥（gōng）：华美的酒器。觥：古代酒器，腹椭圆，上有提梁，底有圆足，兽头形盖，亦有整个酒器作兽形的，并附有小勺。

《朝中措·送刘仲原甫出守维扬①》

平山②阑槛倚晴空，山色有无中。手种堂前垂柳③，别来几度春风。

文章太守④，挥毫万字，一饮千钟。行乐直须年少，尊前看取衰翁。

【解析】

这首词作于至和三年（1056）刘敞出知扬州之际。刘敞是欧阳修朋友中年辈稍晚的一位，少欧阳修十二岁，但学识渊博，"自六经、百氏、古今传记，下至天文、地理、卜医、数术、浮屠、老庄之说，无所不通。其为文章尤敏赡"（欧阳修《集贤院学士刘公墓志铭》），欧阳修引以为忘年交。此次刘敞出行的目的地扬州又恰是欧阳修八年前治下的旧地，曾经留下了极为美好的回忆，故此词的上阕先由回忆展开，畅想平山堂风景之壮美；接着借由自己手植的垂柳，将时间拉回到现在。下阕进一步将话题引到了送别，"文章太守，挥毫万字，一饮千钟"，寥寥十二字便描画出一个器宇轩昂、才华横溢的青年官员形象，欧阳修鼓励这位后辈到任后莫负光阴，尽情地抒发胸中的豪情与才气。末尾处将自己作为反面教材，不无幽默地告诫对方，千万不要等到自己这个岁数才想起及时行乐啊。本篇作品语言清爽疏朗，情感豁达饱满，态度亲切和蔼，素来为人所称颂。如清人曹尔堪所言，阅读此词，"如见两公之须眉生动，偕游于千载之上也"（《锦瑟词序》）。

---

① 刘仲原甫：当指刘敞。刘敞（1019—1068），字原父（甫），临江军新喻（今江西新余）人，宋仁宗庆历六年（1046）进士，历官知制诰、集贤院学士，至和三年出知扬州。维扬：扬州的别称。
② 平山：平山堂，在扬州城西北五里大明寺侧。为庆历八年欧阳修任扬州知州时所修建，后成为扬州名胜。
③ 手种堂前垂柳：张邦基《墨庄漫录》，"扬州蜀冈上大明寺平山堂，欧阳文忠手植柳一株，人谓欧公柳"。
④ 太守：汉代官名，即宋代的知州。

《诉衷情·眉意》

清晨帘幕卷轻霜。呵手试梅妆[①]。都缘自有离恨,故画作,远山[②]长。思往事,惜流芳[③],易成伤。拟歌先敛[④],欲笑还颦[⑤],最断人肠。

【解析】

这首词题为"眉意",即通过写眉来写情。词的主体部分是写一位女子在冬日的清晨起床梳妆时的生活情景,通过画眉这一片段走近她苦闷的内心世界。上片写画眉的场景。首句点明时令,"呵手试梅妆"的细节,极为鲜活有趣。远山一般细长的眉毛原本是常见的眉形,这里却说女主人公是因为内心蕴藏着悠长的离恨,才故意画成这样。下片沿着这一新奇的设想展开,写女子蹙眉之愁绪。女主人公追忆往事,哀叹芳年易逝,内心伤感,乃至于在欲歌一曲之时也无法摆脱这种伤感,故拟歌先敛,欲笑还颦。"最断人肠"之"人",既有可能是指女子自己,也有可能是听到歌声的人,后一种解释更能表现出这种情绪的感染力。全词语浅情深,言短味长,写人眉目传神,入木三分。

《踏莎行》

候馆[⑥]梅残,溪桥柳细,草薰风暖摇征辔[⑦]。离愁渐远渐无穷,迢迢

---

① 梅妆:《太平御览》卷九七〇引《宋书》,"武帝女寿阳公主人日卧于含章檐下,梅花落公主额上,成五出之华,拂之不去,皇后留之,自后有梅花妆"。

② 远山:古代妇女画眉的一种形态。《西京杂记》卷二:"文君姣好,眉色如望远山,脸际常若芙蓉。"

③ 流芳:流逝的年华,美好的时光。

④ 敛:敛眉,收敛表情。

⑤ 颦(pín):皱眉,忧愁的样子。

⑥ 候馆:旅舍。

⑦ 草薰风暖:谓青草沐浴着温暖的南风。薰,香气侵袭。征辔(pèi):行人坐骑的缰绳。《文选》卷一六江淹《别赋》:"闺中风暖,陌上草薰。"此句化用其意。

不断如春水。寸寸柔肠①，盈盈粉泪，楼高莫近危栏②倚。平芜③尽处是春山，行人更在春山外。

【解析】

这是欧阳修的代表作之一。词作主题是抒写早春南方行旅的离愁。上阕写行人旅途中的所见所感，春日草熏风暖，行人却触景生情，离思如涌。"离愁渐远渐无穷，迢迢不断如春水"与李煜的"离恨恰如春草，渐行渐远还生"（《清平乐》）有异曲同工之妙，都是巧妙地借眼前的自然景物，写尽离愁之萦绕难解。下片将视角对准闺中的思妇，在行人愁思难解之际，留在家中的佳人也在凭栏远望，思念着远行的夫婿。春山本无内外之别，词人强加以主观界定，写出居者念远的迷茫心境。一说下片的抒情主人公仍为行人，"寸寸柔肠，盈盈粉泪"乃是设想之辞，"楼高莫近危栏倚"是行人对闺中人的叮嘱，词人这里是化用了杜甫"今夜鄜州月，闺中只独看"（《月夜》）的思路，较直接写思妇更为婉转曲折。全词寓情于景，含蓄深沉，更兼前后呼应，浑然一体，欧词之"深婉"，在这首作品中体现得淋漓尽致。

《生查子》

去年元夜时，花市灯如昼。月上柳梢头，人约黄昏后。今年元夜时，月与灯依旧。不见去年人，泪满春衫袖。

【解析】

这首词写的是一位女子围绕元宵节的爱情遭际。唐宋以来，元宵节都是一个十分热闹的节日，青年男女得以走出家门，于火树银花前笑语相向，故元宵节也往往伴随着一些浪漫的传说。这首词上下两片分写去年和今年的情

---

① 寸寸柔肠：柔肠寸断，形容愁苦到极点。
② 危栏：高楼上的栏杆。
③ 平芜：平坦地向前延伸的草地。芜，草地。

景，借助今昔对比，诉说物是人非、旧情难续的伤痛。全篇语言通俗明快，颇有民歌风味。今昔对比的写作构思很像唐人崔护的名作《题都城南庄》："去年今日此门中，人面桃花相映红。人面不知何处去，桃花依旧笑春风。"但相比之下，崔诗限于篇幅，抒情较为含蓄，表达的主要是对于美好事物的留恋情绪；而欧词则直陈恋情，情感上更为深挚沉痛。

这首词亦被收入南宋女词人朱淑真的词集《断肠词》，不过南宋初年曾慥的《乐府雅词》也收录此词，题为欧阳修所作。曾慥对欧词的选录非常严格，所有作者存疑的艳词均删去不录；而朱淑真被误为《生查子·元夕》词的作者，现可考的最早的明确记载是明代杨慎《词品》卷二。故综合来看，这首词还是归于欧阳修名下为宜。

《蝶恋花》

庭院深深深几许。杨柳堆烟①，帘幕无重数。玉勒雕鞍游冶处②，楼高不见章台路③。雨横风狂三月暮。门掩黄昏，无计留春住。泪眼问花花不语，乱红飞过秋千去。

【解析】

这也是一首以闺怨为主题的作品。上阕着意渲染深闺的寂寞孤独，深深的庭院、层层的杨柳、重重的帘幕，构成了一道又一道的障碍，横亘在她与情郎之间。处在这样一个与世隔绝的封闭环境，女主人公心情之压抑绝望也可想而知。与之形成对比的是，她朝思暮想的情郎，此刻却骑着高头骏马，在花柳繁华的秦楼楚馆中寻欢作乐。下阕横插一段狂风暴雨，风雨驱散了春光，其实也暗喻女主人公青春的流逝不返。"泪眼问花"一句尤为传神，女子看着暮春零落的花朵，由物及人，联想到了在痛苦情绪中日渐萎靡的自己，然而花儿不但不语，反而像故意抛舍她似地纷纷飞过秋千而去，与薄幸的情

---

① 杨柳堆烟：形容杨柳茂密，远望如同堆叠的烟雾。
② 玉勒雕鞍：极言车马的豪华。玉勒，玉制的马衔。游冶处：指歌楼妓院。
③ 章台：汉长安街名。唐人许尧佐《章台柳传》记妓女柳氏事，后因此以章台为歌妓聚居之地。

郎如出一辙。有情之人、无情之物都对她报以冷漠，女子的伤心也在落花的映衬下更深了一步。全词写景状物，虚实相融，用语自然，词意深婉，对少妇心理刻画写意尤为传神。

这首词也出现在了冯延巳的《阳春集》中。然李清照《漱玉词序》有云："欧阳公作《蝶恋花》，有'庭院深深深几许'之句，予酷爱之，用其语作'庭院深深'数阕，其声即《临江仙》也。"李清照生活在两宋之交，与欧阳修年代相隔不远，其记载当为可靠，故本书选择将这首词归于欧阳修名下。

《南歌子》

凤髻金泥带[①]，龙纹玉掌梳[②]。走来窗下笑相扶。爱道画眉深浅、入时无[③]。弄笔偎人久，描花试手初。等闲[④]妨了绣功夫。笑问双鸳鸯字、怎生书。

【解析】

这是一首闺房记乐之作。女主人公是一位新婚不久的少妇。上阕从新妇的妆容写起，为了博得夫婿的欢心，她细心打扮自己，"凤髻""龙纹"云云，不仅突出了新妇装扮的华美，还取"龙""凤"的祥瑞寓意，告诉读者这对夫妇还沉浸在新婚的喜悦甜蜜中。"走来窗下笑相扶"更是活画出了这位新娘的娇俏娉婷。"爱道"两句几乎是不留痕迹地化用了朱庆馀的诗句，生动地还原了新妇的娇嗔语气。下片写新娘刺绣的情形，通过动作进一步表现了她对夫婿的依恋之情和撒娇之态。最后复以问句收束，与上片相呼应，更觉新妇娇声如闻，憨态可掬。全词采用口语和白描手法，塑造出女主人公活泼妩媚的形象，颇有民歌风致。清人贺裳《皱水轩词筌》有云："词家须使读者如身履

① 凤髻：将发髻梳成凤凰飞翔之状。金泥带：用洒有金屑的丝带系住发髻。
② 龙纹玉掌梳：图案作龙形、大约如手掌大小的玉梳。
③ "爱道"二句：化用自唐·朱庆馀《近试上张水部》："洞房昨夜停红烛，待晓堂前拜舅姑。妆罢低声问夫婿，画眉深浅入时无？"
④ 等闲：轻易，随便。

其地，亲见其人，方为蓬山顶上"，下列五首他认为满足这一标准的名篇，其中便有欧阳修的这首《南歌子》。贺裳称赞这些作品"真觉俨然如在目前，疑于化工之笔"，诚非虚言。

《浪淘沙》

把酒祝^①东风，且共从容。垂杨紫陌^②洛城东。总是当时携手处，游遍芳丛。　聚散苦匆匆，此恨无穷。今年花^③胜去年红。可惜明年花更好，知与谁同？

【解析】

这是一首怀旧之作，所怀对象为洛阳故交。上片由现实联想到往昔，尤其是当年的踏青寻芳之乐。欧阳修在西京期间与梅尧臣、尹洙、杨愈、王复等结为"七友"，并戏为"八老"之会。幕主钱惟演对这些年轻人甚为宽容，不责以吏事，故而欧阳修等人得以遍赏洛中名园，日以诗酒交游为事。时过境迁，再回忆起当初的盛会，词人不禁百感交集。下片则由现实而思及未来，雍容美丽的牡丹年年盛放，甚至一年比一年娇美，可是人事却难以预测。"可惜"二字，暗示了昔日欢宴的不可再得。这几句或是从唐诗"年年岁岁花相似，岁岁年年人不同"化出，却转得更深一层：自然界的花朵不只是相似，而是一年比一年开得更好，可人事却正好相反，两相对比，更觉凄凉。全词笔致疏放，词意曲折隽永，尽显欧词"深婉"的特点。

《浣溪沙》

堤上游人逐画船。拍堤春水四垂天^④。绿杨楼外出秋千。　白发戴花

---

① 祝：祈祷，请求。
② 紫陌：紫路。洛阳曾是东周、东汉的都城，据说当时曾用紫色土铺路，故名。此指洛阳的道路。
③ 花：这里特指牡丹。欧阳修《洛阳牡丹记》："洛阳亦有黄芍药、绯桃、瑞莲、千叶李、红郁李之类，皆不减他出者，而洛阳人不甚惜，谓之果子花，曰某花、某花。至牡丹，则不名，直曰花，其意谓天下真花独牡丹，其名之著，不假曰牡丹而可知也。其爱重之如此。"
④ 四垂天：天幕仿佛从四面垂下，此处写湖上水天一色的情形。

君莫笑，六幺^①催拍盏频传。人生何处似尊前。

【解析】

这是一首记录春日画船载酒宴游乐事的作品，写作时间当为宋仁宗皇祐元年至二年（1049—1050），作者时知颍州。上片描写春光之美好，欧阳修以出神入化的笔调书写了三个独立的画面：首句一个"逐"字，活画出了热闹嘈杂的场景——游人为什么要去追逐画船呢？是因为船体本身的华美富丽，还是因为舟上主人非凡的魅力？词人没有给出明确的答案，恰到好处的留白反而会激发读者的想象力。下句的"拍"字同样极有精神，涨起的湖水拍打着堤岸，蕴含着一种独属春天的饱满的生命力；湛蓝的天幕从四面垂下，碧水蓝天交相辉映，清旷宜人。下句视野又宕开一角，转向了稍远的人家。这句的句眼同样在动词"出"上，与前面的"逐""拍"一样，都给人带来了一种生气蓬勃的审美体验。王国维认为这一句化用自冯延巳的"柳外秋千出画墙"，但"欧语尤工耳"（《人间词话》）。下阕转而抒写作者自己的感慨。虽然岁月不饶人，但词人依然乐呵呵地戴上花朵，跟随六幺的节拍传杯递盏，将欢宴的气氛推向高潮。末句"人生何处似尊前"，初看是酒酣耳热之际的畅快之语，但细思之下，这种及时行乐的宣言也隐含着欢乐短暂、胜景难再的悲凉之思。以这种观念再回看词中所写的美景欢宴，便别有一番深意，词意也愈发含蓄隽永。

《玉楼春》

夜来枕上争闲事，推倒屏山褰绣被^②。尽人求守^③不应人，走向碧纱

---

① 六幺：又名绿腰，唐时琵琶曲名。王灼《碧鸡漫志》卷三云："《六幺》，一名《绿腰》，一名《乐世》，一名《录要》。"白居易《琵琶行》："轻拢慢捻抹复挑，初为霓裳后六幺。"
② 屏山：屏风。褰（qiān）：揭，提起。
③ 求守：求告，恳求。

窗下睡。直到起来由自䫑^①。向道夜来真个^②醉。大家恶发^③大家休，毕竟到头谁不是。

【解析】

这首词仅见于《醉翁琴趣外篇》，在内容上也属于所谓的"艳情"作品。但不同于普通艳情词那样专注于两情相悦时的浓情蜜意，这里作者另辟蹊径，选取了夜里吵架这样一个颇具喜剧色彩的夫妻生活片段，读来鲜活有趣。叙述从女方的角度展开，上片写女主人公与丈夫因"闲事"起了争执，一气之下踢开了被子，还推倒了卧榻旁边的屏风。任凭对方如何央告求饶，她都赌气不理，一个人跑去碧纱窗下独眠。下片写第二天的场景，经过前一晚的怄气，女子起床后感到慵懒无趣，理智上也清醒了一些。她转而主动去向丈夫赔了不是，承认昨天是酒后失德，希望对方不要计较，和好如初。通过这一片段，作者成功地塑造了一个活泼娇憨的女性形象，可恼难缠中透着直率可爱。全词语言通俗，词意畅达，极富生活气息，是同类作品中难得的佳作。

雅俗兼济的新型文人词

综上，欧阳修所处的北宋中期也是宋词发展的关键时期。柳永用市井新声拓展了词体的表现容量，也转变了词的审美风格；晏殊则在传统的小令中精耕细作，将"典雅"发挥到了极致。欧阳修的地位和涵养决定了他会选择追随晏殊。欧阳修流传下来的大部分词作都是小令，内容也多是男女欢爱、离情别绪，风格柔婉含蓄，延续了唐五代以来的词林"正统"。本节所选的《诉衷情·眉意》、《踏莎行·候馆梅残》《生查子·去年元夜时》和《蝶恋花·庭院深深深几许》都是这类风格的代表作。但作为一代文坛领袖，超凡的胸襟气魄和卓绝的文化品位令欧阳修并不满足于单纯地因循前人。与前辈冯延巳、晏殊一样，欧阳修也致力于词体的雅化。这不仅表现在作品语言的清丽脱俗，

---

① 䫑（tī）：困扰，纠缠。

② 真个：真的，确实。

③ 恶发：发怒，生气。

还在于他们试图深化词作主题，在模式化的春感秋悲中寄托更为深挚的忧患意识，尤其是对关于生命和时间的反思。本节所选的《采桑子·十年前是樽前客》《浪淘沙·把酒祝东风》都能看出作者在这方面的开拓。欧阳修本人的个性也对其词体创作产生了影响。他热爱清明澄澈的湖光山色，热衷于在词中营造开阔清旷的词境，为后来的"豪放词"道夫先路，《朝中措·送刘仲原甫出守维扬》便是这种风格的代表作。此外词体的应用属性也为欧阳修提供了一个难得的释放渠道，让他不必正襟危坐，放下教条，而以一种轻松的心态自由挥洒性情。他饶有兴致地学习民歌中的"定格联章"形式，创作了《采桑子》《渔家傲》等联章组词，风格活泼明快。他甚至还写过一些香艳大胆的艳词，内容虽然无甚可取，但颇能反映其性格中风流任诞的一面。总之，欧阳修在宋词方面的成就虽然不及诗文，但也因雅俗兼济而在词史上别具一格，在词境的开拓上也为后来苏轼的词体个性开辟了道路。

"我老将休，付子斯文"：
欧阳修与北宋文坛的传承

欧阳修一生以提携后进为己任，不仅慧眼识珠地发觉了曾巩、三苏父子等文学奇才，形成了所谓的"欧门"；还具有明确而自觉的续盟意识，先后选定了曾巩、王安石、苏轼作为主盟的后继人，最终苏轼脱颖而出，成为一代文坛领袖。欧阳修所开创的这种连续性、系列性的主盟形式，使文学的发展不断获得延续的力量。本章将从"欧门"的形成入手，结合当时的"文统"观念，分析欧、苏的传承之于北宋文坛的深远影响。

第一节　欧阳修的"识人"与"欧门"的形成

作为集"宗师"与"盟主"于一身的一代文宗，欧阳修不仅在诗、文、词诸领域都开得风气且为师，还以善识人才、奖掖后进闻名于世，备位两府、典掌贡举的政治名位也为其举荐贤才提供了便利。其子欧阳发曾回忆父亲对奖掖人才的热情：

> 先公平生以奖进贤材为己任，一时贤士大夫虽潜晦不为人知者，知之无不称誉荐举，极力而后已。既为当世宗师，凡后进之士，公尝所称者，遂为名人。时人皆以得公一言为重，而公推扬诱进不倦，至于有一长者，识与不识皆随其所长而称之。至今当世显贵知名者，公所称荐为多。（欧

阳发《先公事迹》）

欧阳修热心荐士的例子有很多。在欧阳修被贬滁州期间，释褐得授荥阳主簿的进士魏广在赴任途中专程前来拜访，令欧阳修感动不已，不仅作《送荥阳魏主簿》称述其品行，更致书晏殊，荐曰："有魏广者，好古守道之士也。其为人外柔而内刚，新以进士及第，为荥阳主簿。今因吏役至府下，非有他求，直以卑贱不能自达，欲一趋门仞而已。伏惟幸赐察焉。"（《与晏元献公二通》其一）类似的例子还有焦千之。皇祐年间，时知颍州的欧阳修认识了本地士人焦千之，颇为欣赏其"谁言一身穷，自待九鼎重"（欧阳修《送焦千之秀才》）的独立品格；至嘉祐年间任翰林学士时，欧阳修专门修书将这位后辈引荐给赵槩，希望后者能推荐焦千之为郓州州学教官："焦千之秀才久相从，笃行之士也。昨来科场，偶不曾入。其人专心学古，不习治生，妻、子寄食妇家，遑遑无所之。往时闻郓学可居，所资差厚，可以托食，而焦君以郡守贵侯，难以屈迹。今遇贤主人，思欲往托。"（欧阳修《与赵康靖公》其三）由此可见，不论自身是处于顺境还是逆境，欧阳修都对汲引后进一事颇为上心，不仅写诗助其扬名，还积极动用自己的关系人脉，为后辈谋取实际利益。所谓"奖引后进，如恐不及"（《宋史·欧阳修传》），在这些案例中可谓体现得淋漓尽致。

当然，光有热情是远远不够的，选拔人才的事业不仅要看"数量"，更要看"质量"。欧阳修的可贵之处便在于，其所看中的人才基本上都是实至名归，后来都成了北宋政治、思想、文学诸领域的领军人物，这在宋代历史乃至于整个中国文化史上都是相当罕见的。活跃在两宋之际的著名文人叶梦得回顾北宋时期的典章制度："故事，制科必先用从官二人举，上其所为文五十篇，考于学士院，中选而后召试，得召者不过三之一。惟欧阳文忠公为学士时，所荐皆天下名士，无有不在高选者，苏子瞻兄弟、李中书邦直、孙翰林巨源是也。世遂称欧阳善举贤良。"（《避暑录话》卷下）唐宋时期的"科举"其实是"常科"和"制举"的合称，前者是指进士、明经、明法、明算等定期举行的考试，而尤以进士科为贵；后者是为选拔"非常之才"而举行的不定期考试，常设的科目有贤良方正能言极谏科、识才兼茂明于体用科、茂才异等科等。因为制科是由皇帝亲自主持，故规格更高，选拔标准也更为严苛。如叶梦得所言，有意应制科考试者需要两位高官推荐，还要先缴进平日习作五十篇以供学士院筛选。一般情况下，在满足这些条件的申请者中，最后能够通过召试的不超过三分之一。而唯有欧阳修慧眼识珠，在任翰林学士期间，他所荐举的人才都名副其实，最后全都得以优异的成绩通过了制科考试，这份成绩在当时可谓是独一无二的。由于制科考试以"贤良方正能言极谏科"最为著名（苏轼、苏辙兄弟所应即为此科），故当时人都称赞欧阳修"善举贤良"。

不过从以上案例中也能看出，欧阳修之所以能够获得知人善任的名声，优越的政治地位是不可或缺的因素——毕竟只有翰林学士才有资格推荐参与制科的人选。苏轼的门生张耒表述得更为直白："而欧阳公于是时，实持其权以开引天下豪杰，而世之号能文章者，其出欧阳之门者居十九焉。"（张耒《上曾子固龙图书》，《柯山集拾遗》卷十二）更能显示权位之重要性的是嘉祐二年贡举。关于这次科场风波的前因后果，本书第一章和第三章皆有翔实的介绍，这里需要强调的一点是，嘉祐二年科举之所以能够名垂青史，和欧阳修对职权的合理使用密不可分。早在受命担任主考之初，欧阳修便引荐与自己文学观念相近的老朋友梅尧臣担任试官，力求让自己改革文风的设想能够在阅卷中得到贯彻。而据《石林燕语》记载，正是梅尧臣的推荐，才使得原本已被黜落的苏轼有机会得到主考官欧阳修的青睐：

> 苏子瞻自在场屋，笔力豪骋，不能屈折于作赋。省试时，欧阳文忠公锐意欲革文弊，初未之识。梅圣俞作考官，得其《刑赏忠厚之至论》，以为似孟子。然中引皋陶曰"杀之三"，尧曰"宥之三"，事不见所据，亟以示文忠，大喜。往取其赋，则已为他考官所落矣，即擢第二。（宋·叶梦得《石林燕语》卷八）

可以设想，如果不是有梅尧臣这样与欧阳修声气相投的同道作为考官，其他人未必能够领会欧阳修"欲革文弊"的意图，苏轼也就未必能够脱颖而出，嘉祐二年的贡举也就不会拥有如此显著的影响。可以说，嘉祐二年科举的成功，就是超凡卓识与仕宦权力适度结合的产物。至于这一榜进士之人才济济，本书第三章已有较为详细的介绍，兹不赘述。这个群星璀璨的举子集团虽然未必都曾拜于"欧门"之下，但其优越的文学品位和学术素养，为欧门的形成提供了优化组合的充分条件，其文学方面的佼佼者如苏轼、苏辙兄弟和曾巩，也都是欧门的核心成员。

在科举初兴的唐代，科举主考和及第考生之间结成了"座师（或称座主）"与"门生"的关系，结合儒家伦理中对于"师道"的尊崇，座师之于门生的重要性不啻父子。二者往往被视为一个利害攸关的利益共同体，在官场上同声气、共进退，关系之密切程度较一般的朋党更甚。唐代崔群将自己作主考时录取的三十名进士比作"三十所美庄良田"（事见唐·李冗《独异志》），隐喻的就是这种门生、座主间的政治联系。宋代为了加强皇权，设立常规化的殿试以将选士的权力收归皇帝，录取者皆称"天子门生"。宋太祖还曾经专门下令："今后及第举人不得辄拜知举官……如违，御史台弹奏。"（《宋会要辑稿》选举三）这些举措的确在一定程度上削弱了门生、座主间的政治纽带，但基于师道伦理和历史习俗的强大惯性还是使得宋代的及第举子对科举主考怀有深切的感激之情，只是这份情感联系一般不会直接"变现"成为政治朋党。例如苏轼在中举后即作《谢南省主文启五首》，分别向担任考官的欧阳修、王珪、梅尧臣、韩绛、范镇致以谢意，对主考官欧阳修尤其钦佩之至，表示"轼愿长在下风，与宾客之末，使其区区之心，长有所发"（苏轼《谢欧阳内翰书》，《苏轼文集》卷四十九）。前文也曾经提到，由于欧阳修执意打压声势浩大的太学体，嘉祐二年贡举所录取的进士中，就读于太学的京师生徒人数较少，代之以较少沾染此风的外地举子。这些举子大多出身寒微（至多是基层官吏家庭），在朝中并无根基，初入仕途的他们也需要寻找名公巨卿以为依靠，才华出众、魅力超凡又热心荐士的欧阳修自然成了一个理想的选择。因此，在文学与名位的双重加持下，一个组织松散但却感情深厚的"欧门"逐渐形成。

当时人甚至将欧阳修与弟子三千的孔子作比，赞其"师墙九仞，诸生就列于四科"（陈舜俞《贺欧阳枢密启》），可见"欧门"之盛况。

不过与孔子门下不同，所谓的"欧门"其实并没有严格的结构关系，也无明确的权力、义务规定，只是围绕着欧阳修自发形成的一个有着近似思想文化观念的松散团体。拜入欧门的士人虽然未必都是文学之士，但鉴于欧阳修本人对于文学的爱好，与之频繁发生文字往来的大都是对文学创作有兴趣和热情的后进学子，故欧门最终呈现出的面貌近似文学社团。熙宁初，神宗尝有意重新启用已为三朝元老的欧阳修，问欧阳修的交游情况，王安石便一针见血地指出："修好有文华人。"（《长编》卷二百十一）的确，欧阳修对于文才的重视是出了名的，他曾明确表示过："君子之所学也，言以载事，而文以饰言，事信言文，乃能表见于后世。……其言之所载者大且文，则其传也彰，言之所载者不文而又小，则其传也不彰。"（《代人上王枢密求先集序》）也就是说，文辞并不是无意义的装饰物，其对于"事""道"的传播是有着不可忽视的价值的。因此欧阳修在面对后辈学子时，也会首先关注其文章才华。例如他曾热情地称赞吴充的文章"发而读之，浩乎若千万言之多，及少定而视焉，才数百言尔""辞丰意雄，霈然有不可御之势"（《答吴充秀才书》）。对于曾巩推荐的王回、王向，他惊喜地表示："此人文字可惊，世所无有""使如此文字，不光耀于世，吾徒可耻也。"（曾巩《与王介甫第一书》转述）乃至对王安石，欧阳修首先关注的也是"介甫诗甚佳，和韵尤精"（《与沈待制二通》其一），"辱示介甫鄞县新文……读之饱足人意。盛哉盛哉！天下文章，久不到此矣"（《与曾舍人》）。据曾巩所述，他还曾经编纂过一部《文林》，用以收录当世才俊的文章，显然有助力传播之意。在这种明确的价值导向下，有文才的士人也乐于投靠欧公。至嘉祐初，初入京师的苏辙已然感慨："见翰林欧阳公……与其门人贤士大夫游，而后知天下之文章聚乎此也。"（苏辙《上枢密韩太尉书》，《栾城集》卷二十二）嘉祐二年以后，借助科举的影响力，欧阳修在推广自己文学主张之余，也进一步将苏轼兄弟等远道而来的文学后辈收至门下。最终，也正是苏轼继承了欧阳修的衣钵，成为新一代的文坛领袖。

第二节　付子斯文：欧阳修对于接班人的选择

欧阳修可谓是"文宗"的集大成者。当时人对他的评价中就一再强调其名位双全、"兼古人之所未全，尽天力之所难致"（苏辙《贺欧阳副枢启》，《栾城集》卷五十）；然而这"空前"的盛名和权位也为他带来了空前的压力，以至于其晚年时常流露出一种焦虑感。除了在政治上一再地请退，他还不止一次地对自己欣赏的门生后辈流露出托付衣钵的意思，有意将"欧门"一脉的文采风流传承下去。

早在青年时期，欧阳修便对门生曾巩青眼有加，称"过吾门者百千人，独于得生为喜"（曾巩《上欧阳学士第二书》，《元丰类稿》卷十五），似有以之为接班人的意思。曾巩亦时刻铭记"言由公诲，行由公率"（《祭欧阳少师文》，《元丰类稿》卷三十八），可谓是欧阳修门人中最"忠诚"的一位，尤其是其偏于阴柔的散文风格，与乃师欧阳修的"六一风神"一脉相承。曾巩在欧门中之超群，在当时及后世都有口皆碑。例如苏轼便曾表示："醉翁门下士，杂遝难为贤。曾子独超轶，孤芳陋群妍。"（《送曾子固倅越得燕字》，《苏轼诗集》卷六）更晚一辈的张耒亦云："世之号能文章者，其出欧阳之门者居十九焉。而执事实为之冠。"（《上曾子固龙图书》）两宋之交的学者晁公武则称："欧公门下士多为世显人，议者独以子固为得其传，犹学浮屠者所谓嫡嗣云。"（《郡斋读书志》卷四下）可见曾巩在欧门中的独特地位已经是世人的共识。不过欧阳修在初识曾巩时年纪尚轻，还没有明确表现出托付衣钵的意向，而曾巩后来的文学成就和政治地位似乎也不足以承担这一重担。更重要的是，一些更为优异的后辈也在这时相继进入了他的视野。

至和元年（1054），欧阳修初拜翰林学士，终于见到了闻名已久的王安石。早在庆历年间，初入欧门的曾巩便对恩师推荐过好友王安石。在庆历四年（1044）的《上欧阳舍人书》中，曾巩言道："巩之友王安石，文甚古，行甚称文，虽已得科名，居今知安石者尚少也。……先生倘言焉，进之于朝廷，其有补于天下。亦书其所为文一编进左右，幸观之，庶知巩之非妄也。"（《元丰类稿》卷十五）庆历七年，欧阳修谪居滁州，曾巩复携王安石的文章前往拜谒，据其在写给王安石的书信中所言："欧公悉见足下之文，爱叹诵写，不胜其勤。……又尝编《文林》者，悉时人之文佳者，此文与足下文多编入矣。至此论人事甚重，恨不与足下共讲评之，其恨无量，虽欧公亦然也。欧公甚欲一见足下，能作一来计否？"（《与王介甫第一书》，《元丰类稿》卷十六）可见欧阳修很早便对王安石之文才青睐有加，还将王安石的作品编入了《文林》。但王安石似乎对拜入欧门并不十分热心，曾巩信中的滁州之邀亦未成行，直到至和元年，欧、王二人才得以第一次会面。欧阳修大喜过望，赠王安石诗云：

> 翰林风月三千首，吏部文章二百年。老去自怜心尚在，后来谁与子争先。（《赠王介甫》）

诗中热情地称赞王安石的诗似李白，文如韩愈，前途不可限量，是最理想的"文宗"接班人选。但遗憾的是王安石本人似乎对接任"文宗"兴趣不大，答诗云：

> 欲传道义心犹壮，强学文章力已穷。他日若能窥孟子，终身何敢望韩公。（《奉酬永叔见赠》，《王荆文公诗笺注》卷三十三）

其本意或仅是出于一种客套的自谦，声明自己才力浅薄，学文章已至力穷，定然达不到韩愈那样的高度，担不起欧公"后来谁与子争先"的期许。但显然在王安石看来，"道义"的重要性远远在"文章"之上，在力所能及的情况下，他首先希望能如孟子一样传承道义，文学上的"强学"倒在其次。这也与他对文学的一贯主张相符。王安石早年在《上人书》中表达过对于文学的观点，他认为"文"和"辞"不可一概而论，前者是"务为有补于世而已矣"，代表是《孟子》；后者则不过是可有可无的装潢，"犹器之有刻镂绘画也"。韩柳所教授的作文之法，其实都不过是在"辞"上做功夫。"文"和"辞"是有本末之别的："诚使巧且华，不必适用；诚使适用，亦不必巧且华。

要之以适用为本，以刻镂绘画为之容而已。"这显然与欧阳修的文学主张背道而驰。更重要的是，王安石明确表达了对"登瀛抱椠"仕进之路的拒绝：进士高科出身的他在先是放弃了外任任满后可献文求试馆阁的机会，皇祐三年又辞馆职召试，至和元年（1054）固辞集贤校理，嘉祐五年又七辞同修起居注，次年不试而除知制诰，始不复辞官——此时距其及第已经过去了二十年之久。如本书第一章所言，这套集中反映了宋代文治国策的"词章取士"选举制度是宋型"文宗"的必经之路，而王安石一再地请辞集贤校理等文字之职，放弃这条倚仗文才平步青云的仕进捷径，其实也是在向世人昭示其对于"文宗"之位的拒绝。本来，王安石的文学成就也是有目共睹的，还得到了欧阳修本人的盛赞和托付，其后来的政治地位亦足以号令天下，完全有条件成为集"宗师"与"盟主"于一身的一代"文宗"，奈何其志不在兹，欧阳修的殷殷托付最终落空。

虽然在王安石那里碰了个软钉子，欧阳修也并没有就此放弃寻找接班人的努力。很快，在嘉祐二年主持贡举之际，他又发现了一位更为理想的"文宗"继承人，也是未来文坛上最为耀眼的明星——苏轼。欧阳修对苏轼的知遇之恩久已是文坛佳话，这次科举后不久他便在给梅尧臣的书信中以一种超乎惊喜的口吻盛赞苏轼的文才："读轼书，不觉汗出，快哉快哉！老夫当避路，放他出一头地也。可喜可喜。"（《与梅圣俞》其三十）在苏轼、苏辙兄弟皆以优异的成绩通过制科考试后，欧阳修在写给友人的书信中欣喜地表示："苏氏昆仲，连名并中，自前未有，盛事！盛事！"（《与焦殿丞千之》）还不无感慨地预言："三十年后，世上人更不道着我也。"（宋·朱弁《曲洧旧闻》卷八）据苏轼回忆，当时欧阳修就明确表达了托付衣钵的意愿：

> 公为拊掌，欢笑改容："此我辈人，余子莫群。我老将休，付子斯文。"
> （《颍州祭欧阳文忠公夫人文》，《苏轼文集》卷六三）

令他欣慰的是，这一次他也得到了苏轼的热情回应。苏轼自幼便仰慕欧阳修文名，据他回忆，在七八岁刚刚接受启蒙的时候，便听闻过欧公的令名。在幼年苏轼的想象中，欧阳修是近乎孟轲、韩愈一般的伟人。后来随着年龄的增长，在真正阅读过欧阳修的著述后，对其了解也更多，"意其飘然脱去世俗之乐而自乐其乐也"（《上梅直讲书》，《苏轼文集》卷四十八），倾慕之情也与日俱增。因此，面对恩师的重托，苏轼郑重地"再拜稽首，过矣公言。虽知其过，不敢不勉"（苏轼《颍州祭欧阳文忠公夫人文》，《苏轼文集》卷六三）。在此后的几十年里，苏轼确实做到了以斯文为己任，即便是在党争日益严酷的熙丰、元祐年间，苏轼与其所领导的苏门集团仍始终坚持着文学的独立价值，不唯与新党相左，与同属旧党的朔党、洛党也泾渭分明。同时苏轼也是"词章取士"制度的拥护者，坚决反对王安石熙宁新制中罢诗赋、专试策论的科举改革，公然上书为诗赋辩护："自唐至今，以诗赋为名臣者，不可胜数，何负于天下，而必欲废之！"（《议学校贡举状》，《苏轼文集》卷二十五）不唯如此，晚年的苏轼还心心念念要将"文宗"之任传承下去，一如当年欧公对自己的重托：

> 东坡尝言：文章之任，亦在名世之士，相与主盟，则其道不坠。方今太平之盛，文士辈出，要使一时之文，有所宗主。昔欧阳文忠常以是任付与某，故不敢不勉。异时文章盟主，责在诸君，亦如文忠之付授也。（宋·李廌《师友谈记》）

由此可见，苏轼对自己肩上的"文章之任"有着清醒的认知，其文学成就当然也足以冠映当世。与恩师欧阳修一样，苏轼也以爱重人才著称，为文学史留下了"苏门四学士""苏门六君子"的佳话。但苏轼的不幸在于他生在了一个政治斗争空前严酷的时代，"一肚皮不合时宜"的他每每与时宰政见相左，不得不长期外任，远离政坛中心。尽管在元祐初年，苏轼曾因旧党得势而回归中央，一路破格晋升，先后担任了中书舍人和翰林学士，并于元祐三年（1088）知礼部贡举，看上去似乎满足了成为"文宗"的政治条件，但这样的显赫名位只维持了四年不到，很快苏轼便不堪忍受旧党内部的倾轧而自请离朝，开始了人生中的第二轮外任，其所主持的元祐三年贡举也没能再现嘉祐二年的盛况。这也就决定了其作为"盟主"的影响无法与恩师欧阳修相提并论。何况欧阳修等人的贬谪生涯尚是作为一方父母的地方官，苏轼则一再作为"罪人"流放远地，晚年甚至被贬去了远无可远的天涯海角。如果说当年往滁州拜谒欧公的年轻士子只是"时之所弃子独向，无乃与世异取舍"（欧阳修《送孙秀才》），得不到干谒应得的回报，那么绍圣年间继续追随苏轼者则面临着连坐得罪的危险——著名的"苏门四学士"便无一幸免，相继遭到了贬逐。虽然出于对苏轼本人的钦佩和对自身操守的坚持，此时仍有不少人甘愿放弃仕途，追随他们心目中的文坛领袖，但政治形势的严峻无疑还是弱化了苏轼在政坛上的影响力，进而也削弱了其作为"文宗"的领导力。因此，尽管苏轼本人对"文宗"身份有充分的自觉，文学成就也足以成为一代宗师，但遗憾的是，当时的政治环境使他无法在文坛领袖的位置上复制欧阳修的成就。

换言之，欧阳修作为宋型"文宗"的巅峰的同时，也标志着一个时代的结束，尽管他一直对接班人的问题格外上心，在他身后却再未出现"世莫敢有抗衡者"的文坛领袖，即便是苏轼这样的天纵英才，也未能再现欧阳修当年的辉煌。其实上文的分析已经透露了个中缘由："文宗"出现断层的原因并非后继乏人，而是彼时的政治环境已经不再为"文宗"提供存在的土壤。具体来说，经过王安石变法对科举、馆职、词臣选任制度的改革，北宋"词章取士"的选举原则遭到了彻底颠覆，文学高选很难再凭借文才登上高位，成为集"宗师"与"盟主"于一身的"一代文宗"。王安石对文华的鄙薄已见上文，其本人也拒绝了"登瀛抱椠"的序迁常规，熙宁年间他上台执政后便着手对这一套以文才为考量中心的选举制度进行改革。首先是科举罢诗赋，此外考验记诵的帖经、墨义亦一并罢去，纯粹以经义、策论取士。此议一出便遭到了苏轼的强烈反对，然而最终还是得到了神宗的支持。熙宁四年（1071），这套科举新制以诏令的形式颁行。此外王安石还对馆阁、中书召试以诗赋制诰取人的做法深表不满。其实早在治平四年（1067）闰三月，即位不久的神宗便听取吴申、王珪的建议，取消了馆职考试中对诗赋的考量。但王安石仍然以为这些考试都是"虚文旧俗"，熙宁三年被神宗召问时甚至提议连策论一并罢去，改为"召给笔札，令内臣监试，更以数卷转对令看详"（《长编》卷二百十一），完全以处理实际政务的吏干为馆阁选人标准。即便是以文字为职业的两制词臣，王安石也抱有一种偏激的实用主义态度，认为与其耗费心力制拟华辞，不如多在实事上下功夫，故建议干脆固定文书格式，所有制诏的写作只需依样画葫芦即可，"甚省得词臣心力，却使专思虑于实事"（《长编》卷二百二十）。如此一来，文学在政治生活中的意义便被一笔勾销了，文章之士也因此失去了往昔的政治资本，在通向高层文官的道路上困难重重。例如熙宁四年冯京曾荐举刘攽、曾巩、苏轼直舍人院，三人皆以文章学术知名，若按北宋前期的馆阁取士标准，堪称馆职的绝佳人选。但在此时，这一提议竟遭搁浅。由此可见，这条"登瀛抱椠"的荣显之途已不再像往日那样对文才之士敞开大门。除了制度上的否定，王安石改革还在相当程度上扭转了整个社会尚文的风气。熙宁九年，王安石尝与神宗讨论过所谓的"风俗"问题：

> 陛下该极道术文章，然未尝以文辞奖人，诚知华辞无补于治故也。风俗虽未丕变，然事于华辞者亦已衰矣，此于治道风俗不为小补。（《长编》卷二七五）

这里"未尝以文辞奖人"成了敦励风俗的标志，这无疑与仁宗后期举朝上下对"今之韩愈"欧阳修的政治期待形成了鲜明的对比：

> 韩魏公（琦）屡荐欧阳公，而仁宗不用。他日复荐之曰："韩愈，唐之名士，天下望以为相，而竟不用。使愈为之，未必有补于唐，而谈者至今以为谤。欧阳修，今之韩愈也，而陛下不用，臣恐后人如唐，谤必及国，不特臣辈而已，陛下何惜不一试之以晓天下后世也？"上从之。（宋·陈师道《后山谈丛》卷五）

这也解释了，为何在仁宗眼里，苏轼是留与子孙的"太平宰相"；而到了神宗朝，文学声望非但不再是政治资本，甚至还险些给他带来杀身之祸。尽管苏轼始终以继承恩师遗志为己任，奈何时代并没有给他实现这份理想的机会。对比王安石与苏轼的政治际遇，我们会发现，进入神宗朝以后，文坛实际上又恢复了"宗师"和"盟主"分庭抗礼的局面：王安石两度拜相，主持了一系列选举制度的改革，其学说还凭借政治权力成了科举考试的标准教材，其时"人人却道是门生"，是当之无愧的"盟主"，然而其本人却鄙薄文辞，主动拒绝了"宗师"的身份；苏轼文采风流，为一世"宗师"，却长期在地方任职，甚至一度成为阶下囚徒，无法凭借政治地位扩大其影响。

　这种情况自然是欧阳修意想不到的。而到了北宋后期，政治形势更是急转直下。神宗朝以后，北宋政坛几经动荡，尽管元祐年间曾短暂地恢复过"词章取士"的旧制，苏轼等隶属旧党的文士也因此一度得到重用。但好景不长，绍圣以后，新党再度得势，摒弃文华的新法再次恢复；且伴随着党争的日益严酷，文字狱开始成为两党互相攻讦的常用手段，自"乌台诗案"以后，元祐年间有"车盖亭诗案"、苏轼题诗之谤，绍圣时期又有"神宗实录案""同文馆狱""嘉禾篇案"等一系列文字狱，一次次将文学创作推到了政治的风口浪尖上。最为过分的是，"绍述"期间，以诗赋为代表的文学创作被视为"元祐学术"的一部分，故而遭到朝廷的明令禁止。在这种近乎恐怖的高压气氛中，文章之士能够在党争中自保已属不易，更遑论登踬高位成为"文宗"。此外，随着党争的加剧和学术自身的发展，北宋后期文人自身的分野也日渐明显。除了神宗朝开始形成的新、旧两党之外，元祐以后旧党内部也因学术和政见的不同分化成了朔、洛、蜀三派，互不相能。在这种"道术为天下裂"的气氛中，个人的影响也在一定程度上被框定在了各自所属的党派集团中，很难再出现一位为所有党派集团所共同认可的领袖人物。故尽管苏轼也满怀期待地将"文章之任"托付与苏门后辈，但世事难料，在他身后，苏门诸君子皆未能实现东坡的嘱托，甚至连成为苏轼这样的"宗师"亦不可得，像欧阳修那样的"世莫敢有抗衡者"的文坛领袖也永远成了明日黄花。

第三节 "尚统"的自觉与"斯文"的传承

　　欧阳修之所以能够在生前身后拥有如此强大的影响力，除了其本人的身份自觉和责任感之外，时人对"文宗"的自发拥戴也是一个不可忽视的因素。王水照先生曾提出北宋社会存在着"尚统"的思潮，在当时的主要文化领域内，几乎都发生过关于"统"的论战。例如史学领域有关于朝代"正统"的争论，思想史领域有"道统"之争，佛教界有"佛统"之争，文坛上自然也有所谓的"文统"（详见下文）。究其根源，"统"首先意味着权威，"尚统"的风潮在本质上是士大夫一贯的崇尚典范、趋群合众的文化性格使然。北宋时期高度发展的中央集权和过度膨胀的皇权也需要在意识形态领域树立政治权威和思想权威，结果便更是助长了士大夫群体对于"统"的普遍追求。

　　在"尚统"观念的驱使下，宋代文人表现出了对"结盟"的空前热衷。相应的，有"盟"则当有"盟主"，这在宋人的意识中几乎是一种顺理成章的必然。的确，与许多"生前寂寞身后名"的前人相比，北宋"文宗"的一个突出特点便是名位双收，其文坛领袖的身份在生前即得到了时人的认可，这其中既包括后学的追随，也有前辈和同仁的称许，欧阳修便是其中最有代表性的一位。除了政治环境和制度条件的便利，宋人普遍对"盟主"的期待无疑也起到了相当重要的作用。这里的"盟"虽然可以理解为有组织的文学集团；但在宋人看来，成为单一集团的领袖距离欧阳修这样的"文宗"还是有相当长的距离的。在当时人对"文宗"的肯定中，"天下"是一个相当常见的字眼：

　　　　故翰林杨文公大年，在真宗朝掌内外制，有重名，为天下学者所服。
　　（宋庠《谈苑序》，《元宪集》卷三十五）

　　　　杨文公亿以文章擅天下。（欧阳修《归田录》）

先朝杨刘风采，耸动天下，至今使人倾想。（欧阳修《与蔡君谟帖》其五）

（晏殊）其在朝廷五十余年，常以文学谋议为任，所为赋、颂、铭、碑、制、诏、册、命、书、奏、议、论之文传天下，尤长于诗，天下皆吟诵之。……公于是时为学者宗，天下慕其声名。（曾巩《类要序》，《元丰类稿》卷十三）

晏元献公文章擅天下，尤善为诗，而多称引后进，一时名士往往出其门。（欧阳修《六一诗话》）

（欧阳修）与梅圣俞游，为歌诗相唱和，遂以文章名冠天下。（苏辙《欧阳文忠公神道碑》，《栾城后集》卷二十三）

四海文章伯，三朝社稷臣。（曾巩《寄致仕欧阳少师》，《元丰类稿》卷六）

可见在宋人心目中，原本就有一个囊括"天下"的公共性的文坛存在。作为公共领域的文坛自然并非宋代的独特产物，但在印刷术蓬勃发展、传媒手段经历着革命性巨变的特殊背景下，北宋文坛的这种"公共性"显得尤为突出。与此相应，宋人推为"文宗"的领袖人物本人或许也是某文学集团的领袖，但其作为"文宗"所主之"盟"指代的也是这种超越了具体文学集团的公共文坛。

在这种带有公共意识的文坛观念的支配下，"文宗"的眼光也不再局限于某一特定的文学集团或流派的前途，而是以天下"斯文"为己任。欧阳修所谓"付子斯文"，其所交付的便是这样一种全局性的使命。这种全局意识在苏轼那里表达得尤为明晰：

> 文章之任，亦在名世之士，相与主盟，则其道不坠。方今太平之盛，文士辈出，要使一时之文，有所宗主。（宋·李廌《师友谈记》）

在苏轼看来，"文宗"既然肩负着"一时之文"，则其存在便绝非可有可无的，其前后承继的连续性更关系到文学本身能否"其道不坠"。苏轼之所以会有这种想法，自然是因为他本人曾经接受过来自欧阳修的类似托付。此外，这一表述其实也很容易使人联想到由来已久的"文统"观念。早在中唐时，韩愈在构建儒家"道统"的同时便已经有意识地设计一个"文统"的谱系，在《送孟东野序》中列出了一个从庄周、屈原、司马迁、司马相如、扬雄一直到陈子昂的文学发展统序，以此来阐发其文道合一、以道为主的思想。宋初的古文家尤其热衷于这种"道统""文统"的构建，如柳开就曾自豪地宣称："吾之道，孔子、孟轲、扬雄、韩愈之道；吾之文，孔子、孟轲、扬雄、韩愈之文也。"（《应责》，《河东集》卷一）石介也曾在书信中对孔子以降的"统序"进行梳理："孔子下千有余年，能举之者孟轲氏、荀卿氏、扬雄氏、文中子、吏部、崇仪（柳开）而已。"（石介《与君贶学士书》，《徂徕石先生文集》卷十五）相比于韩愈，他们更强调以"道"为本位，甚至将"文统"与"道统"合一。而欧、苏所欲完成的"斯文"传递与古文家的"文统"并不一致：首先，古文家的"文统"之"文"仅限于古文，同时与"道"有着千丝万缕的联系；而欧、苏之"斯文"对应的是"一时之文"，包含各种文体。欧阳修和苏轼都是诗、词、文兼擅的文学通才，甚至对古文家不屑一顾的骈文都颇有造诣。后人总结骈文发展历史时都不得不承认"以文体为四六，自欧公始"（陈善《扪虱新语》上集卷一），而苏轼四六文之雄深浩博，实得欧阳修"散行之气运对偶之文"（程杲《四六丛话序》）之真传。欧阳修对苏氏父子的四六文也表达过热情的称赞：

> 往时作四六者多用古人语，及广引故事，以炫博学，而不思述事不畅。近时文章变体，如苏氏父子以四六述叙，委曲精尽，不减古人。自学者变格为文，迨今三十年，始得斯人，不惟迟久而后获，实恐此后未有能

继者尔。自古异人间出，前后参差不相待。余老矣，乃及见之，岂不为幸哉！（《试笔·苏氏四六》）

"始得斯人"的惊喜感并不亚于对其科场策论的赏识，同时这里还提到了后来"能继者"的问题，可见欧公所欲传递的"斯文"并不只有古文。故而尽管苏轼在对后学的嘱托中提到了"道"，但相对而言，欧、苏二人看重的还是"文"本身。其次，古文家设计"文统"的落脚点在于为自身确立一个历史位置，如柳开在《应责》中口口声声地强调"吾之道""吾之文"，希望能将自己也纳入这个谱系。故此类"文统"都是"向后看"的，作者总是排列一连串先贤圣哲的名讳，然后以圣贤的继任者自居，到此截止，对于未来的传承鲜有安排。而欧阳修、苏轼由于对自身的领袖地位有着充分的自信，不需要借助前人来标榜自我，故二公所看重的"斯文"传承是"向前看"的，他们并不十分在意这份事业有多么悠久的历史，相反，他们更看重其在自己身后的传递和发展。欧阳修寻找接班人的急切，苏轼对门生的殷殷嘱托，都寄托着这份良苦用心。

有意思的是，这种以"斯文"的传承为中心建立文学发展谱系的做法在南宋得到了回音。宋宁宗庆元六年（1200），周必大在为前辈王安中的文集撰写序文时对北宋的文学史进行了一番梳理：

一代文章必有宗，惟名世者得其传。天生斯人，固已不数，向非君师作而成之，则其道不坠于地者几希。若稽本朝，太祖以神武基王业，文治兴斯文。一传为太宗，翰林王公元之出焉。再传为真宗，杨文公大年出焉。长养尊用，风示学者，虽间以刚直被排斥，而眷顾终不少衰。至于仁宗、英宗、神宗，然后异才充满中外，其杰出如欧阳文忠公，又逢时得政，同心德于三朝，阅八年之久，相与化成天下，功不少矣。故其门人高第尤多，惟东坡苏公崛起西蜀。嘉祐收以异科，治平欲蹑真翰苑，熙宁首待以国士，及遇哲宗，遂光显于朝中，间小人敲撼挫揎，欲杀不果者，天意也，上赐也。晚守中山，尚书左丞王公世家是邦，博学工文词。

> 年十六即贡京师，后二年，坡至奇之，公亦自谓得师也。……黄、张、晁、秦既没，系文统，接坠绪，谁出公右？（周必大《初寮先生前后集序》，《文忠集》卷五十三）

有学者对周必大此处将杨亿与欧阳修并列的做法表示疑问，经过分析认为，周必大这里所要阐述的是一种与理学家"道统"相对立的词臣"文统"。显然，这种词臣"文统"所传之"文"不仅有传道明心的古文，也有杨亿所倡导的俪辞华章——所谓"一代文章"，强调的是一时文学的最高成就，而不限于某种文学体裁。不难发现，周必大所持的这种较为通达的文学观念与欧、苏之"斯文"观不谋而合。其实，抛开对"词臣"这一政治身份的强调，周必大所列的这一文学发展谱系实际上就是一种以"文宗"为线索的文学史书写方式。周必大开篇便宣示"一代文章必有宗"，这便与苏轼所言的"一时之文，有所宗主"的观念一脉相承。接下来他又强调了成为"文宗"的两个条件：一是"天生斯人"，指的是个人的文学才华；二是"君师作而成之"，亦即政治际遇。以此为标准，他选择王禹偁、杨亿、欧阳修、苏轼作为北宋各朝的"文章"之"宗"。尽管这份名单未必符合北宋文坛的实际情况，但周必大对"文宗"的认识还是相当深刻的，这种以"文宗"为线索的文学史书写方式也敏锐地把握了北宋文坛的发展主流。由于时代的变迁，"文宗"的传承至苏轼已是强弩之末，这条以"斯文"为核心的"文统"其实在北宋后期已然断绝了。但在周必大等南宋词臣那里，这份"系文统，接坠绪"的愿望并没有减弱，且支撑着他们在理学的道德权威下仍坚守着一片文学阵地。这份看似单薄的"文统"谱系，不仅仅是对本朝文学发展历程的总结，更是越过了百年光阴对欧、苏之托的一份回应，维系了一种抽象意义上的"斯文不坠"。这种对于"文统"传承的信念，也是欧阳修在具体的文学成就之外，为后人留下的一份珍贵的文化遗产。

勇开风气亦为师

在文学史上，欧阳修是一位具有划时代意义的巨匠。晚清诗人龚自珍作诗称自己"但开风气不为师"（《己亥杂诗》其一百四），句下自注："予平生不蓄门弟子。"这句诗后来因胡适的引用[①]而广为人知。二公生逢乱世，"不为师"在一定程度上也是无奈之举。相比之下，八百年前的欧阳修要幸运得多，他的文学生涯可以用"勇开风气亦为师"来概括：一方面，他诗、文、词诸体兼擅，且皆有创造，几乎是以一己之力决定了宋代文学的发展走向，并凭借充沛的情感蕴藏和一唱三叹的抒情方式形成了独树一帜的"六一风神"；另一方面，欧阳修还大力奖掖人才，慧眼识珠地发掘了苏轼、曾巩等后辈，为文学史的演进输送了新生力量，促成了北宋历史上第一个文学高潮的到来。

常言说"时势造英雄"，欧阳修的非凡成就离不开他所处的时代环境。欧阳修有幸生活在一个总体上安定和平的时代，统治者又推行"以文治国"，选举制度也都以文才为导向，故而欧阳修得以凭借过人的文学才华和学识进入权力中枢，成为国家的股肱重臣。从本书第二、三、四章可知，欧阳修的文学创作与其仕宦经历有着密切的联系：正是因为他年少登科，才得以在意气风发的年纪进入人才济济的西京幕府，结交年龄相仿的梅尧臣、尹洙等人，从而有机会参与诗文革新运动；"不试而任知制诰"、入选翰林学士的经历让

---

① 胡适《题章士钊、胡适合照》，载入其文《老章又反叛了》，《国语周刊》1925 年第 12 期。

他成为朝野公认的"文学之极选"，从而在士林中拥有广泛的影响力；嘉祐二年担任科举主考的机会更是让他能够借助政治权力左右一代文风，并将苏轼、曾巩等英杰俊才收归门下。此外，这种位高名显的生活也让欧阳修有机会频繁参加一些宴饮应酬活动，酒筵歌席上难免要有歌舞助兴，于是填词也成了其日常创作的一部分。可以说，在欧阳修身上，政治名位与文学创作相辅相成，多数情况下，政治地位为其文学活动的开展和进行提供了便利。

当然，仅凭高官厚禄也成就不了一代文宗。欧阳修之所以能够开一代风气，离不开其本人的主动追求。欧阳修在文学方面的锐意革新意识已见于本书第一章第三节，同时在正文的其他部分也多有涉及。这里需要补充的是，欧阳修的文学成就和他的勤学苦思也是分不开的。欧阳修对于文学创作始终抱有严肃谨慎的态度，以古文创作为例，宋代的笔记逸闻中记录了不少欧阳修反复琢磨、锻炼文辞的轶事。本书第三章曾介绍过欧阳修与谢绛、尹洙同作《临辕馆记》的故事，在意识到自己与尹洙的差距后，欧阳修"奋然"另作，直到胜过尹洙为止。如果说这还只是一个青年人在学习阶段的习惯性刻苦，那么对《相州昼锦堂记》的反复修改则体现了欧阳修对文字一以贯之的重视。昼锦堂是宰相韩琦知相州（今河南安阳）时所作的堂名，欧阳修此文亦是受韩琦所托。文章写完后便寄与了韩琦，后者尤其欣赏开头"仕宦至将相，富贵归故乡"两句。不想几天后，欧阳修又特意派人送了一篇修订后的版本，称之前送来的版本有所缺陷，请更换新版。出于好奇，韩琦再三比对了两个版本，发现唯一的区别就是文章开头处的"仕宦""富贵"下，各添了一个"而"字，变成了"仕宦而至将相，富贵而归故乡"。虽然意义没有改变，但增加了虚字后语气变得纡徐宛转，体现了欧文一唱三叹的特色。（事见宋·范公偁《过庭录》）《相州昼锦堂记》作于英宗治平二年（1065），此时欧阳修已经五十九岁了，在朝中担任参知政事（副宰相），可谓功成名就，但在文学创作上仍然一丝不苟，一字不肯放过，这份苦心一直保持到晚年。欧阳修退居颍州后自编《居士集》，对平生所作之文又做了一番审校修订，"用思甚苦"。妻子薛夫人不忍心看丈夫太过辛苦，劝他说："你都这把年纪了，何苦这样费心劳力呢？

难道还怕先生嗔怪吗？"对此，欧阳修的回答颇为幽默："不畏先生嗔，却怕后生笑。"（宋·沈作喆《寓简》）由此可见，文坛领袖的身份不但没有让欧阳修负气自得，反而让他感受到了更强烈的责任感。正是因为身负"后生"的仰望与期待，他有责任创作出更完美的作品。事实也证明，欧阳修用他的创作为历史交上了一份令人满意的答卷，成了那个时代最伟大的文学家之一。

最后，欧阳修的成就也与其人格魅力息息相关。本书在介绍欧阳修的古文理念时曾提到，和所有的古文家一样，欧阳修也极为重视"文"与"道"的关系。"道"代表了儒家所追求的终极真理，是"文"的根本。他曾特意叮嘱学生苏轼："我所谓文，必与道俱。见利而迁，则非我徒。"（苏轼《祭欧国夫人文》，《苏轼文集》卷六十三）写出好文章的前提是要有"道"，不能见利而迁、随波逐流。在欧阳修看来，写作主体的道德修养是沟通"道"与"文"的中介。所谓"道纯则充于中者实，中充实则发为文者辉光"（欧阳修《答祖择之书》），坚守对"道"的信念才能修炼出健全充实的人格，这样的人写出的文字，自然文采斐然、熠熠生辉。在这种文道合一观念的影响下，欧阳修也以身作则，追求以天下为己任，崇尚理想，坚守道义，临事勇于担当乃至奋不顾身。他不仅在政治上奋发有为，待人接物亦热情真诚，提携后进更是不遗余力。在欧阳修的影响下，北宋士林风气也为之一变："自欧阳子出，天下争自濯磨，以通经学古为高，以救时行道为贤，以犯颜纳说为忠。长育成就，至嘉祐末，号称多士。欧阳子之功为多。"（苏轼《六一居士集叙》，《苏轼文集》卷十）可以说，欧阳修的领袖身份不仅体现在其对文学风尚的引领上，他还是整个士林仰望的道德高峰，其光明俊伟、正气凛然的人格精神同样令人景仰。

苏轼对恩师欧阳修的一段评价，正可用来结束本书：

> 欧阳公，天人也。恐未易过，非独不肖所不敢当也。天之生斯人，意其甚难，非且使之休息千百年，恐未能复生斯人也。（苏轼《答舒尧文二首》，《苏轼文集》卷五十六）

有人恭维苏轼的成就已经胜过乃师，苏轼听闻连忙拒绝。在他看来，欧阳修乃是集聚天地灵气而生的"天人"，不仅身为普通人的自己难以望其项背，在可以预料的千百年内，都不可能再出现能与之颉颃的人物。这自然有"偶像滤镜"的成分，但欧阳修这样的文化巨人的确是一种不世出的存在，不论是其在文学领域的杰出造诣，还是引领风尚、奖掖后进的非凡气度，都堪称前无古人，后鲜来者。千百年来，欧阳修身上磊落凛然的人格精神，连同其留下的宝贵的文化遗产，始终保持着鲜活的生命力，滋养着一代又一代的读书人。

图书在版编目（CIP）数据

一代文宗：欧阳修的文学成就与宗师地位 / 刘杰著 .—南昌：江西人民出版社，2023.10
（欧阳修文化丛书 / 刘后滨，徐长青主编）
ISBN 978-7-210-14813-5

Ⅰ.①一⋯ Ⅱ.①刘⋯ Ⅲ.①欧阳修（1007—1072）— 人物研究 ②欧阳修（1007—1072）— 文学研究 Ⅳ.① K825.6 ② I206.441

中国国家版本馆 CIP 数据核字（2023）第 152565 号

一代文宗：欧阳修的文学成就与宗师地位   刘　杰　著
YIDAI WENZONG: OUYANG XIU DE WENXUE CHENGJIU YU ZONGSHI DIWEI

丛 书 主 编：刘后滨　徐长青
策 划 编 辑：游道勤　王一木
责 任 编 辑：饶　芬
封 面 设 计：游　珑

江西人民出版社　出版发行
Jiangxi People's Publishing House
全国百佳出版社

地　　　址：江西省南昌市三经路 47 号附 1 号（330006）
网　　　址：www.jxpph.com
电 子 信 箱：jxpph@tom.com
编辑部电话：0791-86898683
发行部电话：0791-86898815
承 印 　 厂：长沙超峰印刷有限公司
经 　 　 销：各地新华书店

开　　　本：787 毫米 × 1092 毫米　1/16
印　　　张：14
字　　　数：200 千字
版　　　次：2023 年 10 月第 1 版
印　　　次：2023 年 10 月第 1 次印刷
书　　　号：ISBN 978-7-210-14813-5
定　　　价：56.00 元
赣版权登字 -01-2023-373